学设计的方略

筹 帷 幄

YUNCHOUWEIWO
JIAOXUESHEJIDE
FANGLUE

曾文婕 / 主编

图书在版编目(CIP)数据

运筹帷幄：教学设计的方略/曾文婕主编. —北京：北京师范大学出版社，2016.8 (2020.5重印)
　(青年教师专业发展丛书)
　ISBN 978-7-303-20547-9

Ⅰ. ①运… Ⅱ. ①曾… Ⅲ. ①教学设计 Ⅳ. ①G42

中国版本图书馆 CIP 数据核字(2016)第 104382 号

营 销 中 心 电 话　010-58802181　58805532
北师大出版社高等教育分社网　http://gaojiao.bnup.com
电 子 信 箱　gaojiao@bnupg.com

出版发行：北京师范大学出版社　www.bnup.com
　　　　　北京市西城区新街口外大街12-3号
　　　　　邮政编码：100088
印　　刷：保定市中画美凯印刷有限公司
经　　销：全国新华书店
开　　本：787 mm×1 092 mm　1/16
印　　张：20.25
字　　数：259 千字
版　　次：2016 年 8 月第 1 版
印　　次：2020 年 5 月第 3 次印刷
定　　价：42.00 元

策划编辑：路　娜　　　　责任编辑：齐　琳　董洪伟
美术编辑：焦　丽　　　　装帧设计：焦　丽
责任校对：陈　民　　　　责任印制：马　洁

目录

CONTENTS

I

第二篇　要素篇

导　论

　　很长一段时间，一则《灰姑娘》的教学案例广为流传，被人称道。这是一堂来自异国他乡的阅读教学课。①

　　上课伊始，教师先请一个学生上台讲《灰姑娘》的故事，然后开始向全班同学提问。

　　师：你们喜欢故事里面的哪一个人？不喜欢哪一个人？为什么？

　　生：喜欢辛黛瑞拉（灰姑娘），还有王子，不喜欢她的后妈和后妈带来的姐姐。辛黛瑞拉善良、可爱、漂亮，后妈和姐姐对辛黛瑞拉不好。

　　师：如果在午夜12点的时候，辛黛瑞拉没有来得及跳上她的南瓜马车，你们想一想，可能会出现什么情况？

　　生：辛黛瑞拉会变成原来脏兮兮的样子，穿着破旧的衣服，哎呀，那就惨啦。

　　师：所以，你们一定要做一个守时的人，不然就可能给自己带来麻烦。另外，你们每个人平时要打扮得漂漂亮亮的，千万不要突然邋里邋遢地出

---

　　① 辛晓明. 异域阅读课《灰姑娘》教学评析［J］. 小学语文教学，2004(4)：52～53. 略有改动.

现在别人面前，不然你们的朋友就会被吓着了。女孩子们更要注意，将来你们长大后和男孩子约会，要是不注意被他看到你很难看的样子，他可能就要被吓昏了。（教师做昏倒状，全班大笑）

师：好，下一个问题，如果你是辛黛瑞拉的后妈，你会不会阻止辛黛瑞拉去参加王子的舞会？你们一定要诚实哟！

生：（过了一会儿，有学生举手回答）如果我是辛黛瑞拉的后妈，我也会阻止她去参加王子的舞会。

师：为什么？

生：因为我爱自己的女儿，我希望自己亲生的女儿当上王后。

师：是的。所以，我们看到的后妈好像都是不好的人，她们只是对别人不够好，可是她们对自己的孩子却很好，你们明白了吗？她们不是坏人，只是她们还不能够像爱自己的孩子一样去爱其他人的孩子。

师：同学们，下一个问题，辛黛瑞拉的后妈不让她去参加王子的舞会，甚至把门锁起来，她为什么能够去，而且成为舞会上最美丽的姑娘呢？

生：因为有仙女帮助她，给她漂亮的衣服，还把南瓜变成马车，把狗和老鼠变成仆人……

师：对，你们说得很好！如果辛黛瑞拉没有得到仙女的帮助，她是不可能去参加舞会的。如果狗和老鼠都不帮助她，她可能在最后的时刻成功跑回家吗？

生：不会，那样她就可能成功地吓倒王子了。（全班再次大笑）

师：虽然辛黛瑞拉有仙女帮助她，但是，光有仙女的帮助还不够。所以，同学们，无论走到哪里，我们都是需要朋友的。我们的朋友不一定是仙女，但是，我们需要他们。我也希望你们有很多很多的朋友。

师：下面，请你们想一想，如果辛黛瑞拉因为后妈不愿意让她参加舞会就放弃了机会，她可能成为王子的新娘吗？

生：不会！那样的话，她就不会到舞会上，不会被王子遇到，让王子认识并爱上她了。

师：对极了！如果辛黛瑞拉不想参加舞会，就是她的后妈没有阻止，甚至支持她去，也是没有用的。是谁决定她要去参加王子的舞会？

生：她自己。

师：所以，孩子们，就是辛黛瑞拉没有妈妈爱她，她的后妈也不爱她，这也不能够让她不爱自己。就是因为她爱自己，她才可能去寻找自己希望得到的东西。如果你们当中有人觉得没有人爱，或者像辛黛瑞拉一样有一个不爱你的后妈，你们会怎么做？

生：要爱自己！

师：对，没有一个人可以阻止你爱自己。如果你觉得别人不够爱你，你要加倍地爱自己；如果别人没有给你机会，你应该加倍地给自己机会；如果你真的爱自己，就会为自己找到自己需要的东西。没有人可以阻止辛黛瑞拉参加王子的舞会，没有人可以阻止辛黛瑞拉当上王后，除了她自己。对不对？

生：是的！

师：最后一个问题，这个故事有什么不合理的地方？

生：（过了好一会儿）午夜12点以后，所有的东西都要变回原样，可是，辛黛瑞拉的水晶鞋没有变回去。

师：天哪，你们太棒了！你们看，就是伟大的作家也有出错的时候。所以，出错不是什么可怕的事。我担保，如果你们当中谁将来要当作家，一定比这个作家更棒！你们相信吗？（学生们欢呼雀跃）

与之相应，另外一则《灰姑娘》课堂教学案例，也被人争相传阅。

上课铃响，学生和教师走进教室。

师：今天上课，我们学习《灰姑娘》的故事，大家都预习了吗？

生：这还要预习？老得掉渣了。

师：《灰姑娘》是格林童话还是安徒生童话？它的作者是谁？哪一年出生？作者生平事迹如何？

生：书上都写着呢……

师：好，谁来给课文分段，并说明分段的理由。

生：前后各一段，中间一段，总—分—总……

师：现在咱们归纳一下每一段的段落大意。

生：（此时，已有学生昏昏欲睡）……

师：请大家注意这句话，这句话是个比喻句，是明喻还是暗喻？作者为什么这么写？

生：……

师：大家注意这个词，我如果换成另外一个词，为什么不如作者的好？

生：……

师：大家注意，这段话如果和那段话位置换一换，行不行？为什么？

（时间慢慢过去了，睡觉的学生增加了很多）

……

师：最后，让我们看看这篇课文的中心思想吧。

……

掩卷沉思，我们每个人心中都会有自己独到的评论。这里，要追问的一个问题是：两个课堂为什么如此不同？其中一个原因就在于：任课教师受各自教学理念的引领，进行了不同的教学设计，进而产生了迥异的教学活动，造成了悬殊的教学效果。

教学设计，是教师在一定理念的指引下，在分析教学背景的基础上，对教学目标、课程资源、教学方法和教学过程等要素进行策划和安排的活动。阅读至此，大家很容易联想到一个耳熟能详的概念，即"备课"。备课，是教师为上课而进行的计划和准备工作。那么，"教学设计"和"备课"是什么关系呢？就此，人们的看法众多，大致可分为两种类型。

拓展阅读

教学设计的定义林林总总、纷繁复杂，归纳起来主要有五种。[①] 了解这些定义，可以帮助我们更深刻地理解教学设计的含义。

第一，"计划"说。"计划"说把教学设计界定为运用系统方法分析研究教学过程中相互联系的各部分的问题和需求，在连续模式中确立解决它们的方法、步骤，然后评价教学成果的系统计划过程。

第二，"方法"说。"方法"说把教学设计看作一种研究教学系统、教学过程和制订教学计划的系统方法。这种方法与过去的教学计划不同，其区别就在于现在说的教学设计有明确的教学目标，着眼于激发、促进、辅助学生的学习，并以帮助每个学生的学习为目的。

第三，"技术"说。"技术"说认为，教学设计是一种旨在促进教学活动程序化、精确化和合理化的现代教学技术。

第四，"方案"说。"方案"说认为，教学设计是运用系统方法分析教学问题和确定教学目标，建立解决方案，评价试行结果和对方案进行修改的过程。

第五，"操作程序"说。"操作程序"说认为，教学设计是运用系统方法和步骤，并对教学结果作出评价的一种计划过程与操作程序。

一种看法是"备课"和"教学设计"具有显著的区别。主要表现有：第一，"备课"的核心目的是教师怎样讲好教学内容，重视对学生进行封闭式的知识传授和技能训练，其出发点是教师的"教"，存在"教学目的分析中的知识中心倾向""学习内容确定中的教材中心倾向"和"教学策略制定中的教师中

---

① 林宪生. 教学设计的概念、对象和理论基础[J]. 电化教育研究，2000(4)：3～6.

心倾向"等问题；"教学设计"的目的是怎样使学生学好，达到更好的教学效果，其出发点是学生的"学"。[①] 第二，"备课"的结果是"教学方案"（可简称"教案"）；"教学设计"的结果是"教学设计方案"（可简称"教学设计"）。二者的具体区别详见下表。在一定意义上，从关注"具体的教材教法研究"转变为关注"促进学生学习的有效教学策略研究"，是从教案走向教学设计的根本转折点。

教案与教学设计的比较表[②]

设计要素		教　　案	教学设计
设计理念	知识观	知识是客观的，可以传递给学生	知识不是纯客观的，是学生在与外在环境交互过程中建构起来的
	学生观	学生只是接受知识的容器	学生是有生命意识、社会意识、有潜力和独立人格的人
	教学观	教学是课程传递和执行、教学生学的过程	教学是课程创生和开发、师生交往、积极互动并共同发展的过程
教学目标		以教师为阐述主体，使学生掌握知识与技能并培养能力	以学生为阐述主体，在知识与技能，过程与方法，情感、态度与价值观等方面都得到发展
教学分析		教材教法和教学重点、难点分析	对任务、目标、内容和学情等方面做分析
策略制定和作业设计		传统的策略和帮助学生记忆的策略， 以传统媒体为主， 以技能训练、知识（显性）记忆和强化作业设计为主	学法指导、情境创设、问题引导、媒体使用和反馈调控等策略， 多媒体的教学设计， 根据不同需要，如知识、技能、方法、态度和能力的提高来设计作业

---

① 江家发，杨浩文. 新课程理念下的化学教学设计[J]. 中国教育学刊，2005（8）：37～40.

② 鲁献蓉. 从传统教案走向现代教学设计——对新课程理念下的课堂教学设计的思考[J]. 课程·教材·教法，2004（7）：17～23. 略有改动.

续表

设计要素	教　案	教学设计
教学过程	传授知识，鼓励学生模仿记忆的以教为中心的教学过程设计	创设情境鼓励学生在体验、探究、发现、思考、问题解决过程中获得自身提高和发展的教学过程设计
效果评价	掌握知识技能，解决问题	知、情、意都得到发展，为终身可持续发展奠定基础

另一种看法是"备课"即"教学设计"。现在，很多学校把备课和写教案称为教学设计。教导处对教师的要求是，不再用原有的"备课本"了，改用"教学设计本"。教师们的教案虽然往这个新本上写，内容基本上还是老样子。

我们可以这样理解，"备课"是一个历史性的概念。随着教学理论的发展和教学实践的革新，在具体的历史时期，它有着不同的内在含义和外在表现。传统的备课就是备教材、备学生、备教法；当下的备课，则需要更加全面、深入和艺术地考虑各种教学要素及其优化组合。这样，教学设计不是对传统备课的全面否定、推倒重来，也不是对传统备课的称谓替换、形式改变，而是对传统备课的继承、发展、深化和提高。而且，随着人们认识的深入，教学设计的含义也会逐渐得到完善和优化。

拓展阅读

为了形象地理解备课和教学设计的关系，有学者做了一个生动的对比。①

理发：工具简单，梳子、剪刀、剃刀、电吹风；目标简单，仅有几种发型。

发型设计：工具多，梳子、剪刀、剃刀、电吹风、各种颜色的染发水、

_____

① 解世雄．物理课堂教学设计的几点理论思考[J]．课程·教材·教法，2008(10)：32，59~63．略有改动．

卷发工具、卷发药水、固定发型的用品……目标具有时代感，彰显个性，突出优点，避免缺点。

备课：工具简单，教材、黑板、投影仪、演示仪器；目标是传授知识、培养能力。

教学设计：工具多，教材、黑板、投影仪、演示仪器，多媒体课件，网络教学资源……目标具有时代感，体现"知识与能力，过程与方法，情感、态度与价值观"等方面的要求，重在利用丰富的教学资源促进学生的个性发展，提高学生的多种素养。

张子锷老师教中学物理五十多年，每年平均教 3 个班，教学成绩斐然，但他还是说，"直到我教最后一遍，不备课还是不敢上课""不备课就没有上课权"。有人曾问著名的小学教师斯霞："您教小学已经四五十年了，还用备什么课啊？随手拿起书来不就可以把课上好吗？"斯老师回答："其实不像您说的那样。我常把备课当作指挥员在组织一场战役前的深思熟虑。"正所谓"凡事预则立，不预则废"，做好教学设计，落实课前准备，对教师的课堂教学和学生的学习发展，都起着至关重要的作用。

然而，做好教学设计，需要一系列的基础理念做支撑，还要熟悉各种教学要素及其优化策略，掌握大量教学样式及其使用艺术。鉴于此，本书分三篇，分别介绍教学设计的基础理念、基本要素和主要样式。

第一篇　理念篇

人们常说：如果一种活动和实践没有理念，就犹如无舵之舟、无弦之弓，无以治。理念是人们经过长期的理性思考及实践，对一定活动形成的思想观念、精神向往、理想追求和哲学信仰等的抽象概括。在一定意义上，它是关于一定活动的"应然状态"的判断，往往对相应的实践起着引导定向的作用。比如，2001年，我国开始实施的新一轮基础教育课程改革，其核心理念就是"为了中华民族的复兴，为了每位学生的发展"。这一理念，渗透了人们对基础教育的理想追求，代表着人们向往的"好"的基础教育的发展方向，引领着基础教育的改革实践。

教学设计不是各个教学环节的简单拼凑，它涉及学生的学、教师的教、教材的处理、学习的指导和评价的安排等内容，关涉如何看待学生、教师、教材、学习、教学和评价等问题。在一定程度上可以说，有什么样的学生观、教师观、教材观、学习观、教学观和评价观，决定着有什么样的教学设计；不同理念指导下的教学设计呈现出来的形式与效果完全不同。可见，梳理影响教学设计的一系列理念，有助于积淀教学设计的理论底蕴，提高教学设计的实际效果。特别是当下，我国正处于新一轮基础教育改革的全面深化阶段，面对新课程改革对教学活动提出的一系列新要求，为了避免手足无措、彷徨无计，我们必须先进行一系列理念的梳理。

因此，本篇主要从理念入手，探讨作为新时期的教师，应当树立什么样的学生观、教师观、教材观、学习观、教学观和评价观，进而引领和指导自己作出既具有科学性又富有艺术性的教学设计。

第一章　学生观

世界观、人生观、价值观，通俗地说，就是如何观世界、如何观人生、如何观价值。学生观，即如何观学生，是对学生的根本看法。在一定意义上，学生观是教师从事教学活动的出发点。那么，教师应当树立怎样的学生观呢？

一、学生是群体的人，也是个体的人

作为教学活动中一种特殊的社会存在，学生表现为"群体"和"个体"这两种状态。

（一）学生是群体的人

学生群体，是指以一定方式的共同活动为基础而结合起来的学生联合体。"小学生""中学生""大学生"和"研究生"等就是典型的学生群体。

第一，学生是群体的人，意味着学生群体有着某些共性。根据不同的标准，我们可以对学生群体进行不同的划分，如划分为男生群体和女生群体，优秀生群体、中等生群体和待优生群体等。教师要通过不断的学习和研究，深入把握不同学生群体的特征，才能设计出有针对性的教学活动。小学低年级学生的教学设计应当突出游戏活动，使学生在游戏中学习，教师可以有夸张的动作和表情等。然而，如果对高中生的教学设计亦是如此，高中生就可能觉得教师有些夸张了。

尤其需要注意的是，中小学生群体与成人群体之间存在着较大的差异，他们在价值观念、思维方式、行为倾向和生活体验等方面都和成人有明显不同。因此，教师应注意进行角色换位思考，多从学生的角度考虑问题，找到适合学生的教学方式。一位教师曾生动地回忆了自身的经历。[①]

那是一个风和日丽、草长莺飞的春日。

我在一年级上一堂绘画课，课题是"我的太阳"。我先给学生们讲了"后羿射日"的故事，然后和他们讨论了太阳和自然界的关系。在他们对太阳有了足够的兴趣和认识后，开始讲解太阳的画法，比如，它的光芒可以画成折线、交叉线、波浪线等，它的圆圆的基本形状可以想象成太阳公公、太阳叔叔、太阳姑娘的脸等。讲太阳的颜色时，我自然地拿起一位同学的彩色笔盒，抽出里面所有的暖色调彩笔，对着学生说："太阳原是一个大火球，我们就用这些颜色的笔来涂色。"为了进一步启迪他们的想象力，我出示了十几幅以前学生画的"我的太阳"贴在黑板上。顿时，整个教室活跃起来，学生们发出了啧啧称赞声，我也沉浸在自己设计的良好教学氛围里。

正在怡然自乐时，忽然，一个不起眼的小女孩举起手。我示意她发言，她扬起头问我："老师，我能不能把太阳涂成绿色？"我听了不以为然，不加思索地告诉她："你可以用许多种颜色，但不要以绿色为主。"我心里不禁嘀咕道：她色感真是差！

作业收上来后，我发现了那张以绿色涂太阳的图画。这是一个什么样的太阳啊！翠绿的"脸"，草绿的光芒。只看一眼，我就觉得心里凉飕飕的。

我不由得生气了，正想提起红笔给她一个不及格，突然一阵春风吹来，我想起了王安石"春风又绿江南岸"的"绿"字。而那孩子为什么不听教师的

---

① 吴建明. 绿太阳[J]. 湖北教育，2000(1/2)：96. 略有改动.

话非要把太阳涂成绿色的呢？带着好奇，我拿起这张作业快步走到教室门口，正好碰到她在讲台边和其他小朋友嬉闹。她也看到了我，腼腆地笑了一下。我走过去把她叫到一边，扬了扬她的作业问："你为什么非要用绿色涂太阳？"她眨了眨眼睛，朝我顽皮地一笑，声音清脆地说："有一个绿色的太阳该多好，我们武汉市的夏天就不再那么炎热了！"就这么简单！多么鲜活的思想，多么美好的想象，一时我语塞了。惊诧之余，我深深地理解了教学相长的含义，等我回过神来要夸奖她时，她却和同学飞奔到绿色的草坪上玩去了。

　　绿——生命的颜色。我的心中一直记着这位给人们奉献绿色的小女孩，珍藏着她那张"绿太阳"，它时时警醒着我。

　　人类历史上，许多伟大的科学发现和发明都来自科学家的突发奇想和异想天开。正是有了"人能否像鸟一样在天空中飞翔"的奇思异想，才有了今日人类遨游天空的现实。因此，当学生的思维和想法与我们教师不同的时候，不要慌着把成人的观点强加给学生，不要轻易给学生贴上"离谱"和"幼稚"的标签，不要急于作出对与错的判断，而应学会耐心倾听，关注学生的幻想和标新立异。这样，创新之泉才会汩汩而出。

　　第二，学生是群体的人，意味着学生群体对个体有着一定的影响。在教育质量较高的芬兰，其教育专家一再强调："凸显优秀学生和精英教育，并不会对整体教育带来最好的结果，反而只要善加鼓励、运用资质优异的学生来帮助一般或落后的学生，使资优生了解人与人间的差异，这不仅不会影响资优生的学习，反而有助于群体社会的平等发展。"[①]这是一个善于发挥群体影响提高学习效果的成功例子。可以说，学生是群体的人，要求教师尽可能创造条件发挥学生群体对个体的积极影响，并善于利用这种影响来促进学生的学习和发展。当下，新课程改革倡导小组合作和同伴互助

---

① 陈之华.芬兰教育全球第一的秘密[M].北京：中国青年出版社，2009：46.

等学习方式，在这方面已经迈出了关键的一步。紧随其后，教师如何有效地组织小组合作和同伴互助学习，这是迫切需要深入思考的问题。

(二)学生是个体的人

学校教学主要以学生群体为对象，但不能由此就忽视学生还是"个体"的人。事实上，把握学生的个体性，是教学成功的重要前提。

首先，每个学生都是独特的个体。"儿童们每天来到学校，并不是以纯粹的学生——致力于学习的人——的面貌出现的，不，他们是以形形色色的个性展现在我们的面前的。每一个儿童来到学校的时候，除了怀有获得知识的愿望外，还带来了他自己的情感和感受的世界。"[①]受遗传、社会环境、家庭条件和生活经历等因素的影响，每个学生都有独特的身心特点，他们在兴趣、爱好、动机、需要、气质、性格、智力和特长等方面各不相同，各有侧重。教师应善于分辨、挖掘和珍视学生的这些独特性，尽力使每个学生在原有基础上都得到全面、自由的发展。特别是面对一些"令人着急"的待优生时，教师尤应如此。一篇名为《和"蜗牛"一道散步》的文章，讲述了这样的体悟。[②]

班上有个叫小东的学生，成绩优劣先不说，单说他的磨蹭劲儿，就叫我受不了。一个四年级的学生，写一行字，竟需要一节课的时间。我批评过他，责备过他，甚至惩罚过他。在小东身上，我没少费工夫，苦口婆心地谈话，分秒必争地辅导，可收效甚微。我把满腔热情都倾注在了学生身上，希望班级中每个人都能成为品德高尚、学习优异的学生。可是美好的愿望不一定能得到满意的收获，面对诸如小东一样的学生，面对事与愿违的反差，我有些迷茫，甚至陷入了深深的烦恼之中。

---

① 杜殿坤，朱佩荣. 苏联关于教育思想的论争[M]. 北京：教育科学出版社，1988：17～18.

② 赵爽. 和"蜗牛"一道散步[J]. 小学语文，2009(9)：59. 略有改动.

正当我为小东发愁的时候，无意中读到了这样一则小故事，故事的大意如下。

有一天，上帝给我一个任务，叫我牵一只蜗牛去散步。可是蜗牛爬得实在太慢了。我不断地催它、唬它、责备它。它却用抱歉的目光看着我，仿佛在说，它已经尽全力了！

我又急又气，就去拉它、扯它，甚至踢它。蜗牛受了伤，反而越爬越慢了，后来干脆停在那里不肯向前爬了，而已筋疲力尽的我也只好看着它干瞪眼。

无奈之余，我不禁有些奇怪：上帝为什么叫我牵一只蜗牛去散步呢？

又一天，上帝仍派我牵那只蜗牛去散步，看着它那蜷缩的身体、惊恐的眼睛，我不禁起了怜悯之心，不忍再催它、逼它，干脆跟在它后面，任它慢慢地向前爬。

就在这时，我突然闻到了一阵花香。原来，这里是花园！接着，我听见了鸟叫虫鸣，感受了温暖的微风……陶醉之余，我向前一看，啊，蜗牛已经爬了好远。等我跑步赶上它时，它用一种胜利的姿态迎接我。未等我开口，它已经带着自信，奋力地向另一个"驿站"爬去了……

读罢，我思绪万千。我不就是故事中的"散步者"吗？每天面对班内数十名能力各异的学生，我有着和故事中的"散步者"一样的感受。感触之余，我也有些豁然开朗了。既然我注定要和"蜗牛"一道散步，我还能着急吗？学生之间存在着与生俱来的差异，他们的思考方式、学习方法、兴趣爱好、行为表现参差不齐。如果我们当教师的只用一个标准去评价学生，不管我们的愿望有多么美好，不管我们的付出有多么巨大，得到的结果，恐怕未必能让我们满意。

读了故事，受到启发，对于小东，我不再催他、逼他，而是像故事中的"散步者"，跟在他后面，鼓励他，给予他信心，让他真正感受到学习的快乐，感受到教师的亲切。当小东用他的成绩和自信回报我的时候，我明白了：跟在学生后面鼓励和在前面"牵着"，具有不同的意义。

如今，这位教师正根据学生的实际能力确定不同的"散步"目标，根据他们不同的性格类型设计最佳的"散步路线"，真正放开学生的手脚，为每个学生创造一个可以自由发挥、自由成长的天地。他期待着，学生能引领他走进一个个"花园"，让他闻到花儿的芳香，赏到花儿的美丽。

拓展阅读

每个孩子在思想、观点、情感、感受等（方面——引者加）都是一个独特的世界。教师应当认清并熟悉自己学生的这个精神世界，应当成为孩子的朋友，深入到他的兴趣中去，与他同欢乐、共忧伤。这样，孩子才会向教师敞开他的心灵。学校，只有当它成为孩子过愉快而有趣的生活并努力求取知识和钻研科学的园地时，才能成为教育基地。①

——苏霍姆林斯基（Сухомлинский，В. А.）

在我们的果园里面，我们不独喜欢果子结得早的树木，同时也喜欢果子结得迟的树木。然则我们为什么在学问的花园里却只希望智力前进活泼的一批儿童受到宽容呢？②

——夸美纽斯（Comenius，J. A.）

其次，每个学生都是整体的个体。即学生个体不是"单面"的人，而是"整体"的人，有着自己的见解、需要、选择、追求、意志和喜怒哀乐。具体地说，学生在学习的时候，关涉三个主要问题："知不知""能不能"和"愿不愿"。"知不知"解决理解相关知识的问题，"能不能"解决形成相应能力的

---

① ［苏]B. A. 苏霍姆林斯基．帕夫雷什中学[M]．赵玮，等，译．北京：教育科学出版社，1983：7. 略有删节．

② ［捷]夸美纽斯．大教学论[M]．傅任敢，译．北京：人民教育出版社，1984：53.略有删节．

问题，而"愿不愿"要解决"情不情愿"去学的问题。很多时候，并不是学生记不住、学不懂、学不会，而是学生压根不想去学，是学习的情绪、情感受到了压抑，没有了学习的热情和劲头。可见，如果不从人的整体性上来理解和对待学生，教学的措施就容易脱离学生的实际，也难以取得预期的效果。相应地，反对割裂人的整体性的做法，关注整体性的学生，整体性地关注学生，特别是情感维度的关注，就尤为重要。以下这个成功的案例①，颇具启发性。

刘可钦老师班上有位小男孩，上课时每次都积极举手发言，可是每次站起来就不知所云，久而久之，就不再举手了，教师也把他淡忘了。

一次偶然的机会，刘老师关心地问他："你是听不懂吗？"孩子不语。"是听懂了，说不出来吗？"他还是低头不语。刘老师耐心地走到他的身旁，亲切地说："咱俩说悄悄话好吗？以后你听懂了就举右手；不仅听懂，而且又想明白会说了就举左手，你一举左手，我就请你……"孩子腼腆地点点头，师生感情沟通了，达成了默契。

谁知刚一下课，这位男孩走到讲台前，两行眼泪直流，小声地对她说："刘老师，谢谢你！"

这一声"谢谢"深深刺痛了刘老师的心。"真没想到，我一时的疏忽，竟带给孩子心灵上这么大的创伤！"于是，刘老师在备课本上写下了自责的"反思"。

此后，小男孩一举左手，刘老师就请他发言，孩子终于一次又一次地以成功者的面目出现在群体面前，自信心增强了，最终以中上水平毕业离校。

"不让学生在公开场合暴露自己的无能，让每个学生都能体面地坐下来"，这就是刘可钦老师的学生观。而这背后，是刘老师视学生为整体的人，不仅引导学生的知识学习，而且关心学生的情感体验。

---

①　周玉仁.孩子们喜欢的数学教师[A].雷玲.小学数学名师教学艺术[C].上海：华东师范大学出版社，2008：29.

二、学生是现时存在，也是历时存在

卡西尔（Cassirer, E.）在《人论》中这样写道："伟大历史学家们的才能正是在于：把所有单纯的事实都归溯到它们的生成，把所有的结果都归溯到过程，把所有静态的事物或制度都归溯到它们的创造性活力。"[①]在"观"学生的时候，教师也应当看到，学生既是现时的存在，当时当下的学生具有特定的表现，而且，学生也是历时的存在，每一个现时的存在，都是向过去和未来两个方向无限延伸的持续体。

（一）学生是现时存在

视学生为现时的存在，就意味着教师需要通过观察和谈话等方法，去研究学生的当前状况，把握学生学习的现有起点、能力和可接受性等，进而设计有效的教学思路和行为。很多年前，魏书生老师刚到中学时，带了两个班。一个班是由全年级各个班选拔出的好学生组成的，他当班主任，教语文课；另一个班，也是全年级各个班选拔出来的，但都是不太听话的学生，学习比较差，有的学生好打架，53 名同学全是"男同胞"，没有一个女同学。魏老师在各种场合的演讲中，多次回顾了他在第二个班进行作文教学的情境，生动呈现了根据学生的现状，艺术地开展教学的重要性。

我说："同学们，咱们得学写作文啦！"学生回答："我们不会写作文！"我说："不会写作文不才要学吗？"学生回答："学也学不会！"我说："学也学不会，老师慢慢教。"学生回答："慢慢教也不会！"

慢慢教也不会？！我说："老师领着大家认识社会，体验生活。"我领着大家去祭扫烈士墓，这不是容易感动人的事情吗？回来以后，我问感想如何。学生回答："老师，挺受感动的。"我说："就把这种感觉写出来，就是好文章啊！"学生回答："老师，不就写不出来嘛，能写出来还说什么呢。"我

---

① ［德］恩斯特·卡西尔. 人论[M]. 甘阳，译. 上海：上海译文出版社，1985：235.

说："这样吧，我把我写的文章慢慢地读给大家听，大家能听写下来，就算好文章，行吗？"学生回答："老师，我们有的字不会写。"

你能说："这个笨劲儿，听写还不行？那个班怎么都会？你们怎么不会呢？"废话！会，他不就上那个班了嘛！不会，他才在这个班呢！

所以，我只好跟学生们再商量："同学们，哪个字不会，用汉语拼音来代替，还不行吗？"学生回答："我们不会汉语拼音！"我说："对不起，同学们，老师忽视了这点。那怎么办呢？这样吧，哪个字不会，咱就画圈儿，行吗？扫墓不会，就先写扫圈儿吧。"

哪个学生好意思说：老师，我不会画圈儿啊！于是，学生终于写出了一篇文章。对好多学生来说，这是他有生以来写完的第一篇文章啊。然后，我再教会学生查字典，教会学生把圈儿变成汉字，于是，学生一点点儿地学起来了。

这个教学案例，充分体现了魏老师的学生观。他研究了学生的现有水平，就不会去刻意难为学生，不会去一味批评学生："人家能上去，你怎么上不去？那三楼，人家一下上去了，你怎么一楼都上不去？"他明白这个学生从现有水平来看"就是上不去"。那么，教师应该做的，不是去埋怨学生的起点多低，水平多差，而是帮着学生，从现有起点出发，一步一步朝前走。这样，教师就容易在行动中改变学生，让学生觉得教师既不难为他，又不放纵他，学生和教师的关系自然也就和谐了。

(二)学生是历时存在

虽然学生是现时的存在，但是，学生也不会是一成不变的，学生总是从"过去"来，还要走向"未来"。因此，视学生为历时的存在，以动态发展的眼光看待每一个学生，也是非常重要的。如果学生的成长过程，经由教师的陪伴，能够拥有值得回味的过去、尽情挥洒的现在、充满机会的未来，这既是学生的幸福，也是教师的幸福。

其一，视学生为历时的存在，意味着教师"观"学生时，应有"过去"的时间意识。教师应当看到，学生一些现有表现，是过去造成的。这样的思维方式，往往有助于教师解决一些棘手问题。下面的案例及其分析，说明了这个道理。①

有个孩子经常不完成作业，"硬是不写作业"。有一次，教师问他："这个周末怎么过的？""没怎么……"这是第一个回合，他支支吾吾的。"为什么作业没有完成？"教师干脆直接切入主题问道。"不为什么！"教师再也冷静不下来，随即拨通了他家里的电话，请他的母亲来学校。

在上第一节课的时候，他的母亲赶来了。教师从他母亲口中得知他回家说最近要考试，所以学校没有作业。这时，教师想到了上周的作文，他曾说因写得不认真被母亲烧了一事，当场问了他的母亲，得知又是一个骗局。这位母亲也很无奈，只是一遍遍地说着："这孩子，真没有办法……老师，多帮帮忙……"因还有课，教师只好送走他的母亲。但教师的心也越发沉重起来，这样的一个孩子，该怎样办？

孩子的现状虽是如此，但现状正是在多年的发展过程中逐步形成的。要解决这一现实的问题，教师必须追溯孩子过去的成长史。原来，孩子过去的有关情形是这样的。

母亲在"吃"的方面很随他，基本上是满足他的一切要求，在"穿"的方面也是尽量满足他。据孩子的母亲讲，从一年级起她就特别重视孩子的作业，基本上每天都要给他检查。那时孩子是先玩，最终在家长的催促下才写作业。写得不认真，家长就采用撕作业的方法，孩子每次都是不服气的表情，有时一边写一边嘴里还嘀咕着。一次，孩子的作业写得不认真。母亲检查之后，立即给他撕了，并在一旁监督他重写。他很不服气，但迫于

---

① 王晓春. 教育智慧从哪里来：点评100个教育案例（小学）[M]. 上海：华东师范大学出版社，2005：112～120. 略有改动.

20

无奈只好重写。后来，因写得潦草，又被撕了。就这样，写了撕，撕了写，到最后是越写越不认真（他母亲说他是故意的），整整用了一个新的语文作业本。因为作业，孩子也吃了不少苦头，基本上每周平均要挨三四次打。

孩子的母亲是个脾气暴躁的人。父亲一般不轻易出手，孩子也很怕他。在孩子3～7岁时，父亲经常出差，半个月至一个月才回来一次。孩子挨打一是因为作业，二是因为成绩下降。他父亲的要求是"会的不准错"，而恰恰这孩子又马虎，所以免不了受皮肉之苦。慢慢地，因为孩子大了，再者"打"这个办法也没有解决什么问题，现在就很少这样了。

追溯过去，加以分析，问题根源就浮出水面。孩子为什么不写作业？因为孩子想清楚了，写作业吃两个亏，既费力又挨说，不写作业只吃一个亏，仅仅挨说而已。而且，说谎比写作业省力，所以他就把精力都用来磨炼说谎的本领了。

更深入地分析，这位母亲在吃穿方面看来是完全由着孩子的。这种家庭教育的结果是孩子会很任性（我不想吃的就不吃，我不想穿的就不穿），而且意志薄弱（不能控制自己的感情，不需要控制自己的感情）。这两条迁移到学校来就是厌学，因为写作业是艰苦的事情，需要意志，不能任性。这还不算，这位母亲为了让孩子完成作业，采用的是完全错误的"催、逼、打"的策略。这只能使孩子迅速地认定写作业是一件倒霉的、可恨的事情。然而，这位母亲采用如此策略已经多年。可以想象，经过多年的无数次"战斗"，孩子对作业的仇恨该会到何种程度！写作业对这个孩子从来都是不愉快的体验，让他顺利完成作业，这可能吗？他要不逃避才怪。这是人的本能啊！这位母亲，一方面用溺爱破坏孩子写作业的心理基础，另一方面又用粗暴的"催、逼、打"想让孩子立刻完成作业，这就好比左手放掉一辆小轿车的汽油，右手又猛推车子往前，嘴里还喊着"前进"。

麻烦的是，孩子父亲提出的要求是"会的不准错"，这合理吗？不但孩子，连成人都做不到这一点。而且事实上，越是会的东西，才越可能出错。如果去问问交警，出车祸的，很少有"不会"开车的司机。其实对孩子的正确要求应该是"尽量少出错"。

有这样外行的父母坚持了如此长时间的错误做法，孩子不爱写作业，应该是顺理成章的，而且很难纠正。在这种情况下，如果教师再不管三七二十一地"催、逼、罚"，那么，就实在看不出教师比孩子父母高明多少。教师不成了父母的"帮凶"了吗？

厘清过去的根源，当下的应对措施也就自然显现了。教师需要赶快跟家长谈，把他们的错误想法、做法一一指出，并要求他们配合，首先减少孩子对作业的讨厌，再逐渐让他完成一点作业，慢慢增加，有点进步，比如他主动写了一点作业，家长就表扬。教师告诉家长，这不可能立竿见影，必须有耐心。

其二，视学生为历时的存在，意味着教师"观"学生时，应有"未来"的时间意识。教师应当看到，学生是发展过程中的人，他的未来具有无限的可能性。用预见未来的发展眼光来看待学生，教师就能够从有利于学生发展的角度来设计和实施教学活动。

对这一点，许多教师深有感触。曾当过教师的作家刘墉在《每个人都是天才》一文中，分享了一段亲身经历。[①]

大学毕业的第一年，我回到母校教书。有一天，批改学生的书法作业，我发现有个学生写得又黑又脏，但是笔墨纵肆，有一种特别的味道。我举着朱砂毛笔，看了又看，不知怎么给分数。论"规矩"，他的字实在太乱；论"气韵"，他的字又别有一种"丰神"。最后，我批了"甲下"。

书法作业簿发下去了，我看到这个学生眼睛瞪着自己的成绩，露出难以置信的表情，也见到他旁边同学的奇怪反应。我猜想：他们一定认为我

---

① 刘墉.跨越自己生命的高度[M].贵阳：贵州人民出版社，2001：141.

这个导师乱批。于是我对全班学生说："某同学的书法，以一般的标准来看，我应该给他丙，但是我发觉他的字里有一种特别的力量。大家要知道，字写得漂亮不难，但是写得自成一家、别有风骨，就不容易了。凡是成功的书法家，必定都因为他能写出与众不同的味道。"然后，我把那学生叫到桌前："你下次只要控制自己的笔，不要写出框子，就会好多了。你想想，一个有才气的人，如果又能约束自己，脚踏实地地学，当然容易成功。"

我相信，那时候班上每个学生都看到了，他一天天进步、一天天收束。他的本子不再又脏又烂，他的字不再横涂竖抹。最后，他居然能代表班上参加书法比赛。如果有一天，他成为名书法家，我一点也不会诧异。当然，我也可能对自己的"识才"而沾沾自喜。

当教师用发展的眼光来看待学生的时候，相应的教育教学行为，就会少一些轻蔑、少一些贬斥，多一些期待、多一些鼓励。而这样的期待和鼓励，往往为学生打开了成长的空间，增添了成长的动力。

拓展阅读

自然只完成了人的一半，另一半留给人自己去完成。

自然把尚未完成的人放到世界之中；它没有对人作出最后的限定，在一定程度上给他留下了未确定性。①

——兰德曼（Landmann，M.）

三、学生有向善潜能，也有向恶潜能

教师以发展的眼光看待学生，容易出现一种倾向，即盲目地把促进学生潜能的实现，视为教育的目的和教师的职责。而且，这种思潮正或明或

---

① ［德］M. 兰德曼. 哲学人类学（第 2 版）［M］. 阎嘉，译. 贵阳：贵州人民出版社，2006：7，192.

暗地存在于我们当下的教育领域之中。但是，关于"人类潜能"的专门研究发现，这其实是一种潜能的"价值性神话"。其典型表现为：坚信所有潜能都有价值，所有潜能的实现都会产生好的结果。事实上，人类的潜能有不同的趋向，有的潜能趋向于善，有的潜能趋向于恶，有的潜能既不趋向于善也不趋向于恶。身为教师，如果看不到这一点，就会放弃对学生潜能进行价值判断的责任，进而给社会和教育实践造成数不胜数的危害。因此，教师要考虑到不同潜能的不同道德趋向，不能盲目地尊重学生的所有潜能，而应选择与决定对哪些潜能加以培养、对哪些潜能加以忽视以及对哪些潜能加以抑制与排斥。①

（一）学生有向善潜能

学生具有向善的潜能，教师应该坚信这一点。而且，学生向善的潜能形态各异。教师可以由激活、唤醒等方式来发掘、弘扬学生人性中积极的、美好的、向上的"善端"与"善念"，同时也注重引发学生进行自主自觉的挖掘。

魏书生老师曾应邀到监狱去给犯人做报告。一开头，魏老师就说："我坚信在座的诸位的幼年时期、童年时期、少年时期，都或多或少、或大或小地产生过为父母、为他人、为集体、为社会做好事的愿望，是不是啊？"台下愣了愣神，突然热烈鼓掌。

他又说："同时，我还坚信，在座的诸位，在自己的幼年时期、童年时期、少年时期，都或多或少、或大或小地为父母、为他人、为集体、为社会，做过实实在在的好事，是不是这样？"台下更热烈地鼓掌。

接着他说："但你们也真是到这儿来啦，原因是什么？不是不珍惜自己心灵深处这些真的、善的、美的、积极的、向上的、好学的脑细胞吗？不

---

① ［美］伊斯雷尔·谢弗勒. 人类的潜能——一项教育哲学的研究[M]. 石中英，涂元玲，译. 上海：华东师范大学出版社，2005：中文版前言 1～2.

珍惜这些幼芽吗？任其自生自灭、自长自消吗？面对别的诱惑无法自持吗？一脚踏出，越陷越深、难以自拔吗？怎样回到人民群众中？体验做人的堂堂正正的感觉？那唯一的办法就是再到自己心灵深处发现这些真的、善的、美的、积极的、向上的、好学的幼芽，然后珍惜它、热爱它、浇灌它、扶植它，让它越长越高、越长越壮、越长越大，成为你心灵世界的主旋律！你们自然就能走回人民群众中，体验做人的幸福感和自豪感，是不是啊？"台下更热烈地鼓掌。

魏老师用多年的教育体悟，真诚地建议教师们：一个班不就一两个好打架，三四个学习差，五六个不听话的吗？怎么就说没有办法啊？走进学生广阔的心灵世界中，去发现那些真的、善的、美的、积极的、向上的、昂扬的脑神经，帮着他们兴奋起来！所以，他有一句名言：坚信每位学生心灵深处都有教师的助手。

（二）学生有向恶潜能

梅（May，R.）曾指出，"当我们看到并肯定人有善恶两种潜能时，人生从摇篮到坟墓的旅程表现为一种热情，一种挑战，一种吸引""正是这一两极化，这一辩证的相互作用，这一积极与消极之间的摇摆，给予人的生活以动力和深度"[①]。恶在个体和群体身上都是客观存在的。而且，最新的研究从基因具有的自私和复制天性出发，有力地证明了这一点。[②] 所以，教师绝不能不加选择地一味迁就和迎合学生的一切潜能和需要，在尽可能地张扬人性中善的方面的同时，需要分辨和限制人性中恶的方面。在这个意义上，在教育教学中对学生进行限制，不仅是教师的一种权力，更是教师的一种神圣义务与责任。

---

① ［美］梅．关于恶的问题——给卡尔•罗杰斯的一封公开信［A］.［美］马斯洛，等．人的潜能和价值［C］. 林方，等，译．北京：华夏出版社，1987：455.

② 孔宪铎，王登峰．基因与人性［M］. 北京：北京大学出版社，2009：22.

拓展阅读

只有对人和人的本性的彻底的、充足的、透彻的认识，根据这种认识，加以勤恳的探索，自然地得出有关养护和教育人所必需的其他一切知识以后，才能使真正的教育开花结实，欣欣向荣。[①]

——福禄培尔（Froebel，F.）

但是，在对学生进行限制时，教师尤其需要注意限制的内容和方法。[②]

其一，在内容方面，教师不能单纯以自己的喜怒哀乐作为限制学生的根据，以学生与自己看法的不一致作为限制学生的理由，而应力求做到限制的内容是应该限制的，而不是不应该限制的。具体而言，限制需要掌握保护性原则与发展性原则。保护性原则，是指教师要通过限制学生恶的潜能，以保护学生的成长不受这些潜能的危害与侵袭。比如，对不做作业的孩子，教师要限制这些孩子的贪玩本性，等等。发展性原则，是指教师要通过提供一些限制，以促进学生全面有效地发展。由于学生的知识有限、自主选择能力尚不完善，他们很难从异常丰富的文化中选择出较有价值且适合自己的内容作为学习对象。具体一点说，比如，学生并不知道人类历史上有哪些经典诗词，也并不理解这些诗词的内容，就很难自由地选择出合适的诗词来学习。在这样的情况下，学生诗词鉴赏能力的发展，有赖于教师的限制。教师必须事先为学生选择好一些优秀的诗词，并以适宜的方式来引导学生学习。

其二，在方法方面，教师最好运用艺术性的方法来进行限制，而不是赤裸裸地强迫、警告和打压。夏美丝老师就学生生性贪玩、作业完成不好

---

① ［德］福禄培尔．人的教育［A］．张焕庭．西方资产阶级教育论著选［C］．北京：人民教育出版社，1979：315. 略有删节．

② 曾文婕．如何看待教育中的"限制"［J］．教育科学研究，2008(5)：54～56.

的情况，根据学生心理特点进行的限制，非常令人称道。夏老师于 20 世纪
90 年代初就实行了"作业批改优分制"。夏老师每一节课选择三道题左右作
为基本题，学生做完了就是 100 分，另外的题目都是分值为 10 分的选做
题。因此，学生基本上都是 100 分，很高兴，下课了还要做，比谁的分数
多。后来提倡用等级制了，夏老师将作业组织成几类题目，分别命名为"青
菜快餐""鸡蛋快餐""排骨快餐"和"海鲜快餐"，吃好了就是优。学生不仅不
觉得做作业讨厌，反而下课了还一路上拉着教师的手喊："我还要吃，我还
要吃！"①教师赤裸裸地强迫限制，可能使学生心生逆反，扼杀他们的学习
乐趣，同时，还可能毁灭他们今后对少年时光的美好回忆，乃至弃绝他们
对教师真诚的谢意。夏老师的方法，胜在学生不生对抗情绪，不留强迫痕
迹，似一种"无形之限"，若一种"不教之教"。

当然，无论是强迫还是无形的限制，说到底都是教师这一外在力量对
学生的限制，本质上属于"外在"限制。但是，学生不能永远在教师的"保
护"与"指引"下学习与发展。因此，在教育教学过程中，教师还应该创设机
会，逐渐帮助学生将"外在"的限制化为自己的"内在"限制。这也是教师限
制学生恶的潜能应该追求的理想境界。

四、学生是教育对象，也是学习主体

在学校中，学生是获得入学资格的相对固定的人群，是教育的对象。
但是，教师的教又不能代替学生的学，学习活动只能由学生来完成，学生
是学习的主体。

（一）学生是教育对象

学生是教育的对象，要求教师了解学生的特点，据此来创造教育教学
条件，引导、促进学生的学习与发展。比如，教师在做教学设计时，一定

---

① 俞正强. 只有心灵才会把一切安排得最好——浙江省数学特级教师夏美丝访谈录
[J]. 数学月刊(小学版)，2007(12)：6～8.

要依据学生的已有水平和身心状况等，筹划整个教学活动。就小学低年级学生来说，直观有趣的教学活动容易激发他们的兴趣。相反，单调僵化的教学活动就让学生心生厌倦。一位教师在教句型"there be"时，为了帮助学生操练"there be"的一般疑问句，设计了"猜礼物"的游戏。教师请一位学生戴上圣诞帽，扮成圣诞老人，拿着一个大盒子，里面放着一些有趣的玩具和文具。游戏开始前，教师说："Now, let's welcome Santa Claus to come to our class. Look, he has a big box. There are many nice presents in it. If who can guess the right thing, we'll give it to him as a present."在这种情境中，学生会不断提出"Is there … in the box?""Are there any … in the box?"等问题。如果猜对了，圣诞老人就拿出礼物说："Here you are."学生答："Thank you."这样，学生在游戏中集中注意力进行较长时间的操练，不知不觉地掌握了新句型。

特别要注意的是，不能因为学生是教育的对象，教师就随心所欲地对待。在根据学生特点施教的过程中，教师尤其需要尊重学生。每个学生都是一个独特的生命，一个多彩的世界。要使学生成长、成人、成才，教师要从思想上、感情上、行为上尊重他们的人格，尊重他们的个性，尊重他们的权利，尊重他们的情感，尊重他们的隐私……有了尊重，才有师生间的平等对话、沟通合作；有了尊重，才有学生主体意识和健全人格的生成；有了尊重，才能展开优质的教育画卷，谱写动人的教育华章。

对教育对象的尊重，不仅是一种理念，更应渗透在教育的各种细节之中。如果教师嘴上对学生说"你真棒"，眼睛里却找不到"你真棒"的感觉，学生是不会有触动的。如果一份作业，教师一看，竟没有一道题是对的，气愤至极，随即打上一连串的"×"，或是画上一个大大的"0"，并且批注上"差，太差了"，那么，想到自己好不容易做完的作业如此收场，学生可能一见到教师就害怕，甚至不去上课或逃学，根本提不起学习的劲头。换一种方式，如果教师在"0"分的旁边写上："希望你从零开始，获取知识和智慧。"那么，学生就可能从这里收获鼓励和鞭策，感受尊重和自信，进而更亲近教师，更多地投入学习之中。

（二）学生是学习主体

承认学生是教育的对象，并不意味着否定学生的学习主体地位。事实上，教师不可能代替学生学习，只能为学生创设良好的情境，让学生自己观察，自己思考，自己体验。对此，著名教育家陶行知先生有精彩的解读。陶先生受邀去武汉大学演讲，讲台下座无虚席。他走上讲台，不慌不忙地从箱子中拿出一只大公鸡放在讲台上。台下的听众全愣住了，不知他要干什么。随后，陶先生从容不迫地掏出一把米放在桌上，然后按住公鸡的头，强迫它吃米，可是大公鸡拼命地挣扎，只叫不吃。他又掰开公鸡的嘴，把米硬往鸡嘴里塞，大公鸡还是拼命挣扎，还是不肯吃。最后，他轻轻地松开手，把鸡放到桌子上，后退了几步，大公鸡自己就吃起米来。可见，教师尊重和充分发挥学生学习的主体性是多么的重要！

当然，教师在观念上一般不反对学生是主体。但是，在具体教育教学实践中，却难以做到把学生作为真正的主体来对待，教师更多的是越俎代庖。因为教师往往会低估学生的能力，或者说，因为教师期望学生能做得像成人那样而不敢放手让学生自己去做。事实上，哪怕是小学一年级的学生都已经具有主动性。他们已经具备了不少的经验与知识，具有了初步的交往、合作和思考问题的能力。极端一点说，没有学生学习的主动性，没有学生在教学中的积极主动参与，教学就可能蜕变为"驯兽式"的活动。靠重复强化和外在诱惑或威胁来维持学习活动和产生学习效果，其后果不仅是学习质量和效益的降低，更严重的是压抑了学生作为人必须具备的主动性和能动性的发展，影响了学生积极、主动的人生态度的形成。这就使他们不能真正体会到学习生活的愉悦，体会到因主动性发挥而得到的精神满足和能力发展。学生主动性发展的最高水平是能动、自觉地规划自身的发展，成为自己发展的主人，这是我们教育成功的重要标志。① 所以，重视学生是学习主体的理念，思考如何更好地加以践行，是教师工作的题中之义和迫切任务。

---

① 叶澜. 更新教育观念，创建面向 21 世纪的新基础教育[J]. 中国教育学刊，1998 (2)：6～11.

第二章 教师观

作为教师，如何看待和定位自身，对进行教学设计、展开教学活动以及提高教学效果都有至关重要的影响。随着教育实践的发展和教育认识的深化，就个人身份诉求而言，教师应实现从"匠人"到"专家"的转变；就与学生的关系而言，教师应实现从"纤夫"到"引者"的转变；就与同伴的关系而言，教师应实现从"孤军"到"团队"的转变。

一、从"匠人"到"专家"

"教书匠"主要指的是那些只知道照本宣科、对学生生硬地灌输知识、粗暴地让学生死记硬背、按部就班地开展教学工作，丝毫没有创造性的人。影视作品中常有一些呈现古代教学的镜头：教师把书读一遍，然后学生开始摇头晃脑地跟着读、跟着背，谁背不下来，便要戒尺"伺候"。如果现在教师还将自己定位为"教书匠"，那么肯定会被教育浪潮淘汰。当下，我们更需要的是教育家式的"专家"型教师。

首先，专家型教师富有创造性。专家型教师能够自觉地以教育理论来指导自己的实际工作，独到地运用教育理论来开展教育活动。

钱梦龙老师教说明文《人民英雄永垂不朽》就极具创造性，为人称道。①
教学现场是这样的：

课前两分钟，教师先请几位高个儿同学帮忙把10幅教学挂图张挂在黑板上方。教师故意让他们把次序搞乱，每幅图下方本有标题，如"鸦片战争"和"五四运动"等，也用小纸片遮住了。看到如此场景，同学们在小声地议论："看，人民英雄纪念碑，今天准是要学习那篇《人民英雄永垂不朽》了。"几个机灵的同学已经拿出语文书，还准备自读。教师赶紧制止："请大家不要看书。"钱老师今天计划用一节课的时间基本教完《人民英雄永垂不朽》。有许多外省、市教师来听课，教室的后排坐满了人。

一上课，教师宣布了这堂课的要求：今天要测验一下大家的观察力和口头表达能力。他说："人民英雄纪念碑的碑座上有10幅浮雕，展现了鸦片战争以来中国人民革命斗争的历史画面。这就是那10幅浮雕的挂图。图下的标题已经遮去，刚才张挂时又把次序搞乱了。现在要请你们观察画面，看谁能准确说出每个画面各反映了什么历史事件，并说明自己判断的根据是什么；然后给每幅画加上标题，并按每个历史事件的年代先后把次序重新排列一下。你们都学过近代历史，应该能够做好这件事。"几个女生先叫起来："这太难了！""老师，可以看语文书吗？""不，不能看书。""这么难，让我们看一下书吧！""不行。""我们只看一会儿，就合拢，怎样？"女生们"讨价还价"起来。"老师，行行好嘛……"几个调皮的学生开始"哀求"。"是时候了！"教师心里暗暗高兴，但不露声色，故作考虑状，最后以无可奈何的表情宣布了"让步"："唉，真拿你们没办法！那好吧，但最多只能让你们看10分钟，时间一到要自觉把课本合拢，能办到吗？""能！"

同学的"苦苦哀求"终于为自己"争"到了看书的"权利"，一下子都像占了什么"便宜"似的，个个心满意足地打开了课本。学生们一边看图，一边

---

① 钱梦龙. 钱梦龙与导读艺术[M]. 北京：北京师范大学出版社，2006：75～77.

看书，还不时在书上做些记号，神情专注。当他们把课本合拢的时候，似乎都已经十拿九稳了。果真，每一幅挂图的辨认和说明都进行得十分顺利。学生观察得很仔细，连武昌起义时冲向总督府的军人脚旁的一面不引人注意的小龙旗都观察到了，并且说出了这个细节的象征意义。学生的记忆力好，在解说画面时，用到了不少课文里的词句。最后由一名学生给 10 幅图都加上了标题，并按时间先后排出了顺序。这时，钱老师请同学们再次打开课本，顺理成章地把教学导入下一个环节：厘清全文的结构，进一步消化关键段落和词句……整个教学过程中，教师讲得不多，学生的学习效率却很高，虽然只有一节课的时间，但从学生发言时都能援引课文中的语句看，他们对课文消化得很好。

课后，许多教师都认为整个教学过程的设计有些"出奇制胜"，尤其是教学挂图这样使用，完全出乎意料，既激发了学生读课文的兴趣，也充分发挥了挂图的作用。有位教师对钱老师说："你的点子就是比我们多，我怎么就想不到挂图可以这样用呢？"

钱老师剖析了自己能"出奇制胜"的原因。他认为，其实，并不是他"点子多"，其他教师也不见得点子少，根本的不同在于教学观念。通常，教师们拿到教学挂图，首先考虑的是怎样借助挂图把课文讲清楚，因为在他们看来，教学过程主要是教师向学生传授知识的过程。他则认为教学过程是学生在教师的指导下自己理解教材的过程，因此拿到挂图，首先就琢磨着怎样用它激发学生学习的动机，一琢磨，"点子"就出来了。教师们之所以觉得这点子新鲜，是因为他们从来没有朝这个方向想过。

教学挂图是常见的教学材料，教师基本上都用过，但要像钱老师这样用出自己的"个性"，充分激发学生的学习动机，极度彰显教学的艺术魅力，则需要不断地模仿、积累、尝试和探索。

其次，专家型教师具有丰厚的文化底蕴。专家型教师绝不会满足于仅仅知道自己任教科目的教科书和教学参考书上的知识，他们深谙教师"不能居高，岂能临下"以及"不能深入，哪能浅出"的道理。

比如，教王安石的《泊船瓜洲》的"春风又绿江南岸，明月何时照我还"一句时，教师要有"绿"字究竟妙在哪里的知识底蕴。专家型的教师在长期不断的潜心学习中具有这样的知识储备。①

他熟悉这首诗的创作背景：宋神宗熙宁二年，王安石由江宁知府被任命为副宰相，进行变法。变法对巩固朝廷统治、增加国家税收起了积极作用，但也触犯了大地主的利益，遭到许多朝臣的反对。熙宁七年，王安石被罢相，回江宁任知府。第二年春天，宋神宗又把王安石召回京城当宰相。到第三年，王安石辞去宰相职位，回江宁府去了。这首诗作于宋神宗熙宁八年，也就是王安石第二次拜相的时候。当时，作者由江宁奉诏进京，坐船沿长江南下，泊船瓜洲，再由瓜洲沿运河北上，赴汴京任职。

他不仅知道"春风又绿江南岸，明月何时照我还"这句千古绝唱中，王安石先后用过"到、过、入、满"等字，最终才锁定"绿"字，而且洞悉"绿"字的妙处有三。一是妙在"形象"。着一"绿"字，原本看不见的春风就有了鲜明的视觉形象。展现在我们眼前的是这样一派春光：春风拂煦，百草丛生，千里江岸，满目新绿。这就写出了春风的精神，诗思也深沉得多了。二是妙在"意味"。"绿"字给人一种独特的语感，夏丏尊先生认为，在语感锐敏的人心中，见到"新绿"二字，就会感到希望焕然的造化之工、少年的气概等说不尽的情味。"绿"是什么？绿是生机，是活力，是希望，是憧憬。诗人心中是否有这样的情味呢？答案是肯定的。"又绿"是否还有别的寓意呢？变法的背景、浮沉的仕途导致作者心中怎能不对此发出深深的感慨？三是妙在"理趣"。"绿"是谁带来的？当然是"春风"。"春风"一词，在中国古典美学中又颇多理趣。它让人想起白居易的"野火烧不尽，春风吹又生"；

---

① 王崧舟．诗意语文挥洒诗意人生（上）[J]．小学教学参考（语文），2004(11)：4～10.

让人想起李白的"云想衣裳花想容，春风拂槛露华浓"；让人想起孟郊的"春风得意马蹄疾，一日看尽长安花"。"春风"既是写实的，又是象征的。春风象征什么？春风象征皇恩浩荡。春风驱散寒流，那是政治上的寒流；春风带来温暖，那是变法图强的温暖。这种心情，用"绿"字表达，最微妙、最含蓄。

以此为底蕴，教师在课堂上就能用符合学生特点的方式，进行恰如其分的引导，让学生充分体会千古佳作的美感、意境和神韵。在这个意义上，语文课中出现的浮躁、肤浅、庸俗大多与教师的文化积淀、文化底蕴不充足有关。苏霍姆林斯基曾中肯地给教师提出建议："如果你想有更多的空闲时间，不至于把备课变成单调乏味的死抠教科书，那你就要读学术著作。应当在你所教的那门科学领域里，使学校教科书里包含的那点科学基础知识，对你来说只不过是入门的常识。在你的科学知识的大海里，你所教给学生的教科书里的那点基础知识，应当只是沧海之一粟。"[1]

最后，专家型教师拥有研究意识和能力。这是专家型教师的一个显著特征。一个学生解析几何学不好，很着急，找王金战老师辅导。王老师说："我给你3个题目，这3个题目只要一做完，保准你的解析几何就没有问题了。"[2]为什么会有如此"神奇"的情形？这源于王老师经过大量研究，已经深入发现和熟练掌握了学生的各种学习困难及其成因，以此为基础，有针对性地迅速给出矫正的有效方法，自然就水到渠成。还有，小学数学教师通常会遇到一个让人困扰的问题，即不管怎么想办法教，怎么告诫学生不要粗心，学生还是经常计算错误。这个问题，邱学华老师也曾遇到，他四处找寻解决之道，终于发现，原来是学生口算不过关搞的鬼。接下来，他

---

① ［苏］苏霍姆林斯基．给教师的建议（修订版）［M］．杜殿坤，译．北京：教育科学出版社，1984：7～8.

② 王金战，隋永双．英才是怎样造就的［M］．重庆：重庆出版社，2006：77.

运用口算练习条提高学生的口算能力，学生的数学成绩得到大幅度提高。邱老师不仅名气慢慢传开，处女作《一张可以组成近万道题的口算表》也就此诞生。[①] 可见，拥有研究意识和能力，是专家型教师的基本功，是生成教学智慧不可缺少的途径。

拓展阅读

有学者梳理出一些常见的教师隐喻，并对其进行了分析。[②] 这能揭示出一些平时被人们忽略的视角和看法，拓宽并加深我们对教师作用的理解。

1. 蜡烛论

"教师是蜡烛"这一隐喻使人感到既喜又忧。教师的无私奉献精神得到彰显，但教师的自身发展没有得到重视。"蜡烛论"给教师的定位太高，几乎将教师抽象为一种"圣人"。但在把教师无限拔高的同时，也指出了教师较低的地位，似乎教师只能靠燃烧自己来完成其工作职责。事实上，教师在发展学生的同时也发展了自身，教师在发展自身的同时也就发展了学生。

如果教师自认为是蜡烛，一味燃烧，蜡烛会越烧越短，终有熄灭的一天。如果教师认识到自己在服务别人的同时也在为自己谋福利，便不必像蜡烛那样牺牲得那么悲壮，便不用"自我怜悯"，便会为学生的发展和自己的成长不断充电，在"为人师表"的同时创造条件发展自身。

2. 工程师论

"教师是人类灵魂的工程师"这一隐喻有十分丰富而复杂的内涵。它表明教师从事的是一个非常崇高的事业，教师的目的是塑造学生的灵魂。因为只有人才有灵魂，因此教师的职责是育"人"，注重学生的心灵发展，而不仅仅是向学生灌输知识。然而，"工程师论"是一个"混合型隐喻"，将一

---

① 邱学华．邱学华与尝试教育人生[M]．北京：北京师范大学出版社，2006：4～5.

② 陈向明．教师的作用是什么——对教师隐喻的分析[J]．教育研究与实验，2001 (1)：13～19.

些互不相容的形象生硬地并置在一起，形成了一个牵强、不太协调的图像。一方面，将教师比喻为"工程师"，反映的是一种工业模式，似乎学生是一块没有生命、任人摆布的钢铁，可以任工程师按照自己的蓝图塑造成产品。另一方面，"灵魂"这个概念将教师提升到一个神圣的境地，似乎教师是一个万能的上帝，可以按照自己既定的方案塑造学生的精神。也许，这个隐喻反映了中国人的一种思维方式，即将抽象和具象、有生命的和无生命的、人和宇宙合为一体。

从教育质量观看，"工程师论"似乎暗示了一种固定、统一的质量标准。教育作为一个大工厂，教师是工厂里的工程师，学生是被批量生产的、规格整齐划一的产品，教师在从事教育之前就已经有了一张事先设计好的蓝图。

从教师自主权考虑，"工程师论"也隐含自相矛盾的地方。一方面，它似乎比较重视教师的主观能动性，教师可以按照自己的意愿和设计塑造学生，改变学生；而另一方面，它又表明教师缺乏必要的自主权。上级对产品通常有统一的要求和规定，工程师只能按照一定的工艺要求、方案和流程操作，不具备教师应该具有的主动性。教育从某种意义上说，既是一门技术，又是一门艺术，教师的工作不能完全被规范，必须有一定的想象和创造空间。

3. 园丁论

与上述工业模式相对应，"教师是园丁"这个隐喻反映的是一种农业模式，认为学生像种子，有自己发展的胚胎和自然生长的可能性，但需要教师来浇水、培土。与"工程师论"相比，"园丁论"更加重视学生的生长性，既考虑了学生发展的共同规律（可生长性），又照顾了学生个体发展的差异性（每一颗种子可能开出不同的花儿）。同时，这个模式也考虑到了教育的过程，而不仅仅是结果。教育学生就像培育花朵，需要经常、定时地浇水、施肥、松土。

然而，"园丁论"似乎隐含着学生的发展类型和阶段基本上是不变的，教师的作用只是辅助其生长。园丁无论多么努力浇水、施肥，都无法将一株玫瑰培育成一棵紫荆；他们能够做的就是顺其自然，使这株玫瑰长得枝繁叶茂，花开似锦。而且，学生与花儿一样，其发展是有阶段性的：如果前一阶段发育不良，下一阶段将很难弥补。这种观点与弗洛伊德（Freud，S.）的理论十分相似，似乎早期的创伤会终身决定一个人的命运。而根据埃里克森（Erikson，E. H.）的理论以及我们自己的生活经验，人在发展阶段中的过失是可以修复的。教育是一个充满了不确定性的过程，需要教师运用自己的智慧去面对很多事先无法预料的新问题。

4．桶论

"教师要给学生一碗水，自己要有一桶水"这一隐喻强调的是教师知识和能力的必要储备，对教师的职业能力提出了很高的要求。有人甚至认为，在现代社会，教师只有"一桶水"已经不够了，应该是"自来水"，什么时候想要，都可以随时拧开水龙头；不管要多少水，都可以哗哗地流出来。在教育理念上，"桶论"显然已经过时了。它强调教师要"给"学生一碗水，自己首先要有一桶水，这使人立刻想到"灌输"的形象。似乎教师的作用就是要"给"学生"灌"知识，而且这种"灌"采取的是从上往下"倒"的姿势。教师的桶里和学生的碗里装的都是"水"，教师倒给学生的知识没有经过学生本人的处理。"桶论"反映的是一种应试教育的模式，学生被当成被动的容器，被教师注入知识，然后在考试的时候再原样倒出来。

"桶论"没有考虑到学生作为独立学习者和终身学习者的能力和条件，似乎学生从教师的桶中接到的水够自己一辈子受用。如果教师在教学中坚持"桶论"，将很难使自己的学生做到"青出于蓝而胜于蓝"。

"桶论"对教师知识和能力的要求主要是一种量上的储备，似乎越多越好。而我们不得不考虑，教师的桶中水的质量如何。这涉及"什么是知识"

以及"什么样的知识最有价值"等问题。在一定程度上，教师也很难肯定自己这桶水对学生是否有用，这桶水倒给学生，学生是不是想要。特别是在当前这个知识日新月异的时代，教师如果不及时更新自己，自己原有的那桶水恐怕不但没有用，而且早已腐臭了。目前，在我们的学校里，十几年使用同样教案的教师不乏其人。当然，强调质并不是说就不需要量，但质和量必须结合起来。教师光有满满一桶平常的水（信息、知识）是不够的，还需要更加精练的、营养丰富的、高质量的水（智慧、修养、情操、全面素质）。

此外，"桶论"不仅没有强调教师知识储备的质量，而且没有考虑到对教师教学方法的要求。似乎教师只要有一桶水就够了，至于他们应该如何倒这桶水、往学生的碗里倒时会不会倒歪了、会不会溢出来等问题都不在考虑之列。

由于隐喻具有意义不确定、解释多元、边界不清楚、情感卷入等特点，上述隐喻同时也在教育教学的其他方面引导我们思考。如果只停留在语词层面，我们会发现上述一些分析显得牵强附会；而如果我们深入到话语和语用层面，就会看到这些隐喻其实已经在严重地影响着社会对教师这一职业的期待以及教师本身的工作实践。

有关教师的隐喻有很多，内涵也十分丰富。如果集思广益，对这些隐喻进行更加细致、深入的分析，将会揭示出很多我们自己"日用而不知"的观念，进而对"教师到底是做什么的"这类问题产生更加深刻的疑问。而如果教师希望将自己从"教书匠"提升为"专家型"和"研究型"教师，这种反思和质疑是必不可少的。

二、从"纤夫"到"引者"

长期以来，教学活动中出现了这样一种倾向，就是教师对学生一点一点地教，学生亦步亦趋，教师任劳任怨承担了许多工作，学生却不领情……究其实质，在很大程度上，是由于教师把自己定位为正在拉动逆水之舟的"拉纤者"。逆水之舟不仅自己没有原生的动力，而且还有与行进方向相反的反作用力。这让人想起一个故事：一位印第安老人买了一辆汽车，不知道如何开动，便雇了3匹马来拉它。可以说，教师的教学变得沉重而痛苦，在很大程度上是没有看到、坚信并激发学生自身的动力。

学生是有主动性的，学生是学习的主体，教师需要着眼的，并不是日复一日的"拉纤"，而是如何让学生依靠自己的思维等来完成学习活动。在这个意义上，教师是学生学习和发展的"引者"，即"引路人"，引领着具有原生动力的、自己能行走的学生，在知识的旷野里驰骋。

帕尔默(Palmer, P. J.)曾描述过这样的境界[①]：我的教学处于最佳水平时，我就像一头牧羊犬，不是那种细致的、毛发蓬松和可爱的类型，而是那种专门在野外赶羊的苏格兰柯利牧羊犬。牧羊犬有四项重要的功能。它维持一个使羊群能自己吃草的空间；它把羊群聚集在那个空间之中，不停地把走失的羊找回来；它保护空间的边界并把危险的掠夺者阻拦在外；当放牧的草原上的草吃光了，它和羊一起转移到另外一个可以得到它们需要的食物的空间。我在教室中的任务就相当于想象的牧羊犬的任务。学生一定要自己去喂饱自己——这被称为主动的学习。如果他们要这么做，我一定要把他们带到一个可以得到食物的地方：一本好的课本、一个预先计划好的练习、一个启发性的问题、一组纪律良好的对话。然后，当他们已经知道在那个地方能学到什么知识时，我一定要把他们转移到下一个放牧场。我一定要把这个群体聚集在某一个地方，对迷路或逃走的个人要给予特别的注意，在这个时候我还必须保护群体，使他们免受捕猎者带来的恐惧等。

---

① ［美］帕克·帕尔默. 教学勇气：漫步教师心灵[M]. 吴国珍，等，译. 上海：华东师范大学出版社，2005：148～149.

一旦教师把自己定位为"引路人"，他进行教学设计的时候，着重点就不再仅仅是把自己要讲的教材内容都写出来，而是更多地考虑如何使学生参与到学习中来，如何调动学生的兴趣和思维等。地理教师王能智的三大教学设计"妙招"①即如此。

第一，从学生的实际出发。即课堂教学的选题与学生越接近，效果就越好。比如说，学生们要去春游，王老师就提出设计一个"今年春游去哪里"的题目，把学生分成组，每组就是一个小"旅行社"，由学生自己提出旅游的设计方案。学生们热情高涨，对要去的地方进行了全方位的调查，包括住宿、旅行路线、旅游地区的自然和人文地理环境、出行费用，等等。这堂课的成功关键就在于贴近了学生的实际生活。

第二，引导学生去寻找矛盾。比如，1998年，长江流域发生了特大洪灾。王老师设计了如下的课。在课堂上给学生一幅图，显示1998年的全年降水量并不比平常年份的降水量多；引导学生思考：为什么小水闹大灾呢？为什么荆江地区的降水量并不比平常多，但水位却很高？为了进一步探明成因，教师引导学生去做"模型"——带领学生把学校的操场挖得到处是"山包"和"沟"，模拟青藏高原的长江河道。学生认真研究，思索为什么有的地方一桶水浇下去，就会引起"河道泛滥"。

第三，寻找实践案例。王老师把这种方式归结为4个基本步骤：找话题、话题案例化、案例问题化和应用矫正。比如，教材上讲到气候资源的知识，王老师提出设计：话题——解读气候资源。案例——例如，厄尔尼诺现象发生时，美国、日本就立刻扩大了大豆的种植面积。问题——他们这样做的目的是什么？经过探究知道，厄尔尼诺现象使得秘鲁渔场的鱼减产，这种鱼主要用作牲畜饲料，而大豆是牲畜饲料的最好代用品。又如，

---

① 刘原，于书江. 从"小学科"里走出的"大教师"——记地理特级教师王能智[J]. 北京教育，2003(4)：4～7.

某地区的窗台都为三角形，为什么呢？原来是为了夏天避免阳光直晒，冬天利于采光取暖。这些案例的解读和问题探究使学生对如何利用气候资源有了生动的认识。

当学生的学习兴趣、动机、思维等得到激发，学习效果不仅能达到教师的要求，而且会大大超过教师的预期。在王老师班上，由于他的地理课充满活力和情趣，学生们非常喜欢，由此甚至产生了一些"负面效果"。一些家长反映，自己的孩子对于"主科"不想学习，反而对地理这门"副科"有浓厚的兴趣，拼命地学习。学生顾某是有名的"淘气分子"，可是听了王老师的课以后不再打架了，而把自己的活力和聪明用在考察地质条件、研究冰川遗迹等上面，他对西山地区冰川遗迹的考察得到了专家的认可。有的学生去了法海寺四十多次，研究那里的地理和人文状况。还有学生"偷"了学校实验室的罗盘、测量仪等，去很远的地方进行考察。当然，这些因对王老师的课喜欢至极而产生的"负面效果"令王老师自己也哭笑不得。然而，如果教师们都能上出这样的课，唤醒学生的学习主动性，那么教师的教学生活和学生的学习生活，将会是一种崭新的局面。

三、从"孤军"到"团队"

学校里的课堂基本是独立的空间，这使得教师主要以孤立的方式进行工作，自然会造成个人主义的教师文化占主导地位。而且，教师主动公开和分享教学经验，很可能使自己的教学遭到别人的批评，从而产生沮丧和焦虑的情绪，也很可能使自身的成功经验被他人采用，从而导致自己丧失教学中的优势地位，使自己的自信受到极大挑战。再加上，"奖优罚劣"的教师评价制度使教师们围绕着特定的标准，相互之间展开激烈的竞争，这在一定程度上加剧了教师之间孤立、封闭的问题。

但是，教师的专业发展需要同伴间的互动和对话。"与其他专业相比，教学发展得非常缓慢，其原因就是教学的个人化。如果外科手术和法律也像教学一样在个人化的环境下运作，我们仍会用水蛭对大多数病人进行放血治疗，仍会把被告浸在磨坊水池里。"①当下，教师需要通过各种途径，实现从"孤军"固守课堂教学的"私人空间"到"团队"共建课堂教学的"公共领域"的转变。可以看到，目前学校实行的集体备课和校本研修等，都正在朝着这方面努力。

比如，集体备课的形式，就是期望带动教师进行合作研究，形成研讨氛围，体现"集体效应"的优势，从而发挥教师团队的合作精神，集思广益，取长补短。一般来说，集体备课包括"准备活动""集中探讨"和"教后反思"三个步骤。一是准备活动。备课组长明确主备教师和辅备教师。主备教师作出教学设计，在集中探讨前2～3天把教学设计发给组内每位教师，同时，准备好主讲内容，交给备课组长。辅备教师一定要抽时间浏览主备教师的教学设计，注上个人见解，对主备的设计做教前的设想调整。二是集中探讨。首先，交流上一次集体备课的教后反思以及备课存在的问题，备课组长可有针对性地进行主题发言或以讲座辅导的形式，给予其他教师专业引领和指导。其次，主备教师结合教学设计，阐述主讲内容。再次，主备教师和辅备教师就主备的教学设计进行充分交流。最后，在参考他人发言的基础上，每位教师积极思考，博采众长，对主备的教学设计做一些修改调整，以便形成自己的合理的、个性化的教学设计。这是集体智慧的结晶，也是个人智慧的激活。三是教后反思。每位教师对自己的教后情况进行总结，调整教学设计中不切合学生需求的环节，并在下一次集中探讨时进行交流。

虽然目前有各种形式鼓励教师进行团队互助，经验共享，但是，这些活动也存在形式化严重的问题。所以，最根本的还是需要教师转变观念，

---

① ［美］帕克·帕尔默．教学勇气：漫步教师心灵［M］．吴国珍，等，译．上海：华东师范大学出版社，2005：144.

真正看到共同体对自己专业发展的促进作用。

克莱门特（Clement，M.）和瓦登伯格（Vandenberghe，R.）提醒我们："把教师合作看成解决所有问题的唯一灵丹妙药是错误的，我们只有在教师自立和合作之间维持一种适当的张力，才能给教师专业发展带来挑战和机会。"①没有教师个人的自主发展，没有教师个人的独具特色，就没有教师团队间的观点纷呈、智慧碰撞和灵感闪现。教师间的团队互助，并不是要全盘否定教师的个人努力和价值，并不是要完全革除教师的独立工作方式，而是鼓励教师在自主发展基础上合作，进而使教师合作文化在各种独具特色的教师个体文化背景下得到令人满意的创生和优化。

① Clement，M.，Vandenberghe，R..Teachers' Professional Development：A Solitary or Collegial（Ad）venture ［J］. Teaching and Teacher Education，2000(1)：81-101.

第三章　教材观

　　教材，是"教师和学生据以进行教学活动的材料，教学的主要媒体。通常按照课程标准（或教学大纲）的规定，分学科门类和年级顺序编辑"①。广义的教材具有丰富多样的形式，既有文本教材，包括教科书、讲义和教学参考书等，也有视听教材，包括音频和视频材料等，还有基于现代网络技术的网络教材。其中，教科书是教材的主体。狭义的教材则专指教科书（或称课本）。人们通常所说的"教材"，主要是在狭义上使用，只是省略了"狭义"二字。

　　受应试教育观念的影响，在很长一段时期里，我国中小学形成了一种教师"教死书，死教书"，学生"死读书，读死书"的局面。毋庸置疑，教材由经过严密选编的系统化的学科知识组成，然而，无论如何优秀的教材都不可能完全概括该学科领域最主要的知识，不可能彻底反映该学科的全部结构，更不可能适合任何情境中的师生的教学。因此，在对待教材方面，教师应当变"教教材"为"用教材教"，在深刻领会教材编写意图的前提下，

---

　　① 顾明远．教育大辞典（增订合编本）（上卷）[Z]．上海：上海教育出版社，1998：695.

根据具体的教学情境，对教材灵活地进行调整或开发，为提高教学效果开辟更广阔的空间。根据已有的经验，人们在对待"教材"上主要存在两种问题：一是视教材为"圣经"，认为教材应该什么都好，只管照搬教材上课，不管教材中的内容是否符合学生的实际，结果导致课堂效率的低下。二是视教材为"镣铐"，不分青红皂白地否定教材，根据自己的理解任意地改变教材，甚至抛开教材随意发挥，以致有的教师整整一节课都不使用教材，同样导致课堂效率的低下。为了避免以上问题，概括来说，教师首先要做到尊重教材，研读教材，在此基础上，要调整教材，拓展教材。

一、尊重教材，研读教材

一般而言，教材凝聚了大量专业化编者的心血和智慧，可以相信，有高度责任心和负责精神的教材编者，都会仔细推敲教材中的每一句话，反复打磨教材中的每一个例题，精心挑选教材中的每一道习题。作为执行课程标准的载体，教材中的每一个章节、每一个例题都有特定的教学目标，蕴含着特定的编写意图。因此，教师在尊重教材的基础上，研读教材，理顺知识结构，领会编写意图，才能深入地挖掘教材的"精彩"以提高学生的学习效果。

这样的教材观要求教师在改变教材之前需慎重考虑两个问题：一是自己是否深入解读了教材并深刻领会了教材的编写意图？二是改变后的效果是否真的能超越已有教材？但是，在现实生活中，一味重视改变教材，忽视教材编写意图的现象时有发生。比如，"运算律"的教材内容是这样的：教材的情境图是 28 个男生在跳绳，17 个女生在跳绳，23 个女生在踢毽子。一位教师为了让教学内容更具趣味性，对学习素材进行了如下置换：出示一段森林中猴子在玩耍的录像（有 28 只猴子在摘桃子，17 只猴子在玩水，23 只猴子在爬树），接着让学生根据情境提出几个用加法计算的问题，然后围绕其中两个问题展开教学，探索加法交换律和结合律。

仔细推敲不难发现，教师提供的该素材背离了教材的编写意图。教材的情境图中包含着 3 个隐含的内在关联的条件，28＋17 求的是跳绳人数，17＋23 求的是女生人数；而置换后的素材虽也能引出(28＋17)＋23 ＝28＋(17＋23)这个等式，却割裂了 3 个条件之间的内在联系。如此置换，实不可取。①

当然，也有教师通过反思改变教材带来的问题，深刻认识到尊重教材的重要性。② 小学五年级的"公倍数和最小公倍数"的教材内容详见下图。

教材的编写意图是，例 1 中实际问题的解决，需要学生从倍数的角度来思考并解答，从而引出"公倍数"概念。但是，教师首次教学时直接将教材例 1 与例 2 倒了过来。

这样操作，学生就直接从字面来理解"公倍数"之"公"，让学生通过"找倍数→找公倍数→找公倍数中最小的一个"，在"纯数学"的范畴内经历概念的形成过程。这样的教学虽然突出了数学知识的内部联系，并能帮助学生在较短时间内掌握需要学习的知识，能够"省下"较多的时间完成练习或学习更多的知识，但其不足之处也显而易见。比如，学生难以体会到数学与

---

① 袁仕理．对数学教学中若干"顾此失彼"现象的思考[J]．中国教师，2009(10)：27～28.

② 顾文亚．数学教学中"推敲"故事两则[J]．江苏教育(小学教学版)，2009(11)：56～57.

外部生活世界的密切联系，难以充分利用已有的生活经验来促进数学知识的学习；形式化的、缺乏实际意义的学习任务也很难真正引起学生的学习兴趣，学生的学习活动是在教师的"命令"下被动地进行；等等。

最小公倍数是一个内涵比较丰富的数学概念，为了帮助学生真正理解概念的内涵，在教学中，教师要让学生亲身经历概念的形成过程，这样才有可能形成有意义的学习。怎样让学生经历"最小公倍数"概念的形成过程？徘徊之后，教师再次回归教材，从例1到例2，从学生的现实生活中寻找能够"自动地"反映公倍数、最小公倍数内部结构特征的实际问题，让学生动手操作用小长方形铺大正方形，让学生在解决生动具体的实际问题过程中，获得相应的直接体验，积累数学活动的经验。在此基础上，教师再引导学生从生活"进到数学"，通过对实际问题的反思抽象，引出公倍数、最小公倍数等数学概念，并通过对解决问题过程的进一步提炼，总结出求最小公倍数的方法。

几经波折，最终回归教材，这是很多教师在磨课过程中的经历和体验，而就是在这回归中，教师对教材例题承载的功能有了新的、深刻的认识。之初，要改变教材，是为方便，为新意；之后，要回归教材，是实施的需要，是深入研究之后对教材的渴望。这种回归，是积极的、螺旋上升的回归。

从上述例子可以发现，对教材的编写意图，教师需要仔细揣摩，透彻理解，反复琢磨，问个究竟。具体来说，面对教材，教师不妨问自己3个问题[①]：一是教材中编写了什么？问题意在熟悉教材的编写内容。二是教材为什么这样编写？问题意在对教材的呈现方式及编写理念有深入的理解。三是教材这样编写对教学有什么启示？这3个问题由表及里、由

---

① 马水娟．基于理解与尊重，勇于超越与重构——谈小学科学教材的二度开发[J]．中小学教学研究，2009(5)：8～9.

浅入深、层层推进，唯有以这般审慎的态度解读教材，并从教材"出发"，对教材进行合理的改造，才能真正做到超越教材，实现合理而有效地"用教材教"。

二、调整教材，拓展教材

强调尊重教材，研读教材，并不等于要求教师照本宣科，不敢越雷池半步，不能对教材进行丝毫改变。在这个意义上，教师不是教材的执行者，而是教材的开发者。教师在尊重和研读教材的基础上，发挥自己的专业能力和智慧，根据实践中的具体状况，创造性地对教材进行有效调整和拓展，能够显著地提高教学效果。

其一，调整教材编排。如果调整教材编排可以优化教学，教师可做相应的灵活处理，不必从教材第一页教至最后一页。比如，现行的小学自然教材大都以知识体系组织单元结构，但有些单元之间有一定联系，前一单元是后一单元的基础，后一单元又是前一单元的延续，教师可以把有关单元组合在一起，通过组合使知识更系统，探究兴趣更持续，技能训练更扎实。一位教师曾谈道：教苏科版（江苏科学技术出版社，以下简称苏科版）《自然》第五册时，如按教材顺序教学，学习《空气占据空间》这课时已是冬天，而在实验中要用到水，因此常常由于水太冷而影响一部分学生的动手探究。如果在教学时把这课调整到"溶解"单元之后，这样既解决了学生怕冷的问题，又保持了学生玩水的兴趣，更能强化学生在"溶解"单元初步学会的对比实验的技能。

其二，变换教材内容。我国学校有地域差异、城乡差别，教材内容不一定适合所有地区、所有学校的学生，经过教师的灵活调整可以使其更适合学生学习。比如，"位置和方向"的教学，要求结合具体情境，使学生认识东、南、西、北、东北、西北、东南和西南 8 个方向，能够用给定的一个方向辨认其余的 7 个方向，并能用这些词语描述物体所在的方向。教材中的情境图是首都天安门广场及四周建筑的航拍照片和相应的平面示意图。但有的学生没有去过北京，对这些建筑的位置自然就不熟悉了。因此，教师在教本课时，就结合学生熟悉的本地古城的实际情况，用古城的四大城门——东门、南门、西门、北门来帮助学生认识东、南、西、北 4 个方向，进而再扩展到 8 个方向。实践证明，对教材的这种创改是有效的，绝大多数学生在学习后都能达到教学目标的要求。[①] 可见，如果教师的设计比教材的设计更能促进学生的学习，就可以对教材内容进行调整。教材"圆的周长"中的情境图导入略显单一，难以激发学生的探究兴趣。一位教师在教学时，制作了多媒体课件：两只小狗"小黄"和"小白"在同一起点赛跑，一只沿着正方形跑道跑，一只沿着圆形跑道跑。教师提出问题：谁先跑到终点？为什么？实践表明，教师通过改变情境图的呈现方式，有效地激发了学生的学习兴趣，使接下来的探究活动得以顺利开展。

其三，拓展教材视野。在一定意义上，教材就是提供一些教学素材，但教材不可能也没必要为师生提供全部教学素材，所以，教师要注意根据学生的具体情况，对教材进行适当的拓展。例如，教材上的《中华民族的灿烂文化》中列举的是学生非常熟悉的"四大发明"，教师若再喋喋不休地去讲述，学生不会有太大的兴趣。有位教师不囿于教材提供的知识信息，在概述"四大发明"后，补充讲述了我国古代哲学家主张的"天人合一"的思想，还讲了中华民族的伟大不仅表现在那众多的"世界领先"上，也展示在对异族文化兼容并蓄的恢宏气度上。[②] 这样，学生听起来很带劲，因为学生渴望了解与书本知识有关，但又更具广度和深度的知识。又如，在教"因数和倍数"时，教师可以给学生介绍"完美数"及"数论"的相关知识。这种拓展，

---

① 夏井川. 新课程理念下的教材使用思考[A]. 小学数学（第 3 辑）[C]. 北京：人民教育出版社，2009：31.

② 王金红. 更合理有效地使用教材的探索与实践[J]. 思想政治课教学，2008(10)：37～39.

不仅能开阔学生的数学视野，也能激发他们对数学的热爱。

拓展阅读

近年的课程改革使我国的中小学教材正悄然发生着深刻变化：教材的多样化使教材作为教学中唯一"法定文化"的地位渐趋动摇；教材的功能定位也逐渐由"控制"和"规范"教学转向"为教学服务"。研究发现，教师的教材观应该从"圣经式"走向"材料式"。① 把握这一趋势，有助于我们形成和优化自己的教材观。

1. "圣经式"教材观

总的来看，"圣经式"教材观是一种封闭式的、崇尚权威的教材观。这种教材观在理论上使教师蜕变为教材的附庸，毫无自主与创造可言，具体表现为：

第一，教材的价值在于"规范"教学。规范的实质是控制。控制的内容既包括教师的教，也包括学生的学；既涉及教的内容，也包括教的方式、方法。此种观点往往使教材的编制就以"规范"教学为指针。

第二，教师必须遵从教材，对其持有一颗"尊敬"之心。因为在这种教材观看来，教材既是师生交往的媒介，又是教学的标准和评价尺度；教学的目的就是"落实知识点"，使学生掌握教材安排的内容；考试不能"超纲"，更不能"超本"。如同赛马要遵从"跑马道"的限制，教师也必须遵从教材的安排。

第三，教材的关键部分是内容纲要和练习，而非学习过程和学习活动方式的设计。因而，每当教材有什么变化时，教师们首先关心的是教材内容的增减和练习的变化，而不是教材编写指导思想的改变或学生学习活动方式设计上的变化。

---

① 郭晓明. 从"圣经"到"材料"——论教师教材观的转变[J]. 高等师范教育研究，2001(6)：17～21.

第四，倾向于将教材视为唯一的教学资源，不相信教师能作为教学资源的设计者和组织者去积极主动地选择和增添教学资源，更不主张教师自主开发教科书视野以外的教学资源。

"圣经式"教材观给学校教育教学造成了不可低估的危害：首先，它割断了课程与丰富的社会现实之间的联系。其次，封闭的、缺少弹性的教材观使教师个人的教育力量与专家设定的教育内容之间无法建立起某种建设性联系。再次，它限制了学校的课堂生活空间和学生的学习活动空间。它容易导致学生对教材乃至所有书本的盲目崇拜，扼杀其自主精神和创新能力。最后，它限制了教师的创造性及其教学的个性化，使教师无法在教学中找到其生命的价值和职业的乐趣。

2. "材料式"教材观

针对"圣经式"教材观的不足，"材料式"的教材观应运而生，其具体主张是：

第一，教材的价值不在于"控制"教学，而是为教学提供基础性文本，应去除其神秘感。

第二，教材只是在课程标准指导下编制的"教学材料"，不具有作为教学权威及裁决教学的能力。教学的根本依据是课程标准，达此标准所用的材料可以多样化。

第三，教师不必绝对服从教材，有能力的教师可依自己的研究对教材自主改造，教师应以怀疑的精神和研究的态度对待教材。

确立"材料式"教材观，对当今中国教育具有十分重要的意义。首先，它将教材由"圣经"还原为"材料"，从观念上为教师的解放开辟了道路，给课堂注入了活力，为教学质量的提高提供了重要保障。其次，它打破了教师对教材的崇拜和依赖，使教师从一个屈从于规训的畏手畏脚的"教书匠"，转变为一个拥有专业自主性和生命活力的"教师"，也正是在这一过程中，教师成长为一个教育教学的"研究者"。最后，它扩展了学生的学习空间，赋予其"思想漫步"之自由，这必将大大改善学生的学习状况，使其感受到学习及成长的乐趣，从而真正发展其主体性和批判精神，而不必宛如用针钉住的蝴蝶，牢牢地被束缚在教材上，无奈地拍打着贫瘠的、获得了些许知识的翅膀。

第四章　学习观

在教学活动中，教师的教并不是最终的目的，教师的教是为了学生的学，学生的学才是最终的目的。教师教了许多，但学生没有学到，没有学会，教师的教便沦为无效劳动。只有学生学到了，学会了，在知识、能力、德性和智慧等方面获得了发展，教师教的价值和意义才彰显出来。可见，如何看待学习，也是影响教学设计的一个关键的、基础的理念。概括来说，从起源上看，学习乃人的本性；从过程上看，学习是建构的过程；从价值上看，学习能够通达自由。

一、学习乃人的本性

随着生物科学的发展，人们已经开始从基因层面研究人性。研究发现，"在人类的动物性中，包含着'原欲'和'原恶'两个部分。人类的原欲中有食欲、性欲和知欲。食是为自己的生存，性是为后代的繁衍，知是为保护、强化和改进人的生存和繁衍。这三种欲望是人类代代生生不息的原动力。没有食，人类会绝种；没有性，人类也会绝种；没有知，在一个物竞天择的进化环境中亦会绝种。由此来看，人的原欲和人类共生、共存、共进、共殁"①。可见，"知欲"的存在，决定着学习成为人的本性。当然，人类是由动物世界而来，却往文化世界而去，人类的学习，面对的是人类创造出的一系列文化。

弗洛姆（Fromm，E.）在《人的基本特性：人性》中指出，个人的一生只不过是使他自己诞生的过程。人生是一个不断"成人"的过程，人不是已经预成的存在，而是持续生成的存在。人的生成性主要包括由未特定化导致的基于缺陷的生成和由超越性导致的基于丰富的生成。②

人的生成性首先表现为，人只是自然的一个"有缺陷的动物"、一个"匮乏的动物"（这一特性人们通常用"未特定化"或"非专门化"，即"unspecial-ization"来加以概括与表达），他需要不断地弥补自身的缺陷，解除自身的匮乏。具体而言，动物的器官往往适应特殊生存环境的需要，这种专门化的结果和范围是动物的本能，它规定了动物在各种环境中的行为，正所谓"鱼生三日，游于江湖。兔生三日，盘地三亩"。动物在体质上的特定化，使它们可以凭借各种特定的自然本能在特定的自然链条上成功地生存。较之动物，人在体质器官上则呈现非特定化的特点，由此决定了人在自然本能上的薄弱，正所谓"人者，爪牙不足以供守卫，肌肤不足以自捍御，趋走不足以从利逃害，无毛羽以御寒暑"③。然而，正是人在先天自然本能方面的贫乏与缺憾，自然并没有规定人该做什么或不该做什么，使他能够从自然生存链条中凸显出来，通过后天的创造来弥补先天的不足。而用以弥补人的生物性的不足的，就是人类的文化。兰德曼认为："不仅个体文化成就的可能性，而且被继承下来的客观文化的潮流，都会弥补人与动物相比较

① 孔宪铎，王登峰．基因与人性[M]．北京：北京大学出版社，2009：31.
② 曾文婕．文化学习引论——学习文化的哲学考察与建构[D]．广州：华南师范大学博士学位论文，2007：37～39.
③ 王力波．列子译注[M]．哈尔滨：黑龙江人民出版社，2003：188.

而似乎具有的'缺陷'。"①人失去了大自然的庇荫，却在被社会群体保存下来的作为人类生存方式的文化那里获得了补偿，文化解除了人在适应自然时的匮乏，为人的生存提供了丰富的外在工具体系。举个浅显的例子，人并不像北极熊一样长出一身皮毛以适应极地的严寒，但是人会以缝制衣服和盖起雪屋等方式来御寒。人的未特定化成就了文化作为人的"第二本性"的地位与价值。为了补偿自身在生物性方面的不足，人必须不断学习，进而掌握人类发展史中积累起来的各种文化，以求得生存。

同时，人之为人，"我们都需要领略辉煌，使我们的心灵升华，感受超越自我的伟大以及人生的无限可能"②。人的生成性也就还表现为不断追求发展的超越性，这是人的优化自身存在的意向性。如果说作为生成性表现之一的弥补缺陷和解除匮乏，是为了求得生存，那么作为生成性表现之一的超越性，就是为了生活得更有意义，更有价值。关于人的超越性，李鹏程指出，人总是认为自己的"现状"是"不完满"的，有值得"改进"和"改善"的可能性。这种对自己当下状况的"不完满性"的确认和在此基础上对"完满性"的追求，就使人产生了"超越"意识，产生了使自己"变"得"更加完满"的意识指向。基于此，"从人的生命存在的基本特点来说，人的意识状态的本质意义，就在于它是一个基于现实并要求（愿望、向往）超越现实的指向性"③。人的超越性这一基本特性的存在，使人的生活世界中产生了现实与理想、现有与应有、此岸与彼岸等之间的张力。此时，文化中蕴含的真、善、美的特质，正可以引导人们摆脱原初的愚钝和粗陋，克服人性的野蛮和残缺，超越世俗的浅薄和功利，使人们不断地从已有、已知、已达到的

---

① ［德］M. 兰德曼. 哲学人类学（第 2 版）［M］. 阎嘉，译. 贵阳：贵州人民出版社，2006：206～207.

② ［英］查尔斯·汉迪. 饥饿的灵魂［M］. 刘海明，张建新，译. 上海：上海三联书店，1999：89.

③ 李鹏程. 当代文化哲学沉思［M］. 北京：人民出版社，1997：240.

层面，向未有、未知、未达到的层面跃迁。可见，人从现实超越到理想、从现有超越到应有、从此岸超越到彼岸的通达途径，就是学习蕴含真、善、美的文化，使自己的学识得以增进、德性得以锤炼、境界得以提升、创造性得以发挥与展现，使自己不断向着真、善、美的终极目标趋近。

由此可见，人要依赖文化才能生存，也才能生活得更有意义与价值。立足于人为了自身的生存与发展而对文化极端需要的这个基础，人在基于补偿而"学习"，也基于发展、基于追求"完满"而"学习"。前者实现着生物的人向现实的人的转变，后者促进着现实的人向理想的人的转变。所谓"人生"，乃是一个不断经由学习而"文化成人"的动态过程。

另外，人们还从社会心理的角度，解释了学习是人的本性。"每当人们观察那些初次接触教育环境的孩子时，都深深地被他们要求受教育的愿望所打动，而这显然不仅仅是出于求知欲，而是出于被成年人的世界、被社会价值世界所接受的需要。"①

虽然人们从多种角度凸显了学习是人的本性，但不表明这个本性会自动地、茁壮地生长和发挥作用。相反，人的本性如果受到忽略，就如"刀不磨要生锈"的道理一样，会逐渐消退；如果再受到外来力量的打压，则更易挫伤。因此，发现、保护并促成学生学习本性的生长，并善于利用这一本性，提升教与学的效果，进而推动学生的成长与发展，是教师应当研究的一个重要而迫切的问题。

拓展阅读

学习是人的本性，为什么现实生活中众多的学生"厌学"甚至"恨学"呢？对此，王晓春老师作出了一定的分析。②

我的一位同事对她的上小学四年级的侄女谈到终身学习的问题，小姑

---

① ［法］昂热拉·梅迪契. 新教育［M］. 侯健，译. 北京：商务印书馆，1998：25.
② 王晓春. 让学习更加人性化［J］. 河南教育，2000(6)：8～9. 略有改动.

娘一脸惶恐地说："啊？毕了业还要读书啊！"我联想起 20 世纪 80 年代我教中学时，每当考试后、放假前，我常常在厕所里看见被撕成碎片的课本和作业本，还有被整本扔到便池里的。每次中考和高考后，此种镜头更多。前年，一位家长请我去帮助他厌学的儿子，那孩子正上八年级。我去到他家，推孩子的房门时，感觉有障碍，往门后一瞧，原来是一大堆碎纸片。家长告诉我，这是孩子全部的课本和作业本。我对家长说："您的孩子不是'厌学'，而是'恨学'！撕出这么一大堆碎片，也是比较重的体力劳动，没有满腔的仇恨是坚持不下来的。"

大人都想让孩子学习，而且学习也确实对孩子有好处，可孩子为什么这样不懂事呢？一两个不懂事在所难免，怎么现在不爱学习的孩子这么多呢？

原因是多方面的，有家庭教育的毛病，有社会风气的影响，也有孩子自身的问题。这里我们侧重从学校教育的角度探讨一下原因。据我看，恐怕我们的学习态度导向有问题。

我们的学习态度导向具有明显的任务化、工具化、神圣化的特点，而人性化则比较薄弱。

所谓任务化，就是把学习看作完成别人交给的任务，因而学习主要是对别人负责而不是对自己负责。教师让我学的，我不得不学，就被动地去学；教师没有安排的，我就不主动去学。学生的这种观点是教师引导的结果。如果教师一贯用制订计划、布置任务、检查监督的"指标管理法"推动学生学习，久而久之，必然会削弱学生的主体意识，使他越来越变成一个机械被动的学习者。我的一位同事的孩子从小比较爱学习，让他认个字或者学点什么东西，他都很高兴。上了一年幼儿园，糟了，再教他什么，不学了，理由是"教师没让我们学这个"。他已经开始把学习看成特定的上级交给他的特定的任务，这实际上是把学习的空间缩小了。许多孩子除了做教师留的作业以外，绝不多做一点学习的事情，也是这个道理，虽然这其中也有自我保护的成分（作业太多了）。也许在教师眼里，孩子是进步了，听话了，其实在学习观念上，他退步了。学习成了一种"差事"，快乐减少了，人情味减少了，人性减少了。

所谓工具化，就是把学习目的变成单纯地掌握谋生工具，把学习看成当"学徒"，把学习当成"敲门砖"，而不是看作自身成长和发展的过程，学习的过程好像单纯是一个"外加"的过程。知识对学生来说，似乎是入侵者，而不是朋友；如果硬说是朋友，也是由教师包办的朋友。人对工具的通常态度是，有用就用，没用就扔。如果把学习工具化，其必然的结果是短视的实用主义的泛滥：能得到好分数或换取毕业证书的内容，就学，否则就不学。而一旦毕业证书到手，就可以和学习说"再见"甚至"永别"了。很难想象人们会对"敲门砖"产生多么深的感情，所以工具化也减少了学习的人情味。而且生活的逻辑总是这样：凡是把学习当工具者，自己也必然在某种程度上"工具化"。显然，过分强调学习的工具性，不利于学习者养成健全的精神和健康的人格。

所谓神圣化，就是把学习看成非同小可的事情，给它笼罩上一个光环。古人看书时要焚香，正襟危坐，端个架子，就是这个意思。如今许多家长和教师，也总是以为在专门的时间和专门的地点，摆出专门的姿态，看专门的书，那才叫学习。看课外书不是学习，玩儿更不是学习。只有看教师让看的书，做教师让做的题，务"正业"，才算是学习。这看起来是对知识的尊重，其实不但缩小了学习的范围，而且使学习狭隘化，远离孩子的日常生活，漠视人的基本需求。教材也存在这个问题，脱离学生的生活，在一个封闭的圈子里大讲一些神乎其神的学科术语，致使学生"敬而远之"。"神"味太浓了，人情味就减少了。

总之，"任务化""工具化"把学习搞得太"俗"，"神圣化"又把学习搞得过"雅"。这"三化"使学习态度走向两个极端，最终妨碍了民族素质的提高。

如果人在小时候把学习单纯看成任务或工具，那么一旦长大成人，他就不再学习了，除非领导下死命令，或者迫于谋生的燃眉之急。目前我国成年人的学习状况大致如此，这是我们基础教育的大失误、大教训。别人且不说，就说中小学教师吧，按道理，教书的人应该是最爱读书的，可惜完全不是这么回事。他们往往只读课本和教学参考书，因为这是"任务"和"工具"，至于从提高自身素质、完善自我出发读的书，那就少得可怜了。绝大多数教师只是到了期末写总结或评职称写论文的时候，才很不情愿地去找本书来翻一翻，抄一抄。有些领导为了督促教师看书，常常不得不用检查读书笔记的办法，像检查小学生的作业本一样，让人哭笑不得。不爱读书的大人自然无法培养出爱读书的孩子，果然，这些孩子成年后也不爱读书，然而却又拼命逼着自己的孩子读书。这是完全合乎逻辑的，越是不爱读书的人，越容易逼孩子读书，因为他自己就没找到爱读书的感觉，因而他会顺理成章地认为，读书绝不是有趣味的事情，不施加压力是不行的。于是，人们就这样一代一代地，把"厌学"的情绪，把缺乏人情味的学习态度传下去了。

所以我们现在必须改变这种状况，必须提倡一种更尊重人性、更积极自觉的学习态度。这样的学习态度应当以学习者为本，以人为本，以人的发展为本。

在这种态度下，学习不是单纯的任务，也不再等待别人的"评价"，而是为了满足自身的发展需要。这种学习是开放的、发散的，而不是单纯按别人指定的死路线前进。这种学习不光是为了取得毕业证书，更重要的是要充实自己的生活，完善自己的人生。它有功利的成分，但不完全是功利的，学习同时成了个体生活的一个非常自然的组成部分。它不再仅仅是为了生存，而且其本身就是一种生活方式。它既不是外加的，也不是神秘的。

它常常像是一种精神的旅游，有时也很累，但是有无穷的乐趣，累是自愿的。

　　要倡导这样的学习态度，需要从两个方面努力：一方面是努力建立学习化社会；另一方面是使学习生活化，即尽可能使学习与学生的个性、生活密切联系起来。这当然不是某一个人能完成的任务，但是每个教师都可以有所作为，起码教师可以自己努力做一个"学者型教师"。你要做"学者型教师"，谁能阻拦？只有你自己能阻拦。你要喜欢读书，谁能阻拦？谁也阻拦不了。别人最多只能减少你的业余时间，无法削弱你对书籍的热爱。别人最多只能剥夺你脱产学习的机会，无法剥夺你业余学习的热情。而只要一位教师自己具有人性化的学习态度，他肯定就会感染学生，他也一定能想出许多办法让孩子体验学习的快乐，因为他自己就体验过这种快乐。人是有情感的，人学习的时候不可能没有情感介入，区别只在于是消极的情感还是积极的情感。情感是无法教授的，只能彼此感染。要以积极的情感感染别人，自己先要有积极的情感。所以说到底，还是教师自身素质的问题。

　　为了避免误会，我在本文的结尾要替"任务化、工具化、神圣化"的学习态度辩护几句。说学习是任务并没错，用布置任务的办法推动学习，也常常是必要的。说学习是为了掌握某种知识和工具也没错，甚至人本身，从某种意义上说，也是工具，这并不一定损害人的尊严。至于把学习在一定程度上神圣化，也有好处，它至少可以增加学习者的使命感和责任感。所以，这"三化"都有其合理的成分。问题在于掌握火候，多么合理的东西过了火也会变荒谬，而现在过火得太厉害了。闹得孩子们把课本都撕碎了，孩子们巴不得早点长大，永远结束读书生活，这还不是问题吗？

二、学习是建构的过程

　　有这样一个故事：从前，有一条鱼很想了解陆地上发生的事，却因为只能在水中呼吸而无法实现。鱼与一只小蝌蚪交上了朋友。小蝌蚪长成青蛙之后，便跳上陆地。几周后青蛙回到池塘，向鱼描述了陆地上的各种东西：鸟、牛和人。鱼听了青蛙的描述，脑海中浮现出各种新形象——人被想象为用鱼尾巴走路的鱼、鸟是长着翅膀的鱼、奶牛是长着乳房的鱼。①

这个故事的寓意非常深刻。学习并不是一个"搬运"的过程，不是教师将自己头脑中的知识搬运到学生头脑中，也不是学生将教材上的知识搬运到自己的头脑中，学习是学生基于自己已知道的知识，去建构新知识和对新知识的理解。学习是一种"建构"的过程。

从以上故事中还可以看到，学生在建构知识的过程中，机遇和危险并存。如果学生能对知识正确、完整和系统地建构，自然是再好不过的事情。但是，学生也有可能对知识进行不完整建构或错误建构。教师需要善于发现学生在建构过程中出现的困难和错误，并加以正确而艺术化的引导。

以下是一则教学片段②：

在小学三年级的一节科学课上，学生们正在给动物进行分类。学生有各种分类方法，如按动物的运动方式、食性、有无脊椎骨分类。此时有一名学生提出动物可以分为冷血动物和热血动物，血是冷的就是冷血动物。学生们都表示赞同。显然，三年级的孩子从其他途径听说过"冷血动物"一词，但他们根据已有的知识经验，建构了完全错误的理解。教师决定从学生最了解的"人"入手，帮助学生正确地理解。

师：人的体温是多少？

生：37℃左右。

师：夏天，上海的气温有时会达到……

生：39℃以上。

---

① [美]约翰·D·布兰思福特，等．人是如何学习的——大脑、心理、经验及学校[M]．程可拉，等，译．上海：华东师范大学出版社，2002：11．

② 蔡晓燕．善用学生已有知识[J]．科学课，2006(3)：9．略有改动．

师：那你的体温呢？会不会也变成 39℃ 呢？

生：不会！还是 37℃ 左右。

生：39℃ 就是发高烧了，要到医院去挂盐水了。

师：冬天，上海的气温有时会达到……

生：0℃、－5℃……

师：那我们人的体温会不会也变成 0℃、－5℃ 呢？（学生笑了）

生：才不会呢！

生：还是 37℃ 左右。

生：0℃ 的话，人早就死了。

师：人的体温有什么特点呢？

生：不管外界环境的温度怎么变化，人的体温总是在 37℃ 左右……

师：不管外界环境的温度如何变化，人和有些动物（像牛、羊、猫、狗）的体温都能保持稳定，这样的动物就是你们刚才说的热血动物，科学的说法是恒温动物。而冷血动物正好与恒温动物相反。现在谁来说说，什么是冷血动物？

生：冷血动物的体温会随外界环境温度的变化而变化……

师：能不能给这些冷血动物起一个科学的名字？

生：变温动物。

这位教师，敏锐地抓住了学生根据常见思维逻辑，在头脑中建构起来的错误概念理解，即血是冷的就是冷血动物，艺术地利用学生已有的正确知识经验，即对人的体温变化以及气温变化的认识，引导学生对概念建构起正确的理解。当然，这一建构过程主要是教师帮助学生完成的。根据不同的教学情境，某些建构过程中，教师可以组织学生，以相互帮助或相互争论等方式来完成。

在进行教学设计时，教师需要特别注意的是，学习作为一种建构过程，在建构知识的同时，还应建构起相应的意义，这样，可以整体性地激发学生学习的兴趣、提高学生学习的效果。这里，以"负数"的教学为例来说明。教"负数"时，教师可以这样讲：同学们，今天我们讲负数，负数是什么呢？负数是表示具有相反意义的量，比如收到 5 元钱，我们记作＋5，付出 5 元钱，我们记作－5，等等，这就是负数的例子。[①]

教师还可以先给出一个引例，由此引出负数的概念，对概念进行分析，继而给出例子以加深学生对负数的理解。以上不论是直奔主题，还是从引例出发，学生表现的都仅仅是知识的获得。为了引导学生在获得知识的过程中进行相应的意义建构，教师可以这样设计：

首先，教师让学生置身于现实生活中，通过丰富的实例，让学生感受到现实生活中存在着大量的具有相反意义的量，如输赢、收支、盈亏、增减、升降、前后等。教师先要给学生这样的感觉：满世界都存在着这样的量，它们具有相反意义。

其次，教师让学生知道这些量是需要表示的，我们还不会表示呢！如何表示呢？这就是一个问题。原来，我们可以用整数、分数来表示一些事物，现在却遇到了问题，从而促使学生产生一种内在需求、一种困惑：原来的数怎么不够用了，不够用了怎么办？这又把问题推进了一步，接下来就研究这样的问题。

不够用了怎么办？我们需要引进新的记法。如何引进新的记法呢？这就需要探索、尝试、比较、逐步实现目标。学生的经验、学生的观察就在这里交流着，最后学生找到了真理。

反思一下，上述过程，就是负数形成的一个过程，也是数学发现的过程。通过这个过程，学生激活了负数的概念，使它真正成为有意义的东西。也正是在这一过程中，学生体验了数学与人类生活的联系，数学活动中充满了探索。在这一过程中，学生还可以体会人类智慧的伟大。你看，数不

---

① 裴光亚．试谈以人为本的三维课堂教学[J]．中学数学，2006(1)：1～4.

够用了怎么办？在原有数前面添加一个符号，就解决了问题，这就是人类的创造。可见，在负数的教学中，教师还可以激起学生对人类创造的敬意。

在这个过程中，既有知识的获得，又有能力的生成，还有情感的体验。可以说，这个学习过程，既实现了知识的建构，也实现了知识的意义建构。然而，要引导学生实现知识的意义建构，并不是一件容易的事，这需要教师进行认真深入的探索和设计。

三、学习能够通达自由

世界作为一个巨大无形的网，主要由三种关系构成，即"人与自然的关系""人与社会的关系"和"人与自身精神的关系"①。通过学习蕴含"真"的文化精华，学生可以洞悉与掌握自然界各种事物的客观规律，以便灵活地支配与控制它们，达至"人与事物之间关系的自由"，即认识论意义上的理性自由。同时，通过学习蕴含"善"的文化精华，学生能够体认与内化外在的社会道德规范，从而自主地展开道德活动，达至"人与他人之间关系的自由"，即伦理学意义上的道德自由。而且，通过学习蕴含"美"的文化精华，学生不断实现心灵的解放与超脱，深层次地体验精神的愉悦，达至"人与自身精神之间关系的自由"，即美学意义上的审美自由。②

其一，在学习中"求真"，通达人与事物之间关系的自由。一方面，在学习中"求真"，使学生从外在事物的控制与束缚中解放出来。正如斯宾诺莎（Spinoza，B.）揭示的，"自由是对必然的认识"③，人们如果不了解事物的客观规律，就会被它们束缚、限制。比如，人们被源自对不存在实体的恐惧情感支配，不能很好地利用自然事物而遭到自然界的惩罚等。然而，一旦人们认识了事物的客观规律，那么要使事物越来越服从人的意志并利

---

① 彭富春．哲学美学导论[M]．北京：人民出版社，2005：56～57.

② 曾文婕．学习通达自由——对学习领域自由问题的新阐释[J]．教育研究，2008 (6)：35～40.

③ 苗力田，李毓章．西方哲学史新编[M]．北京：人民出版社，1990：330.

用它们来达到自己的目的，就完全取决于人自身了。另一方面，在学习中"求真"，使学生能够以事物的客观规律为依据从事各种自主活动。一旦事物的客观规律被人认识，它就由支配人的外在力量变成了人的活动的内在根据，就由客观的外部必然性变成了人支配与控制客观事物的能力。在充分认识事物客观规律的基础上，人们就可以将那些束缚人、限制人的自在之物转化成为人服务的为我之物，进而展开各种各样的自主活动，为主体自由的实现开辟出一条道路。可以说，在不断把握事物的客观规律并使之服务于自己的目的的过程中，学生才能得到真正的自由。学生对客观规律的把握愈深刻、愈全面，他们活动的自由度就愈大。

其二，在学习中"立善"，通达人与他人之间关系的自由。一方面，在学习中"立善"，使学生摆脱道德的外在规定。除了"狼孩"等特殊情况外，个体一出生，便被"抛"入一定的道德文化之中。这时，道德文化是先于个体而存在的，是外在于个体的。当道德外在于人而强制人服从时，人往往感到处处受这种外在力量的支配，从而觉得很不自由。然而，学生在学习过程中，感受文化彰显的道德人生及道德智慧的美丽华彩，体验道德规范给予作为类的人在调整人伦关系时的自由和优越，便会心向往之、行趋近之，从而不断将道德的外在限制转化为自我内在限制，最终转化为道德自主、自决和自律。通过学习，道德的外在规定性就转化为学生自身的内在信念。另一方面，在学习中"立善"，使学生自主地展开道德活动。当道德从外在规定转化为人自身的内在信念之时，它就成为一种自我"意志"融入个体的血脉深处。这样，个体"在认识道德必然的前提下自觉自愿地按道德必然去行动，从而达到一种'从心所欲而不逾矩'的境界 ——道德自由的境界"①。而且，在学习过程中，学生越是深刻地体会到道德的价值与魅力，就越能够将外在道德要求转化为内在道德意志，就越能够在人与他人的关

---

① 李建华，覃青必. 论道德自由的三个基本向度[J]. 哲学研究，2006(1)：99～103.

系之中获得更大的自由。

其三，在学习中"审美"，通达人与自身精神之间关系的自由。一方面，在学习中"审美"，使学生超越浅近的功利欲望。现实生活中的利益关系，人是无法回避的。审美，恰好能带给人一种特别的解放，它解放的是人自身的精神，它使人的精神从功利欲望的控制与束缚中解放出来。[①] 学生对学习内容的审美，使自己沉浸在学习内容描绘的人类文化世界，迷醉于学习内容展示的人类文化生命力量，使自己从实际的利益计较中摆脱出来，从精神层面告别和舍弃功利，体验自身生命超越现实束缚而体验无限世界的心灵敞亮与精神解放！另一方面，在学习中"审美"，使学生自主地进行精神体验。基于审美的超功利的精神解放特性，在学习中"审美"，学生就超越了功利与得失的计较，投入地感应于学习内容代表的人类文化生命的呼唤，体悟到人类文化生命与自己精神生命交融的和谐与奇妙，产生"悠悠心会，妙处难与君说"的精神愉悦，进而在日常生活的单调和琐碎之中拥有超然的心境，在无限的失落与永恒的动荡之中获得精神的安宁！正是这些超然与安宁，让人享有挣脱世俗生活后带来的灵魂净化般纯粹的生命快乐，让人达到一种审美的大欣喜、大感动、大震撼的境界。这样，一种融化在理想境界中的精神体验式的自由——审美自由便油然而生！

学习通达自由，提出了教育领域的一个新课题。教师可以首先拓展与升华自己对学习的意义与境界的认识，进而在教学设计和课堂教学中熏染和陶冶学生，并充分考虑运用什么策略才能更好地促使学生"经由学习而通达自由"。

---

① 彭富春. 哲学美学导论[M]. 北京：人民出版社，2005：122~123.

第五章　教学观

教学常被解释为教师的教和学生的学共同构成的双边活动。它包容了教师的教和学生的学，却并不是两者的简单相加。由师生构成的教学双边活动，形式多样，差异甚大，优劣俱存。因此，从观念上澄清什么是好的教学，进而能够以适当的教学观引领教学，就尤为重要。

一、教学以学为本

有这样一个故事在教学界多次被提及，日内瓦湖前面有一条隧道，人们开着汽车穿过隧道，隧道管理者在入口处竖立了告示牌，要求司机即使是白天也要亮灯。但是，从隧道出来，许多人都忘记关灯。这样，他们停下来一段时间后，汽车就没有电不能打火了。面对司机们的抱怨，管理方想到在出口处也竖一个牌，要求司机们"出隧道后关车灯"。但显然这样写是不够的，晚上驾车，司机看到这个告示也要关灯吗？这样一来，告示就要写上多种情况：白天如何，晚上如何，下雨和阴天又如何。可是，司机如果要看清这么多条文，车可能就冲进日内瓦湖里了。写少了不清楚，写多了看不清。后来，一位管理者想出一个办法，只在告示牌上写一句话：你的车灯还亮着吗？于是所有的问题都解决了。

　　类比到教学领域，如果教师看到并相信学生的学习能动性，进而想方设法去触发和调动学生的学习能动性，让学生自己去思考，自己去学习，那么，教学就会变得简单而高效。这就是说，在教与学的双边活动中，始终应以"学"为本，教师的教是为了激励、唤醒、鼓舞学生的学。与此相反，如果教师在观念上总认为学生是需要我们教的，而不是可以自己学、自主学的，那么，教师就会对学生的学习意识和能力予以忽视甚至藐视，就会仅仅去思考如何教给学生更多的东西以及怎样才能教得更细一些，如同故事里的管理者仅仅去思考如何把告示写得更全一样。这样的教学观念，是以教代学，是舍本求末。

　　但是，在实际的教学领域中，教师的教过多地代替学生的学，以教代学、越俎代庖，是较为普遍的情况。这具体表现为两种相互关联的现象：一是教师认为我不教，学生就什么都学不到；我教了，学生总能学到一些东西；我教得越多，学生就能学到越多。二是教师总在思考如何才能将课讲得清清楚楚、明明白白，总是试图将课讲深、讲透。这被形象地戏言为"如同教师把食物替学生嚼烂后再喂给学生一样"。一则，教师从教的角度对教学内容的"咀嚼"与学生从学的角度对教学内容的"咀嚼"并不是完全相同的一个过程，而是有区别的两个过程。二则，如果教师对教学内容的"咀嚼"过多地代替了学生自己的"咀嚼"，学生的"咀嚼"功能退化、"消化"能力弱化就成必然。往前推进，以上两种做法的后果如下。有人问一个饥饿的人："怎么把自己饿着了？"后者回答："妈妈不喂我东西吃！"再问一个消化不好的人："怎么胃不舒服呢？"后者回答："妈妈没有把食物嚼烂！"回到教学领域，类似的现象实实在在地发生着。有一位教师问几名已毕业的学生《苏州园林》的写作特点是什么？他们回忆了一会儿说，答不上来，但已经抄到笔记本上，一翻笔记本，就能知道。教师又找出杂志上的一篇小说，请他们分析，尽管这篇小说特点很明显，他们还是说不出。其理由很充分，教师还没讲，我们怎么能会！①

其实，教师的出发点是让学生学得更多，学得更透，结果却与初衷背道而驰，更严重的是造成学生将学习视为教师的事情而不是自己的事情。因为教的主体性事实上取代了学的主体性。学的主体性一旦丧失，学习就成为痛苦和折磨。产生这样的悖论现象主要有两方面的根源。②

第一，心理安慰效应。现在书店里的课外辅导资料"泛滥成灾"，如果留心观察，经常会看到类似的场景：家长推着小车，看见辅导书就往里面装。孩子跟在后边问："妈，你给我买这么多书，我什么时候能看完啊？"妈妈说："你期末考试考得那么差，再不多看书、多做题，什么时候成绩能上来？"这回答听似有理，但家长是否想过：这么多书，孩子会不会一看到就厌烦、一想起就打退堂鼓呢？这么多书，孩子怎么看得完、做得完呢？这么多书，究竟适不适合孩子的现有水平、能不能有效提高孩子的薄弱之处呢？家长多半想的是：反正给你买了一大堆书，这心里就比较踏实了。教学活动中的以教代学，与此现象有得一比。我教了，还教得很细、很透彻，心理上也就得到安慰了。不少教师经常说："教不教是教师的责任，学多少则是学生的事情！"由此就能理解，为什么那么多的教师感到很郁闷、很气愤，经常埋怨："我教了那么多、教得那么细，怎么你还不会呢？真是没法教了。"

第二，只见树木效应。一些教师通常会有这样的疑问：身边的教师都是尽量多教一些，力求将课讲深、讲透，如果不教或少教一些，行吗？这就涉及一个视野的问题。教师熟悉身边同事的做法，只是看到"树木"；如果将视野投向更广阔的天地，一大片"森林"则会映入眼帘。正所谓，一个人的发展取决于与他直接和间接交往的一切人的发展。在了解身边教师做

---

① 魏书生. 教学工作漫谈[M]. 桂林：漓江出版社，2008：29.
② 曾文婕. 试析教学领域的文化错位[J]. 教育发展研究，2010(4)：36～40，45.

法的同时，把握异域空间中教师的动向，就不会只见树木不见森林，不会固守一隅，从而获得新颖丰富的借鉴资源和参考材料，促进自身教学活动的发展。

比如，就语文教学而言，专门研究已经表明：提高语文教学质量的决定性因素，不是教师的讲深、讲透，也不在于教师对学生的练习做过细的指导。换言之，并非教师的讲课越深、越透，对学生的指导越具体，学生就会学得越好。学生总是认识的主体，他们的认识活动只能通过自己的实践和感知，在自己的头脑里进行，旁人替代不了。比较有代表性的一次实验是鲁迅小说《一件小事》的教学。对照班完全由教师讲授，讲解力求深透，语言力求生动，让学生听得"津津有味"，学生在听讲的过程中都做了记录，随后，学生完成课后习题，做习题前教师还做了详细的指导，答案的正确率很高。整个教学过程（包括课内作业）共用了 4 个课时。实验班由学生自读、思考、讨论，教师只做重点指导。首先，学生根据课后"思考和练习"的提示自读、理解课文，并提出疑难问题。然后，教师将学生的提问集中到一个问题上：文章里的"我"是不是一个自私的剥削者？随后，学生进一步细读课文，以《〈一件小事〉中的"我"是一个怎样的人 》为题写出发言稿并进行辩论。最后，学生修改、充实自己的发言稿，写成文章《谈〈一件小事〉中的"我"》。在整个教学过程中，教师在学生争论不休的时刻提出启发性的问题供学生思考，时间也用了 4 个课时，学生没有做课后练习，但完成了一篇作文。一个学期后，教师用课后练习题及少量补充题"突然"测验两班学生，结果发现，没有做过练习题的实验班学生成绩，超过了做过练习题的对照班学生成绩。实验班优秀答卷占全班学生答卷的 70%，对照班仅占38%。尤其在对课文内容记忆的准确程度以及对某些问题理解的深度上，实验班都超过对照班。在事后的访谈中，对照班学生说："这篇课文是一个学期前听老师讲的，时间隔得这么长，测验前也不让我们复习一下，怎么记得住？"实验班学生说："当时为了弄明白课文里的'我'是怎样一个人，大家拼命到文章里去找根据，双方争得面红耳赤，现在还清楚记得那时争论的内容。"①

放眼当下，洋思中学和杜郎口中学的教师的少讲、精讲已经在多个学科教学中取得成功。课堂上，"教师们已退居二线，教师就像'引桥''路标'一样将学生引向自学的'高速公路'"②。"教"和"学"的地位还原已经萌芽，教师"道而弗牵"的本然状态开始出现。然而，"教"和"学"错位后真正的、全面的复归，还需要更多的教师一起来关注、探索和开拓。在思考教什么和怎样教才能促进学生学的时候，教师需要考虑不教什么和不怎样教反而更能促进学生学。后者与前者相比同样重要，甚至在一定意义上更为重要。

这样的教学观，同样可以用一个生动的故事加以诠释。在一个偏僻的小山沟里，有一位睿智的老太太。所有的孩子都喜欢向她问问题，而她总是有问必答。小孩子中有个调皮的捣蛋鬼。有一天，他抓到了一只小鸟。他双手捧着那只小鸟，然后招来一群朋友，对他们说："我们去耍弄一下那个老太太，好不好？我先问她我手里有什么，当然她会说有只鸟，然后我就问她这只鸟是活的还是死的。她要是说死的，那我就松开手让鸟飞走；她要是说活的，我就猛地一捏，给她看一只死鸟。这样，她怎样答也答不对。"小鬼们都认为这是个绝妙的主意。于是，他们爬上山，进了老太太的小屋。"老奶奶，我们要问您一个问题。"他们大声喊道。"我手里的是什么？"那个调皮的小鬼问道。"肯定是只小鸟。"老太太答道。"可这是只死鸟还是只活鸟呢？"老太太沉思了片刻，然后说："这一切由你来决定。"几个孩子一下愣住了。愣了半天，他们放飞了小鸟。

---

① 钱梦龙.钱梦龙与导读艺术[M].北京：北京师范大学出版社，2006：11~15.
② 华国栋，高宝立.实施优质教育，促进全体学生全面发展——江苏省泰兴市洋思中学的经验及启示[J].教育研究，2005(6)：68~73.

在这个故事中，老奶奶的高明之处，就在于她"敢于"并且"善于"引发孩子的思考，她的一句"这一切由你来决定"使孩子们不仅放走小鸟，而且以后再也不会去捉弄那些可怜的生命。相反，如果是喋喋不休地说教，强迫孩子将小鸟放走，结果就不一样了。

拓展阅读

就教学活动而言，人们提出了"仓库"理论和"蜜蜂"理论，并认为从"仓库"理论到"蜜蜂"理论，是现代知识教学思想改革的必然趋势。[①] 这对我们形成自己个性化的教学观具有一定的启发。

"仓库"理论是一种形象、比喻的说法。这种理论认为，人的大脑就像储存知识的仓库，教学就是用知识去填充大脑这个"仓库"。大脑里的知识装得越多，人知道的就越多，人的学问和本领就越大。归纳起来，"仓库"理论具有这样几个显著特征。

第一，强调知识教学的"外铄""灌输"和"注入"，将学生的大脑视为被动的知识容器、知识载体和知识受体，注重知识的权威性和作为知识代言人的教师的特权。

第二，强调学生背诵和记忆大量的书本知识，并注重以书本知识为内容的考试。由于学习书本知识与各种考试之间有着直接的联系和利害关系，因而学习主要是为了应付以课本为内容和范围的考试。知识常常未经学习者吸收和消化而被机械地记忆在大脑里，学习无异于死记硬背和囫囵吞枣。犹太人将仅有知识而没有智慧的人称为"背着很多书的驴子"，中国人将只会读死书的人称为"书呆子"。呆读死记无异于吃别人已经咀嚼过的东西，虽然可以填饱肚子，但没有吸收到多少营养。

第三，强调知识内容或知识本身的价值，而忽视传授掌握知识的方法，

① 靖国平．从"仓库"理论到"蜜蜂"理论——知识教学观的变革[J]．中国教育学刊，2000(2)：32～35．略有改动．

忽视培养人猎取知识和运用知识的能力。这就如同授人以鱼而不授人以渔，给人猎物而不给人猎枪。其结果是，学生拥有的知识越多，其包袱越重，能力越得不到锻炼和发展。不是知识越多，学生就越主动、越轻松；而是知识越多，学生就越被动、越沉重。

第四，只注意到教学适应知识数量、内容的积累与增长，而忽视了适应人的身心全面发展的需要。现代知识的发展呈现裂变、爆炸的态势。一个人的认识，哪怕是对某一个专业领域的认识，是根本不可能追赶上知识的发展速度的。1946年版的《大英百科全书》只由两个人编写，1967年版增至一万名专家，最新版达几万人。因而，"仓库理论"要求教学不断增加知识数量和内容，不仅不能适应知识增长的速度，而且不断地增大了知识的难度，使学生普遍丧失了学习知识的兴趣和内趋力。"知识包袱"越来越重，身体素质和道德水准普遍下滑，与"仓库模式"的长期影响是分不开的。

"蜜蜂"理论同样是一种比喻的说法。知识的获得有3个比喻：先验论者像蜘蛛一样，只知道从自己的肚子里吐丝布网；经验论者像蚂蚁一样，只知道收集简单的材料；而科学认识应该像蜜蜂一样，把采集来的花粉进行消化和加工，并酿造成蜜浆。蜜蜂的喻示是恰当和深刻的。"蜜蜂"理论具体表现为以下几个方面。

第一，为学生主动学习知识而教。蜜蜂的活动是自由、主动和探索的。学生是一个能动的认知体和生命体，是学习的主人和知识的探求者，因而学生的学习活动也应该具有蜜蜂活动的特性。学习不是被动地背诵、接受知识，而是主动地采集、猎取知识。不是由知识主宰、控制着人的学习，而是人去认识、掌握和占有知识。学生应成为他们获得的知识的主人，而不是消极的知识接受者。

第二，为学生在理解过程中学习知识而教。理解是掌握知识的第一要素。学习知识不是机械的条件反射，而是对知识的理解、认知、加工、改造。

第三，为学生运用智慧方法学习知识而教。"方法比知识更重要"是现代知识社会和终身教育时代的价值观念，因而"学会学习"（Learning to Learn）或"知道怎么做"（Know-How）就成为当代重要的教育主题。"学会学习"强调培养学生主动寻求、发现知识的经验、方法、智慧和能力，给学生提供开启知识宝库之门的钥匙。正所谓：一个坏的教师奉送真理，一个好的教师则是教人发现真理。

第四，为学生在探索和发现中学习知识而教。学生的头脑不是一个要被填满的容器，而是一支需要被点燃的火把。现代知识教学的基本观念之一，是注重对知识的思考和创新，由被动地接受知识到主动地建构知识。学生主动建构知识的过程，如同蜜蜂采集、加工花粉和酿造蜂蜜的过程，是一种主动探索、发现知识的过程。

二、教学是预设与生成的统一

"预设"指教师在课前对课堂教学的规划、设计、假设和安排。它表现在课堂上，指的是师生教学活动按照教师课前的设计和安排展开；表现在结果上，指的是学生获得了预设性的发展，或者说教师完成了预先做好的教学设计。

预设是必要的。教师在课前对教学目的、内容和过程等有清晰、理性的思考和安排，是保证教学质量和效率的基本要求。本书主题定位为"教学设计"，即着眼于能够在一定程度上帮助教师做好课前的一系列预先设计。

然而，课堂并不是一成不变的。教师与学生、学生与学生、学生与文本等的互动均可形成"生成"的时机。生成表现在课前，指的是教师的"空白"意识，给教学活动留下拓展、发挥的时空；表现在课堂上，指的是师生教学活动超越了原有的思路和教学设计方案；表现在结果上，指的是学生获得了非预期的发展。正所谓，教育的技巧并不在于能预见课堂的所有细节，而在于根据当时的具体情况，巧妙地在学生不知不觉之中作出相应的变动。可见，课堂教学活动不能仅仅成为师生执行教学设计方案的过程，教师在教学活动中，需要善于捕捉在课堂上随机生长出来的稍纵即逝的资源，因势利导，演绎教学的精彩。

比如，一位教师在教《节约用水》时，讨论中有学生指出洗车太浪费水，而有学生却认为洗车就需要用很多水才能洗干净。两种截然不同的意见，恰恰是引导学生深入讨论的契机，而该教师却只是分别给予简单的评价——"很好"后便按自己事先设计的思路继续授课。如果该教师能够抓住生成的时机，由此引导学生思考日常生活中如何解决"需要用水"和"节约用水"的矛盾，可以大大提高课堂教学的效果。

当然，也有教师十分善于实现教学的精彩生成。课堂上，学生正在学习《江雪》一诗，一名学生提了一个"意外"的问题："老师，那么冷的天，老翁为什么还要到江中钓鱼?"另一名学生随口答道："我知道，因为那老翁家里穷，没什么吃的了。"教师当即捕捉到这一资源，神情凝重、饱含深情地顺势启发学生："同学们，或许老翁家里真的很穷，钓鱼充饥。可他真的在钓鱼吗?"学生思考后回应："不是。"教师继续追问："其实在干什么? 钓什么呢?"思考之后，有学生说："老翁在欣赏冰天雪地的美景。"有学生说："他想告诉人们他非常坚强，在冰天雪地、寒风凛冽的环境中钓鱼。"有学生说："他想告诉人们他非常孤独。我发现这四句诗的第一个字连起来是'千万孤独'4 个字，是一首藏头诗。"有学生说："老翁钓鱼很有情趣……孤舟蓑笠翁，独钓寒江雪。这是一种孤独的情、期盼的情、顽强不屈的情。"教师称赞大家："啊! 多深的发现，多有见地的领悟。"有学生接着答："我认为老翁在钓一个春天，冬天到了，春天还会远吗?"[①]这一课堂片段不由得

---

① 郑百苗. 人文关怀是一种召唤——《江雪》教学片断[J]. 教学月刊(小学版)，2002 (4)：54.

让人心生感触：多么好的情感体悟！这都是教师善于捕捉，进而巧妙一问的效果。这样的一捕捉、一引导，触动了学生的心灵，解放了学生的思维，释放了学生的情感，引出了学生对诗人孤独至极的环境的体验，对诗人孤独至深的心境的领悟。这样的教学生成，饱含着人文底蕴，流淌着灵性和悟性，更满溢着教学的智慧。

需要指出的是，捕捉课堂上随机出现的教学"生成点"，有时也会陷入误区。当下的一些课堂，当"新"情况一发生，教师立即就中断计划中的后续教学，开始围绕"新"情况进行讨论。例如，一位教师执教《塞翁失马》时，有学生在讨论中提出"塞翁丢失的是公马还是母马"，教师有些兴奋，马上放弃计划，抓住这一问题就让学生讨论。结果一堂课在争论"马是公母"中过去了，令人啼笑皆非。因此，"善于"生成，需要建立在两个基础之上，一是捕捉前的鉴别，二是捕捉后的引导。在《塞翁失马》的教学中，教师既没有对生成资源进行分析鉴别，也没有运用教学智慧对其进行顺势引导，势必背离教学的本真诉求，导致课堂的低效甚至无效。

三、教学的价值在于促进学生的成长

如何从价值层面看待教学，是教学观不可或缺的组成部分。有人认为，教学的价值是"传授知识"。这种教学观认为教学过程以教科书为内容，是一个将知识单向地输送给学生的过程。教师是教学过程的中心，学生是知识的接受者，教学的效果表现为知识的接受与积累。有人认为，教学的价值是"应付考试"。这种教学观认为提高考试成绩是教学的最终目的，并由此决定教学内容和方式。教师是训练者，学生是训练对象，考试需要的各种知识和技能是训练的内容，好的考试成绩是教学追求的目标。也有人认为，教学的价值是"发展能力"，这种教学观认为应该把教学目标放在发展学生能力上，创造良好的情境气氛让学生在自身已有的基础上主动进行学习，是教学的关键。学习的过程主要表现为学生与教师、教学内容及学习

环境之间的相互作用，学习的效果主要取决于学生自身的努力，而教师则起帮助学生学习的作用。

那么，教学究竟应该发挥什么样的价值呢？就这一问题，人们可能会从自己的立场出发，去加以理解、诠释和表达，这也往往意味着自身教学观的形成和成熟。但是，总的来说，将教学的价值定位于促进每一个学生的成长，是基本没有异议的。学生的成长是整体性的，因此，要使教学发挥出促进每一个学生成长的价值，则需要教师在教学价值观上，从仅重知识价值和能力价值等单一要素的"单向度认识"走向关注多重价值的"整体性把握"。

在教学活动中，学生要获得知识、增长能力，这是毋庸置疑的。同时，教学活动也需要让学生体验学习的乐趣、掌握思维的方法，并发展学生的情感、态度与价值观。正所谓，小小教学世界，观照完满人生。

但是，许多教学活动并没有彰显这些价值，如以下"电流和电路"的教学片段。[①] 教师先请学生做实验，将发光二极管连入电路，观察发生的现象……过了几分钟，教师命令学生停下来，象征性地询问学生："你们发现了什么？"然后教师就直接告诉学生："二极管具有单向导电性，正接就发光，反接就不发光。"这里，教师没有给予学生获得体验的时间、空间和权利。之所以只是快速带过实验，原因就在于教师更看重的是"传授知识、强调结果"。教师没有让学生充分体验实验的快乐，也就很难让学生发现惊奇的现象并最终激起学生热爱电学的情感。事实上，教材安排二极管这个素材，其本意是想通过实验现象来吸引学生，使其体验到电流是有方向的，从而引发其对电学世界的好奇与热爱。理解了这个意图，教师就应当放慢脚步。教育是慢的艺术，对于学生来讲，只要产生了浓厚的学习兴趣，就会产生主动学习的愿望，从而大大提高学习效率，将曾经放慢的脚步补偿

---

① 张世成. 学生意识：体验教学的起点[J]. 中学物理教学参考，2009(5)：4～6.

过来。相反，如果忽略学生学习的幸福体验，就算对再重要的知识，学生也会因为缺少学习的动力而懈怠。

当然，现实生活中也有许多成功的案例。比如，在数学教学中，虽然有一些数学学得好的学生，可以轻松地跨过"抽象"的门槛，严密地按照形式化的叙述把握数学的含义，但还有相当多的学生较难接受这样的数学，他们总是把数学看成"天书"，与自己的思维挂不上钩。人的认知过程是一个整体，人文的、科学的种种认识相互交织在一起。因此，有的教师开始探索数学的"人文意境"，尝试建立一种"人文意境"式的数学教育形态，力求改变数学教学很干巴、很冰冷的面目，使学生体会豁然开朗的感觉，体验数学学习的情趣，进而不断亲近和领会数学。数学是直接研究无限的唯一学科。教师引入杜甫《登高》中的"无边落木萧萧下，不尽长江滚滚来"两句，带领学生仔细琢磨，"无边"和"不尽"说的是"实无限"，而"萧萧下"与"滚滚来"则描述了动态的"潜无限"。诗人当初未见得有这种数学思维，但这种接近数学中无限概念的文学意境，却令今天的学子可以直觉地有所感受。学到极限，教师可以信手拈来"一尺之棰，日取其半，万世不竭"这个例子。而数学名家徐利治先生在课堂上讲极限的时候，总要引用李白的《送孟浩然之广陵》一诗，用"孤帆远影碧空尽"一句，让学生体会一个变量趋向0的动态意境，煞是传神。[①]

拓展阅读

教学隐喻是人们对教学的一种生动形象的表达方式，主要有"教学是倒水""教学是演戏"和"教学是一起登山"等。[②] 了解这些教学隐喻，可以在一定程度上帮助我们形成自己的教学观。

---

① 张奠宙. 构建学生容易理解的数学教育形态——数学和人文意境相融合的10个案例[J]. 教育科学研究，2008(7)：48～50.

② 李冲锋. 四种教学隐喻的分析[J]. 上海教育科研，2006(5)：25～27. 略有改动.

1. 教学是倒水

人们常用一桶水与一杯水的关系来说明师生之间的知识状况与教学情况，即要给学生一杯水，教师至少要有一桶水。这个说法隐含着教师的知识一定要比学生的知识多，教学就是教师把自己的知识灌输、倾倒给学生。如果我们反问：教师的水能倾倒给学生吗？倒完了怎么办？于是又有了"问渠哪得清如许，为有源头活水来"，教师的那桶水不应该是死水，应该是活水的说法。这个说法并没有从根本解决问题，只是要求教师不断增加自己的知识量而已。教学还是灌输、倾倒，甚至是更多地灌输、倾倒。在这样的隐喻中，学生变成了可以盛东西、盛知识的容器，其实教师也变成了容器。

2. 教学是演戏

教师与学生的关系就是导演与演员的关系，教学过程就是教师指导学生演戏的过程。导演指导演员演戏，导演的指导是一方面，演员演到什么程度又是一方面。一部戏的好坏不是全部由导演指导的好坏来决定的，也不是全部由演员的表演的好坏来决定的，而是由导演与演员组合、配合的好坏来决定的。类似的，教师就是导演，学生就是演员，教学效果是教师与学生配合的结果。

这个隐喻涉及的核心问题，其实是对教师与学生在教学过程中的地位和作用的认识。它启发人们对师生在教学中的地位与作用进行重新认识。学生不再仅仅是受教育的对象，学生的主动性、积极性受到充分的关注，这是教学思想上的一个根本性转变。

3. 教学是一起登山

不同的人、不同的小组可以选择不同的登山路途，而不是"自古华山一条道"。教学就是要让学生多途径通达目的地，而不是由单一路径达到教学目标。师生之间的关系是登山伙伴关系。伙伴之间的关系应该是平等的、民主的、合作的、一起活动的。教师作为其中年长的、有经验的一员，在登山过程中起到导引、帮助同伴的作用。作为学生的同伴同样会帮助教师一起进步。

不过，教学是一起登山的隐喻还是不很妥帖。因为登山虽然是一种多角度、多途径的活动，但毕竟还是一种单向度（向上登山）的活动。它不能充分体现出教学中的发散性、不确定性、中心边缘的互动性等特征。

第六章 评价观

评价具有反馈调节、导向激励和反思总结等功能，是教学活动不可或缺的组成部分。教学设计主要关涉的是教学评价的基本观念。当然，教学评价的内涵十分丰富，包括对课前教学设计的评价和对课堂教学活动的评价等多重内容。本章主要从评价学生的学习活动入手，分析教师应当树立的评价观。

一、评价取向："发展为本"超越"奖优罚劣"

在很长一段时间里，评价学生的课堂学习活动，都以奖优罚劣为基本的价值取向。课堂上，学生的表现优秀，教师就以各种方式表扬学生，如奖励小红花等。反之，如果学生的表现不好，教师就以各种方式惩罚学生，如罚站等。如此，评价就成为奖优罚劣的代名词。

但是，从根本上说，评价的目的在于促进学生学习活动的发展与完善，即以学生学习为基本立足点，要为学生学习服务，力求使学生学习潜能得到最大限度的发挥。简言之，评价以学生的学习发展为基本的价值诉求。

以下是四年级练习课的一个片段。①

华应龙老师让学生判断课本上总复习的一道题：4 个 1 m² 的正方形拼成的图形面积一定是 4 m²。有一个学生站起来说："不一定。如果 4 个正方形摆成一排，或者是拼成一个正方形，那么它的面积是 4 m²。可是，如果你角对角地拼，那它的面积就不是 4 m²。"

所有听课的教师都一头雾水，同学们也都"啊"的一声，表示不理解和不赞成。发言的学生十分窘迫，华老师并没有急于否定，而是耐心地问他："很难用语言表述，是吗？那就把你的想法画在黑板上。"（学生在黑板上画图）

随即，学生边指图边说："这个图形的面积就大于 4 m²。"原来，他把两个正方形中间的空隙也算入面积了。华老师没有简单地进行纠正，他问学生："这一块到底算不算？这还得看究竟什么是面积。"一句话激活了学生相关的知识。学生纷纷发表观点，有的说："面积是围成的平面图形的大小。"还有的说："这个图形是这么围成的（该生指图形的周长），因此那一块不应该算在内，这个图形的面积还是 4 m²。"最后，华老师总结道："通过刚才的讨论，我们对面积的意义有了更深的认识。那么，同学们，是谁帮助我们复习了面积的知识？"全班同学不约而同地将视线集中到刚才出错的学生身上。这个学生如释重负，没有了先前的那种羞愧，体面地坐下了。

在这个教学片段中，面对学生的差错，教师的心态是斥责、批评，还是欣赏、接纳，这就反映了教师的评价观。学生出错是正常的，关键是我们怎样对待差错。如果我们抱着以学生发展为本的评价取向，就不会只想到去惩罚学生，仅盯住学生的错误，而会考虑到如何以学生的错误为资源，因势利导，帮助学生找到走出错误的方向并树立走出错误的信心。可以说，

---

① 李建平．课堂因差错而精彩［A］．雷玲．小学数学名师教学艺术［C］．上海：华东师范大学出版社，2008：73～74．略有改动．

在相当程度上，教师的智慧会体现在对学生差错的认识及利用上。

有时候，学生的表现有些"离谱"，这更需要教师高超的评价智慧予以应对。以下同样是华应龙老师的例子。[①]

一次，华应龙老师在讲平行四边形面积的计算时，出了一道习题：下面每组图中的两个图形的面积相等吗？为什么？大部分同学能够准确解答，而晨晨同学却有异议。他解释说："为什么相等呢？因为那个图形像影子一样，所以相等。"同学们哄堂大笑，华老师也情不自禁笑了起来。晨晨显得局促不安。华老师说："老师很欣赏晨晨同学能提出这条理由，人的影子确实有和身高一样长的时候。"晨晨的脸上露出自豪的表情。华老师停顿了一下，继续说："不过，大家想一想，人的影子有时不是也比身高长或者短吗？"同学们点点头。"既然这样，能不能根据那个图的影子，就推断它们的面积相等呢？"晨晨摇摇头。"晨晨同学能想出从来没有人想到的理由，并且这一想法对了一半。我们为有这样的同学而自豪。"教室里掌声响起来，晨晨同学体面地坐下了。

在这个案例中，教师用巧妙的评价语言，及时肯定了学生发言中的合理成分，充分呵护了学生的自尊心，自然保护了学生思考和参与的积极性。这样的评价，不再是遴选学生优劣的"筛子"，而是激励学生发展的"泵机"。

二、评价内容："整体多维"超越"唯智倾向"

评价内容的"唯智倾向"，指的是评价主要聚焦于智力活动，特别是知识学习的过程和结果。比如，学生做题做对了，教师评价其"非常正确"和"你真聪明"等。然而，学生的学习既有智力投入，还有情感关涉、人际交往的影响等。因此，"整体多维"的评价内容，意味着教师不仅要评价学生的智力活动，而且应当关注学生参与学习活动的态度，在学习活动中表现

---

① 李建平.评价不是筛子而是"泵"[A].雷玲.小学数学名师教学艺术[C].上海：华东师范大学出版社，2008：71.

出来的合作精神、创新精神和实践能力，以及对学习方法和学习策略等的掌握情况。所有这些使得学生的学习评价成了一个相互关联的整体。

在课堂上，好的评价能够做到知识评价不放松，情感态度要跟进，鼓励学生在学习过程中表现出来的努力程度，肯定学生在学习过程中的协调合作品质等。像英语教师，可以用"You're diligent"赞赏学生付出的辛勤劳动，用"You're creative"赞赏学生具有创造性或具有独到见解，用"Good job in cooperation with others"表扬学生良好的合作学习方式。又如，一些教师在课堂上引导学生小组合作学习，发给每个小组一份"评价表"（详见下表），要求小组活动完毕后，由小组长负责组织大家进行自评和互评。

小组合作学习评价表

班级：_____　　　　组别：_____　　　　小组长：_____

姓名	合作学习表现摘录	自评	互评
教师评价：			

拓展阅读

这是一个关于"第一名"的故事①，对我们确立正确的评价观有一定的启发。

话说鹿、老鹰、松鼠和鸡必须学习跳、飞、啄、挖 4 门核心课程，评分标准和大部分学校是一样的，即犯的错误越少，得分便越高。

在这 4 门课程结束之前，动物产生的焦虑情绪是可想而知的。可怕的

---

① ［美］Ellen Weber. 有效的学生评价［M］. 国家基础教育课程改革"教师发展与学生成长的评价研究"项目组，译. 北京：中国轻工业出版社，2003：207. 略有改动.

测验在最后一周进行，随之产生的测验结果也是我们可以预见的：

鹿在跳栅栏一项上得了"A$^+$"，却在"飞"和"啄"的测验中失败了。

老鹰用低飞通过了跳跃的测验，在飞行中得到了高分，却在"啄"的测验中折喙，在"挖"的考试中损爪。

松鼠是善于挖和跳的，但在"啄"的方面却不可能做到像啄木鸟那样轻松自如，结果，也只能勉强通过测验。

于是，表现最优秀的莫过于院子里的鸡了，它在跳跃测验中得了"A"，在飞、啄、挖 3 项测验中也得到了很高的分数。

如此一来，鸡理所当然地成了第一名，而鹿、老鹰和松鼠却失败了，它们有可能会因为自己羞于启齿的成绩而从此一蹶不振。

三、评价主体："多元主体"超越"一元权威"

长期以来，课堂上对学生的评价主要是由教师完成。教师评价在教学中占有重要地位，具有示范性、指导性和权威性。这是一种一元化的评价主体。随着对评价认识的不断深入，一元化的权威主体地位被消解，多元化的评价主体进入评价共同体中，教师、学生、专家、家长以及相关的社会人士都参与进来。学生的课堂学习活动评价特别需要注意在教师评价的基础上，开展生生互评和学生自我评价。

请看"圆的周长"的教学片段[①]：

师：同学们，根据圆周的特点，你认为圆的周长能用什么工具和办法进行测量呢？请大家 4 人一组合作找找测量的办法。

于是学生以小组为单位，议论着、比画着。一会儿，学生的小手便纷纷举了起来。

师：在刚才的小组活动中，你有什么发现，有什么启发，又有什么问

---

① 徐淑萍. 在生成性数学课堂中展现学生自我评价魅力［J］. 小学数学教育，2008（10）：6～7.

题呢？请大家畅所欲言。

生1：老师，我想，圆的周长是不是也可以像三角形、长方形那样直接进行测量？

生2：（马上站起来）我有意见，刚才在小组活动中我们已经提出意见了，圆周是曲线，不可以直接测量的。不过我们想既然是曲线，那它肯定很容易滚动，所以是不是可以在直尺上滚动测量呢？

师：那你能上来给大家做个示范吗？

学生示范，并提醒同学们应该注意的地方。

生3：我们组还发现了可以用绕绳的方法来测量。（学生边示范边讲解）

生4：我们组刚才共发现了两种测量圆周长的方法，而且还发现这两种测量的方法单靠一个人很难完成，我们组都是几个人合作一块儿来完成的。

生1：（反驳）刚才有同学对我的方法有意见，现在我也对另外的方法产生了疑问，试想有些建筑物中大型的圆形屋顶还能用滚动和绕绳的方法来测量吗？……

在这里，教师没有过早或不合时宜地作出评价，而是让学生们进行互相评价和自我评价。如此，学生的思维被激活了，从而自然地产生了新的问题，得出了新的想法，提高了分析问题的水平。

四、评价方法：“灵活多样”超越“机械僵化”

评价，绝不仅限于给学生一个“很好”“不错”和“不对”的反馈，绝不仅限于给学生的作业打一个分数。教师如果走出“机械僵化”的评价方法观，就会发现评价方法是如此的灵活多样。

除了口头语言的评价，还有体态语言的评价。教师进行肯定时，可以用鼓励的眼神、满意的微笑、轻轻地点头等方式，这些行为无不触动被评价者的心灵，使师生引起共鸣，达到良好的评价效果。在学生回答错误或不全面时，教师可以拍拍学生的肩膀以示安慰，缓解学生怕受批评的恐惧情绪，从而营造出一种轻松、和谐的课堂氛围。

教师除了采用常见题型进行评价，还可以采用弹性作业进行评价。一位思想品德课教师认为，传统作业评价是对课本内容的简单重复，如果布置"竞争的积极作用和消极作用是什么"以及"我们应该怎样正确行使权利"等这样的作业，学生是鲜有兴趣去做的，即使做了也鲜有收获。思想品德课作业的设计应该是考查学生对所学观点的理解程度，考查学生运用所学观点解决实际问题的能力，因此教师在设计作业时尤其应该体现多元化。同时，为了让家长和学校都参与到促进学生思想品德发展的过程中来，我们还应该经常设计一些需要家校配合完成的作业，如八年级的《我与父母交朋友》一课的"写给父母的一封感谢信"，《老师伴我成长》一课的"走近老师、了解老师"的采访活动，《多元文化"地球村"》一课的"文化之旅"手抄报展览，《诚信做人到永远》一课的"我为校园诚信建设提建议"征文活动等。这些精心设计的活动性强的作业，既解决了学生个性差异的矛盾，也调动了学生学习的积极性；既激发了学生的非智力因素，也培养了学生的各种能力。这样的作业已不再是强加给学生的负担，而是学生成长的一种自觉的生活需要、学习需要、人生需要，学生也会在完成作业的过程中体验到辛劳、快乐和幸福，从而增加成就感。[①] 作业是学生的日常活动，教师通常会以课堂作业和课后作业等方式评价学生的学习状况。当下，如何使作业的形式灵活多样，让学生对作业有一定的兴趣，是一个正在兴起和值得探索的课题。

同时，对学生作业的批改不能仅停留在判断正误上，教师需要根据学生表现出来的认知水平给予方法上的指导和引导，还要注意对学生非智力

---

① 陈琳．初中思想品德学科发展性评价方法初探[J]．思想政治课教学，2006(6)：42，60～61．

因素的评价。比如，有的学生比较粗心，教师可以在他的作业本上写上"搬开你前进的绊脚石——粗心，奋勇前进""希望你早日和细心交朋友""你的字写得可真漂亮，要是能提高正确率，那肯定是最棒的"或者"再细心一些，准行"，这样一方面不打击其自信，另一方面使其纠正不良倾向，培养严谨的学习态度。[①] 学生的作业做得又正确又整洁，除了打上"优"外，教师还可以加上"非常棒"等各种评语。

五、评价走势："学本评估"超越"学业评价"

过去，人们比较关注对学生学业进行评价，但是，有的学业评价限制甚至阻碍了学生学习，为了消解这些负面作用，顺应"让所有学生都在学习上取得成功"的社会诉求，建基于形成性评价（formative evaluation）和学习性评估（assessment for learning，AFL），通过改造终结性评价（summative evaluation）并创造学习化评估（assessment as learning，AAL），"学习为本评估"（learning-oriented assessment，learning-based assessment，简称"学本评估"）孕育而生。[②]

第一，基于形成性评价，建构学习性评估。20 世纪五六十年代，轰动一时的美国新课程运动以失败告终，引发人们深刻的反思。其中一个重要原因是，以学科结构课程思想为指导开发的一系列中小学新课程及教材没有进行试用、试测，因而脱离师生实际未能产生预期效果。就此，斯克瑞文（Scriven，M.）于 1967 年提出了"终结性"评价和"形成性"评价两个概念。教材应该在形成阶段就进行试测，以获得有效的评价信息，并据此在定型

---

① 张春莉．走向多样化的评价——小学生学习能力评价的理念、方法与实践[M]．上海：上海教育出版社，2005：43.

② 曾文婕，黄甫全．学本评估：缘起、观点与应用[J]．课程·教材·教法，2015（6）：33～41.

前反复调整，这就是形成性评价。终结性评价则是教材成型后才进行评价。[①] 1968 年，布卢姆（Bloom，B. S.）把形成性评价从课程与教材开发领域引入学生学习领域，将其作为掌握学习的基石[②]，倡导对学生学习进行必要的测验，以诊断学习中存在的问题，进而通过相应的矫正来促成学生掌握知识与技能。自此，形成性评价对学生学习的改进功能开始进入人们的视野。

为了凸显这种"改进"功能，人们开始用"评估"代替"评价"一词，并从词源和含义上对二者进行了比较。"evaluation"的词根为"valu"，本义是"价值"，前缀"e"有"显现"和"引出"之意，故"evaluation"指让某事物的价值得以显现和引出，对应的是基于事实的价值评判活动。"assessment"则源于"assidere"，意为"坐到旁边或与谁同座"（to sit beside or with）[③]，故"assessment"指通过师生之间和生生之间的互动来获取、分享和解释评估信息，从而达到相互促进、共同提高的目标。简言之，评价是为了"作出判断"（make judgments），而评估是为了"改进表现"（improve performance），前者重在判断学生学习结果，对其定等分级，后者重在为改进学生下一阶段的学习提出具体建议。1996 年，威廉姆（Wiliam，D.）和布莱克（Black，P.）通过系统性文献综述发现，形成性评估确实能够显著提高学生的学习收益（learning gains）。[④]

形成性评估主要有三种发展走向：一是更频繁地测验。旨在通过频繁

① Scriven, M.. The Methodology of Evaluation[A]. Tyler, R. W., et al.. Perspectives in Evaluation[C]. Chicago：Rand McNally, 1967：39-83.

② Allal, L., Lopez, L. M.. Formative Assessment of Learning[A]. OECD. Formative Assessment：Improving Learning in Secondary Classroom[C]. Paris：OECD Publishing, 2005：241.

③ Earl, L. M.. Assessment as Learning：Using Classroom Assessment to Maximize Student Learning[M]. Thousand Oaks：Corwin Press, 2003：21.

④ Wiliam, D., Black, P.. Meanings and Consequences：A Basis for Distinguishing Formative and Summative Functions of Assessment[J]. British Educational Research, 1996 (5)：537-548.

测验发现学生学习的漏洞和问题，这带动了许多出版商设计和出售大量的形成性测试题。二是更有效地管理评估信息。形成性评估成功的关键，不在于搜集了多少信息和证据，而在于教师如何管理和使用它们。教师越是能够基于这些证据进行教学决策，教学活动就越有效。鉴于此，许多能够迅速处理和分析学生测试分数的软件被开发出来并加以运用。三是进化为"学习性评估"①。前两种走向主要是为教师提供关于学生学业成就的信息，仅将学生学业成功与频繁的测验、教师对测验数据的有效管理及基于数据的做法相联系，却忽视了除运用形成性测验之外，开发其他诊断学生现有学习水平的有效方法同样重要，更忽视了学生也是根据评估信息进行教学决策的主体，学生对下一阶段的学习将会作出什么决定并会去做什么，对其学业成功至关重要。基于这些考虑，史迪吉恩斯（Stiggins，R.）等人建构了"学习性评估"这一概念，指通过多种方法诊断学生现有学习水平与学习目标之间的差距，并通过改进教与学以缩小这一差距。②

学习性评估主要聚焦于"学生现在在哪里""需要去哪里"和"如何最好地到那里"这三大问题搜集和解释评估信息，强调让学习目标透明化、可视化，让学生得到及时反馈和具体指引。而且，学习性评估敏锐地关注到学生情绪的重要作用，明确强调学生将采取的行动以及由此带来的结果，是由他们对评估结果的情绪反应决定的。如果学生面对评估结果持乐观情绪，那么他们将继续努力并辨明下一步该做什么，即他们将保持对成功的渴望并为之努力。相反，悲观的反应将使学生感到学习目标不是力所能及的，从而停止努力。因此，学习性评估总是要求能够激发学生对评估结果的乐观反应。

---

① 学习性评估，英文为 assessment for learning，有人将其译为"为了学习的评估"或"促进学习的评估"等。本书将其译为"学习性评估"，意指评估有多种性质，但其中最关键的是凸显促进学习的性质，即"学习性".

② Stiggins，R.. From Formative Assessment to Assessment for Learning：A Path to Success in Standards-Based Schools[J]. Phi Delta Kappan，2005(4)：324-328.

第二，改造终结性评价，创生学习段评估。众所周知，终结性评价特别是最常见的高风险测验（high stakes test）对师生的教与学产生了巨大冲击，诸如影响学生学习动机，使低成就学生自尊心受挫，影响教师的教学方式，使教师花费大量时间和精力去传授应试技巧，造成学生在并不具备测验所需的高层次思维能力时参与测验。[①] 然而，终结性评价具有的鉴别和赋等功能又必不可少。在这样的背景下，哈伦（Harlen，W.）等人通过改造终结性评价，创生了"学习段评估"（assessment of learning，AOL）。[②]

拓展阅读

> 有种评估让人痛心疾首，
>
> 学生这次分数很低，
>
> 其实，上次他们的得分也不高，
>
> 然而，下次，情况可能还是这样！
>
> 一而再，再而三的失败，
>
> 渐渐地，便成为一种"共识"，
>
> 存在于教师和学生之间。
>
> ——布莱克、威廉姆[③]

学习段评估，是依据课程目标或既定学习目标，综合运用多种形式搜集某一学习阶段结束时学生学习结果的信息，并通过数据分析，判定学生

---

① ARG. Testing，Motivation and Learning[Z]. Cambridge：University of Cambridge Faculty of Education，2002：2-7.

② Harlen，W.. Teachers' Summative Practices and Assessment for Learning-tensions and Synergies[J]. The Curriculum，2005(2)：207-223.

③ Black，P.，Wiliam，D.. Inside the Black Box：Raising Standards through Classroom Assessment[J]. Phi Delta Kappan，1998(2)：139-148.

的达标程度如何，在此基础上，着重对这些数据作出适当解释，反馈给教师、学生、学校领导、家长或教育行政部门等，以便其改进相应的教学决策。其一，学习段评估在一个学习阶段结束时进行。此处的"学习阶段"可做多种理解，这意味着学习段评估可以在学年结束、学期结束或一周学习结束等时机开展。其二，学习段评估非常强调对评估数据加以分析解释、反馈和适度透明化。这些解释成了师生教与学的"前馈"（feedforward）信息。就教师的教而言，这些信息为改进课程与教学设计提供了依据。就学生的学而言，这些信息向学生提供了外在的参照，能帮助学生理解、检测自己的学习状态，明确进一步学习的方向。这就超越了终结性评价只发挥鉴别功能的明显局限，开发了评估数据的教育功能，起到了形成性评估的作用。其三，从终结性评价到学习段评估的概念进化，体现着从"通过考试选拔人才"的"择优筛选"到"为每个学生的学习负责"的"全民问责"的评估改革走向。

第三，倡导学习化评估，让评估成为学习。评价领域有一句名言："我们必须牢记，评价的最终目标是使学生能自己评价自己。"[1]为了实现这一理想，并在一定程度上解决学生花费大量时间去完成评估任务的问题，厄尔（Earl，L. M.）等人提出了"学习化评估"[2]。学习化评估旨在追求"评估即学习"，促使学习和评估一体化，让学生成为评估活动的主体，对学习活动展开自我评估和同伴互评，随时反思、监控和调节自己的学习过程，在评估过程中获取有效的反馈信息，丰富评估活动经验，增长评估知识与技能，养成可持续发展的评估素养，成长为优秀的自我评估者和自主的终身学习者。概括来说，学习化评估具有以下三个特点。

---

① Costa, A. L.. Reassessing Assessment[J]. Educational Leadership, 1989 (7)：2.

② MECY. Rethinking Classroom Assessment with Purpose in Mind[R]. Winnipeg：Manitoba Education, Citizenship and Youth, 2006：13. 学习化评估，英文为 assessment as learning，有人将其译为"作为学习的评估"或"评估即学习"等。本书将其译为"学习化评估"，意指将评估学习化，实现评估即学习、学习即评估.

其一，学生主导。学习化评估就是要让学生成为自己最好的评估者，即凸显学生对学习过程自我反思、自我监控和自我调节的重要性。相对而言，学习性评估和学习段评估还是主要由教师主导，学生只是参与其中，而学习化评估实质上由学生主导。其二，元认知驱动。学习化评估要促使学生积极参与和投入学习活动之中，包括思考和设定学习目标、考虑和选择学习策略、监控和调整学习步调、检视和控制学习过程、开发和使用反馈信息，从而形成新理解，并将这些新理解与已有知识建立起联系，进而改进学习目标或策略等。在这个意义上，学习化评估的过程就是学生自我监控和调整学习的元认知过程，也就是提升元认知水平的过程。其三，评估和学习交融。学习化评估不是独立于学习活动之外的评估活动，也不是"嵌入"学习活动的一个环节，而是评估和学习的充分交融、不分彼此，如同硬币的一体两面，缺一不可。

以上三方面评估革新趋势的合流，汇聚为"学本评估"这一新形态，并得到快速发展。学本评估认为评估应该并且可以发挥促进所有学生学习的功能，倡导把促进学生学习放在评估最重要的位置，并最终实现学评一体化。2003 年，卡理思（Carless，D.）和乔因（Joughin，G.）等在香港启动"学本评估研究项目"，以香港教育学院为基地，辐射港内各大高校。2006 年，加拿大曼尼托巴省协同其他地区合作开发了《加拿大西北部教育合作草案》，旨在为幼儿园、中小学阶段的所有学习者提供高质量教育，明确提出在课堂中整合学习性评估、学习化评估和学习段评估，从而通过建构和实践学本评估来促进学生学习。2014 年，新西兰教育部紧扣这一时代脉动，向联合国教科文组织提交了《新西兰幼儿教育中民主与学本评估实践报告》，在幼儿园和早教机构中以学习化评估为主，推动学前学本评估，掀起了新一波学本评估的理论与实践浪潮。

第二篇　要素篇

教学设计需要考虑的事项林林总总，需要厘清的思路千头万绪。一般来说，在明确教学设计基本理念的前提下，如果较好地把握住"分析教学背景""确定教学目标""开发教学资源""选用教学方法"和"组织教学过程"等基本要素，可以在一定程度上保证教学设计有条不紊地展开。

分析教学背景包括"课程标准分析""教学内容分析"和"学生情况分析"。"课程标准分析"指教师对课程标准中相关内容条目的认识与理解，"教学内容分析"指教师对教材的研究与挖掘，"学生情况分析"指教师对学生已有基础和现有理解能力等的洞察与考量。分析教学背景是教学设计的一个重要基础，也是教学设计的一个基本依据。

在分析教学背景的基础上，教师需要确定本节课的教学目标，即教学中师生预期达到的学习结果和标准，进而明确整节课教与学的根本方向。

教学并不是"照本宣科"。确定教学目标之后，紧接着的任务就是根据目标开发相应的文字、视频等教学资源，进而保证教学有效、生动、富有魅力地展开。

开发教学资源的同时，教师还要考虑的是，选择什么样的教学方法来利用教学资源，使外在于学生的教学内容内化为学生的个体经验，进而使学生经由教学达到预期的学习结果和标准，有效地实现教学目标。

紧接着，教师需要对本节课的每一环节做什么、怎么做、为什么这样做进行整合式的思考，进而对整节课的教学过程作出具体安排，在此基础上完成整个教学设计方案的撰写。

最后，授课教师可以争取机会，面对同行，讲述自己的教学设计及其理论依据等，然后由听者评说，大家共同讨论，确定改进意见，进而修改与完善教学设计。通过开展说课活动，教学设计的质量将得到大幅度提高。如果说"分析教学背景""确定教学目标""开发教学资源""选用教学方法"和"组织教学过程"是教学设计的基本要素，那么"开展说课活动"则是进一步优化教学设计的可选要素。

第七章　分析教学背景

　　优秀的教学设计，首先需要进行一系列的教学背景分析。一般来说，分析教学背景包括"课程标准分析""教学内容分析"和"学生情况分析"，简称"研标—读本—析生"。

一、课程标准分析

　　新中国成立以来，我国一直沿用苏联的一套"教学"概念体系，如教学计划、教学大纲与教科书。长期以来，全国中小学统一使用一个"教学计划"、一套"教学大纲"和一套"教科书"。2001年，新的基础教育课程改革开始实施，制定了国家课程标准。这是新课程的重要文件，它对学生在知识与技能，过程与方法，情感、态度与价值观等方面应达到的基本要求作出了明确阐述。

　　例如，《全日制义务教育语文课程标准（实验稿）》在明确义务教育阶段语文课程"性质与地位"以及"基本理念"等基础上，对课程的"总目标"和"阶段目标"进行了明确规定。其中，阶段目标又具体分为第一学段（1～2年级）目标、第二学段（3～4年级）目标、第三学段（5～6年级）目标和第四学段（7～9年级）目标。各阶段目标从"识字与写字""阅读""写作"（1～2年级为"写话"、3~6 年级为"习作"），"口语交际"和"综合性学习"等方面予以表述。

第一学段"识字与写字"的基本要求是：

①喜欢学习汉字，有主动识字的愿望。

②认识常用汉字 1600~1800 个，其中 800~1000 个会写。

③掌握汉字的基本笔画和常用的偏旁部首，能按笔顺规则用硬笔写字，注意间架结构。初步感受汉字的形体美。

④养成正确的写字姿势和良好的写字习惯，书写规范、端正、整洁。

⑤学会汉语拼音。能读准声母、韵母、声调和整体认读音节。能准确地拼读音节，正确书写声母、韵母和音节。认识大写字母，熟记《汉语拼音字母表》。

⑥能借助汉语拼音认读汉字。能用音序和部首检字法查字典，学习独立识字。

同时，这一课程标准还对义务教育阶段语文课程的实施提出了一系列建议。

可见，课程标准反映了国家对每一学段学生学习结果的统一的基本要求，是指导教学的纲领性文件，也是课堂教学设计的一个基本依据。教师进行教学设计，需要首先研读课程标准，领会有关内容的教学要求。特别是新课程实施以后，教材有多种版本，教师需要研究课标中的相关内容，然后根据课标要求对教材进行分析和处理。目前，许多地方的教师教学基本功大赛已经要求教师必须对课标进行分析。通过研读课标，教师就能够领会本节课教材内容在整个课程标准中的地位和作用，就不会孤立地看待和处理本节课的教学定位，进而较好地把握本节课的教学目标、广度和难度等。

比如，《全日制义务教育语文课程标准（实验稿）》要求，第一学段开始

"学习默读"，第二学段要求"初步学会默读"，第三学段则要求"默读有一定的速度，默读一般读物每分钟不少于 300 字"。由此，整个小学高年级阶段的语文教学设计，在处理默读方面，就有了基本的准绳，即语文课堂教学到了高年级，在一定程度上课堂应该静下来，给学生充分的时间和空间去静心读书，静心思考。

再如，《普通高中历史课程标准（实验）》关于新航路开辟这一历史事件的"学习要点"是："概述迪亚士、哥伦布开辟新航路的史实，认识地理大发现对世界市场形成的意义。"人教版（人民教育出版社，以下简称人教版）的《普通高中课程标准实验教科书：历史》，有关新航路开辟的历史影响的表述有 3 段：开辟新航路导致地理大发现，以西欧为中心的世界市场开始出现（主要表现是烟草、丝绸等商品在世界各地的流通），欧洲封建制度解体、资本主义发展。根据课程标准规定的"学习要点"，教科书的内在逻辑可以这样理解：第一段是地理大发现的过程，第二段是地理大发现对世界市场形成的影响，第三段是世界市场雏形的形成对欧洲的影响。由此，所有学校、班级的教师都要依据课程标准的规定，认真琢磨第一、第二段内容，将相关内容的教学落到实处。当然，在学生学习习惯较好、学习能力较强的学校、班级，教师可以在第三段上做些文章，引申出世界市场雏形的形成对亚洲和美洲有什么影响（前者见第一单元的第 3、第 4 课，后者见第二单元的第 6 课）。①

然而，在现实生活中，一些教师却很少深入研读课程标准，甚至少数教师从来没有读过所教学科的课程标准。造成这种情形的原因有很多，较为主要的一点是历史传统的影响。

从历史的角度来看，我国的教学主要有 3 种类型：一是基于教师经验

---

① 张汉林．高中历史新课程：命制试题的思考与尝试[J]．中学历史教学参考，2008
（11）：25～27.

的教学，二是基于教科书的教学，三是基于课程标准的教学。^① 第一，基于教师经验的教学，就是教师凭借自身具备的知识和信奉的理念开展教学。教师具有的经验成为教学内容，教师具有的教育理念左右着教学格局，教师的素养决定着教学质量。这种类型的教学活动主要存在于普及教育和教科书出现以前。第二，基于教科书的教学，就是教科书成为教学的主要依据，对"教什么"和"怎么教"起着决定作用，简言之，即通常所说的"教教材"。第三，基于课程标准的教学，就是教师根据课程标准规定的学生学习结果，来确定教学目标、设计评价、组织教学内容、实施教学、评价学生学习和改进教学等。基于课程标准的教学给了教师一种方向感，它既为教学确立了一定的质量底线，又为教学预留了灵活实施的空间，它要求教师"像专家一样"整体地思考标准、教材、教学与评价的一致性，并在自己的专业权力范围内作出正确的教学决定。长期以来，基于教科书的教学占据着主导地位，因此，当下我国尽管有了国家课程标准，倡导教师应该基于课程标准开展教学，但事实上绝大部分教师还是依据教科书来教学。实现基于课程标准的教学，还需要人们不断探索和努力。

拓展阅读

2000 年，有 300 多名专家参加的义务教育阶段课程标准研制工作启动了。2001 年，义务教育阶段 17 个学科的课程标准（实验稿）正式颁布。首次颁布的课程标准，尽管各有特色，但结构基本上是一致的，大致包括前言、课程目标、内容标准、实施建议和附录等部分。目标的陈述包括了知识与技能，过程与方法以及情感、态度与价值观三个方面。

2003 年，教育部颁布了普通高中 15 个学科的课程标准（实验）。

2004 年，义务教育阶段课程标准开始修订，力求处理好 5 个关系：

---

① 崔允漷. 课程实施的新取向：基于课程标准的教学[J]. 教育研究，2009(1)：74～79，110.

掌握基本知识、基本技能与培养创新精神、实践能力的关系，学科逻辑与社会进步、科技发展、学生经验的关系，接受性学习与自主、合作、探究学习的关系，学科的独立性与关联性的关系，农村地区和城市地区的关系。

二、教学内容分析

一般情况下，教师在进行教学设计时，手里都有教材，即有一定的教材内容作为教学设计的基础。当然，也有一些课堂教学是没有教材的，这样的教学设计需要教师根据具体的教学目标去自行选择和组织教学内容。如果已有一定的教材内容，教师应当首先对其进行分析。

其一，分析教材内容的前后联系。杜威（Dewey, J.）说过："比较聪明的教师注意系统地引导学生利用过去的功课来帮助理解目前的功课，并利用目前的功课加深理解已经获得的知识。"[①]分析教材内容的前后联系，即弄清所学内容与先前内容及后续内容的关系，把握本节课内容的独特地位和作用，做到"瞻前顾后"和"以旧引新"，实现课堂教学内容的有效对接，进而体现课堂教学的针对性、连贯性与相通性。

如何将这一点分析"透彻"呢？以高中"探究做功与物体速度变化的关系"为例，初中教材的相关内容已经谈到，物体具有做功的本领，是因为它具有能量。做功实质上就是能量转化的过程，力对物体做多少功就有多少能量发生转化。物体由于运动而具有的能叫作动能。铁锤打击钉子钉入木块的实验以及大量事实，表明了"运动物体的质量越大，速度越快，其动能就越大"。本节课与初中教材的联系之处是相关内容基本涉及，区别在于初中教材只是定性探究做功与能量变化的关系，定性得出动能的相关因素，而本节课则是定量探究做功与物体速度变化的关系，得出定量结论"做功与

---

① ［美］约翰·杜威. 民主主义与教育［M］. 王承绪，译. 北京：人民教育出版社，2001：178.

物体速度的平方成正比"，为今后的学习做好充分的准备。①

再以人教版教材课文《梅花魂》的分析为例，《梅花魂》是小学语文第九册第二组第六课。本组教材围绕"月是故乡明"这个专题，选编了 4 篇课文，让学生体会作者的思乡情以及抒发情感的不同方式。《诗词三首》为游子思乡之绝唱，《梅花魂》由思乡情升华到了爱国心，在情感与表达方式上传承前篇，也为后两篇阅读课文做了铺设。本文是归国华侨陈慧瑛的回忆录，写了远在异国的外祖父通过梅花寄托款款思乡情、浓浓爱国意。第一和第三件事直接表达这种情感，其他事属于间接表达。课文高度的审美性和思想性，给学生以有益的熏陶。而且，梅花作为花中四君子之一，已经成为一种具有中国特色的、代表高风亮节的独特意象。围绕这样的意象，作者所写的几件事彼此之间构成一个统一的整体，为题目中的"魂"字服务。②

其二，分析教材内容的编写意图。教材为什么要这样编写，其背后蕴藏的意图是什么，需要教师进行深入的思考和把握。这也是教学设计成功的一个关键。

教师对具体教材内容编写意图的理解应当非常清晰。比如，苏教版（江苏教育出版社，以下简称苏教版）的《普通高中课程标准实验教科书·化学2》的第四专题是"化学科学与人类文明"。教师通过仔细体会，可以明白其编写意图，是让学生从化学学科在物质及其变化研究、新物质合成方面的贡献，化学科学对科学技术发展、环境保护事业的重要性，认识到化学与科学、技术、社会的关系，扩大视野，感受化学的魅力，进而激发学生深入学习、研究化学的兴趣，促使学生能选择更多的选修模块开展学习。因此，本专题的第一课时，任务在于简明揭示人类认识物质世界的过程，不

---

① 黄惠珍."探究做功与物体速度变化的关系"教学设计[J]. 中学物理教学参考，2009(8)：25～29.

② 窦桂梅. 回到说课[J]. 江苏教育（小学教学版），2009(4)：23～25.

要求接受大量新的具体化学知识，不能把这堂课上成"科普知识讲座"，而应重在知识的整合和学生情感、态度与价值观的熏陶。本节课的核心问题是：能举例（如对酸、碱的认识）说明人们对物质世界认识的发展，能举例说明化学理论的建立在帮助人们认识物质世界中的作用。[①]

又如，苏科版初中数学教材针对过去数学教学将数学知识的应用变为单纯的题型操作，而忽视解决问题中的数学思想与方法的倾向，在应用数学知识解决实际问题时，进行了以解决问题的策略为主线而不按"题型分类"的编写尝试。其中，关于"用一元一次方程解决问题"的内容，在七年级（上）的教材的"4.3 用方程解决问题"中，问题 1 揭示了用方程解决问题的一般步骤；问题 2 用表格作为建模策略；问题 3 用线形示意图作为建模策略；问题 4 用线形示意图和表格共同作为建模策略，同时指出问题 4 也可以用环形图来解释相等关系；问题 5 可以用表格和圆形示意图揭示总量与部分之间的关系；问题 6 则可用柱状或线形示意图来分析。[②] 对这些设计思路，教师应当予以把握。

特别值得注意的是，教师对教材内容编写意图的分析，要站在宏观的立场，熟悉整套教材的编写意图。每套教材都有自身的内容编排体系，这是编写者在对课程的全面分析与考量基础上构建的教材特色之一。例如，苏科版课标教材对"空间与图形"中的主要关注点——推理与证明有以下 3 点考虑：合情推理与演绎推理是相辅相成的两种推理形式，应当将它们有机地结合起来；证明的本质是通过有条理、符合逻辑的推理确认一个命题的正确性，而不是它的表达形式（如形式化的三段论证）；几何中使用简化的三段论证，把"大前提、小前提、结论"的顺序改变为"小前提、结论、大

---

① 陈思静."化学是人类打开物质世界的钥匙"的教学设计[J]. 化学教学，2009(8)：67～70.

② 董林伟. 从"研标读本"来引领教师的专业发展[J]. 中国数学教育(初中版)，2009(7/8)：3～5，22.

前提"，初学者难以掌握其中的因果逻辑关系。基于这样的考虑，此套教材对"推理与证明"的整体性设计，是采用合情推理的方式探索课程标准中规定的所有图形性质，并在此过程中不断引导学生学习"有条理地思考，有条理地表达"，弄清说理中的因果关系。这种"引导"，教材又分成 4 种表达形式来呈现：

①在七年级（上）的教材中，用不分段的"因为……所以……"说理（类似日常生活中的说理）。

②在七年级（下）的教材中，用分行的"因为……所以……"说理，分清因与果的层次。

③在七年级（下）和八年级（上）的教材中，用"根据……因为……所以……"（"大前提、小前提、结论"）的方式，或"因为……根据……所以……"（"小前提、大前提、结论"）的方式说理。

④在八年级（上）的教材中，用"因为……所以……理由是……"（"小前提、结论、大前提"）的方式说理。

这种说理方式与"因为……所以……"形式化的证明的表述基本一致，从而为学生进入演绎论证阶段的学习打下坚实的基础。

八年级（下）的教材的"图形与证明（一）"11.1～11.2 通过实际例子，引导学生感受证明的必要性。八年级（下）的教材的 11.3～11.4 及九年级（上）的教材的第三章"图形与证明（二）"则采用演绎推理的方式，证明曾探索得到的各类图形性质，从而引导学生学会综合法证明的书写格式，感受公理化思想；同时注重引导学生逐步学会分析法、综合法，体会反证法的思想。

在此基础上，九年级（上）的教材的第四章"中心对称图形（二）"尝试如下的编写方式：先用合情推理的方式探索、发现圆的某些性质（如通过折纸发现"垂径定理""切线长定理"等），再用演绎推理的方法，通过证明，获得同样的结论。这样，教师力求使学生真正感受"合情推理与演绎推理都是研究图形性质的重要方法，两者相辅相成"，并学习用多种方法研究图形的性质。①

新课程改革以来，我国中小学教材建设进入了"一标多本"（统一课程标准、多种版本教材）的时代，课程标准中的内容标准是按照学段制定的，并未规定学习内容的呈现顺序，因而不同版本教材在不违背知识体系的基础上，都力求根据学生的学习认知规律、知识背景和活动经验，合理地安排学习内容，形成自己的编排体系，体现自己的风格和特色。因此，教师超越孤零零地分析某一个具体教学内容的方式，整体性地理解整套教材的编排体系与主要特色，就能更好地体会教材的编写意图，进而合理、科学地使用教材，实现所教课程的教学目标。

三、学生情况分析

"学生的发展水平是教学的出发点。所以必须在开始教学以前就确定这个出发点。"②正所谓"以学定教"，这就需要教师深入分析、真正了解学生，从而增强教学设计的针对性和预见性，科学而客观地确定教学的起点、深度、广度和速度等。

许多十分优秀的课堂教学设计和实施，都充分关注了这一点。地理教师王能智带的徒弟曹老师，2002年10月参加了在安徽省举办的全国高中地理优质课教学评比，获得了特等奖第一名的好成绩，这节录像课一经播放就引起了全场的轰动。当时，会议要求3位获奖选手要在当地上一节现场课。其他两位教师都选择了把录像课再重复一遍的做法。但是王老师和曹老师却向自己提出了挑战：绝不重上旧课，要根据当地教学的进度设计全新的现场课。为了上好这节课，王老师带着曹老师不顾旅途劳顿，一下

---

①　董林伟. 从"研标读本"来引领教师的专业发展[J]. 中国数学教育（初中版），2009 (7/8)：3～5, 22.

②　[德]第斯多惠. 德国教师教育指南[A]. 张焕庭. 西方资产阶级教育论著选[C]. 北京：人民教育出版社，1979：356.

105

飞机便直奔上课的学校——屯溪一中，了解进度，确定内容。白天，师徒俩走遍屯溪的大街小巷，测量每条街道的走向、屋檐长度和屯溪一中教学楼窗户的每个夹角，走访规划局、老店铺、售楼处；夜幕下，俩人和屯溪一中的住宿生亲切攀谈，交流感情；回到宾馆，王老师还忍着腰痛与曹老师研究备课到凌晨。现场课上得非常成功，得到了与会者的高度赞扬，他们说："北京的地理教学绝对是全国一流的。"①

绝不重上旧课，意味着王老师和曹老师明白，针对一个班学生设计的教学目标、方法、内容和过程等，并不一定适合另一个班的学生，即使这两个班都处于同一年级、同一年龄阶段，即使原来的教学设计非常精妙，原来的课堂教学非常成功。因为每个班学生的知识储备、能力水平和情感态度都是各不相同的，一堂在这里取得成功的课照搬到那里并不一定取得同样的成功。直奔上课的学校以及与学生攀谈等意味着两位教师运用各种方式尝试去了解学生的各种具体情况，进而"有的放矢"地进行教学设计和实施。

总的来说，学情分析包括了解学生原有的知识水平基础、学习习惯和学习方法以及学生的兴趣、爱好、思想情况、个性特点、身体状况等，其中，尤其需要留意的是以下三方面的分析。

其一，分析学生的已有基础。学生并不是带着空空的脑袋到课堂的，他们通过家庭生活、社会生活以及以往的学校生活，已经有了一定的知识与技能基础。教师在进行教学设计时，需要正确分析和把握学生的知识起点、技能水平和思维特点等。比如，"太阳与行星间的引力"这节课，学生均已知道物体之间存在引力，教师就可以根据这一起点设计教学方案。当然，教师还要针对学生的认知水平差异，设计不同的方案。这节课就可以

---

① 刘原，于书江. 从"小学科"里走出的"大教师"——记地理特级教师王能智[J]. 北京教育，2003(4)：4~7.

设计成以下 3 个方案探究太阳与行星间的引力规律。①

对于一般程度的学生，方案可设计为引导性工作单，给出思维步骤：①根据行星的运动情况求解它与太阳的引力情况，②将行星的运动近似看作匀速圆周运动，③应用匀速圆周运动规律求解其受力情况。

对于有一定基础的学生，方案可设计为结构性工作单，提出问题并给出必要的提示：①求解力的途径中，可以直接测量，也可以根据物体的运动情况求解其受力情况。要研究太阳与行星间的引力，直接测量显然不可能，所以从行星绕太阳的运动情况来求解行星的受力情况。②根据行星的运动情况运用初等数学的知识求解它的受力情况，不可避免地面临如下的困难。行星沿椭圆轨道运动，速度、方向不断发生变化，如何解决这种变化的曲线运动问题？天体是一个庞然大物，如果认为物体间有引力，那么如何计算天体各部分对行星产生的力的总效果？如果天体间是互相吸引的，那么在众多天体共存的太阳系中，如何解决"多力共存"这一复杂的问题？这 3 个困难横亘在我们面前，如何利用已掌握的知识和方法解决它们呢？③将这一比较复杂的实际物理问题进行合理的简化，保留要研究的问题的本质特征和主要条件，解决这 3 个困难。④应用圆周运动规律求解其受力情况。

对于较高水平的学生，方案可设计为开放性工作单，按照要求，由学生自行完成，必要时给出简单的提示：①求解力的途径；②应用已有知识求解力时，遇到的困难及解决办法等。

钱梦龙老师对学情分析，也是充分关注。他曾经谈过自己如何设计《论雷峰塔的倒掉》一课的教学。②

这篇课文是学生进入中学以后学到的第一篇鲁迅的杂文，教师们普遍

---

① 霍晓宏，高杰．为学生的课堂行为进行教学设计[J]．物理通报，2009(1)：17～19．
② 钱梦龙．钱梦龙与导读艺术[M]．北京：北京师范大学出版社，2006：78～80．

认为比较难教；学生由于初次接触鲁迅式"嬉笑怒骂"的杂文语言，加上时代的隔阂，学习也有一定的困难。因此，教这篇课文通常都采用讲授法：教师从时代背景讲起，然后把文章划分为几个部分，依次进行分析讲解，最后归纳中心思想和写作特点。这符合教学的常规，教学参考书也正是按这样的思路编写的。这样教，当然也能把学生教"懂"，但教读的目的，主要不在于使学生"懂"，而在于培养学生自己读文章的能力，因此，教读必须立足于学生自己的阅读实践，"懂"只是学生阅读能力提高的结果而不是目的。我决定不按"教参"提供的常规思路来教，倒不是刻意求新，而是在教读观念支配下的一种必然的选择。

我在备课时反复揣摩课文，又设身处地为学生着想，发现学生读这篇课文，既有难点，也有有利条件，即学生（尤其是苏、浙、沪一带的学生）都知道《白蛇传》的故事，对故事中有关雷峰塔倒掉的情节也不是一无所知，有的学生甚至还知道法海躲进蟹壳避难的民间传说。我相信，教学中如能利用学生已有的知识，就能化难为易，使学生经过自己的努力读好课文。这比单纯由教师讲授必能使学生获益更多。

我是这样处理教材、组织教学过程的：第一步要求学生回忆白蛇娘娘和许仙的故事，接着由学生自读课文第二自然段，从中筛选出能够概括故事情节的关键词语：许仙救蛇—白蛇报恩—法海藏许—白蛇寻夫—白蛇中计—造塔镇压。学生通过概括故事情节，自然得出结论：白娘娘是个一心报恩的"义妖"，雷峰塔则是一座"镇压之塔"，造塔者法海当然就是"镇压者"了。第二步就在此基础上引导学生了解鲁迅写作本文的意图，稍加点拨，便有水到渠成之效。

这堂课的课堂效果非常好。钱老师正是把握了自己的学生都知道《白蛇传》的故事这一已有基础，进而以引导学生回忆《白蛇传》故事和阅读课文第二自然段作为教学的切入口，取得了教学的成功，不仅激发了学生的学习兴趣，而且化难为易，他只稍稍点拨了一下，学生就准确地找到了课文的"文眼"。

　　其二，分析学生的现有理解能力。这样，教师才能设计出适宜学生理解的教学。比如，在小学，分数应用题长期以来一直是难教、难学的内容，到目前为止仍然如此。尽管教材降低了学习难度，但是从一线教学的实际情况看，情况仍不容乐观。数学教师王凌就此现象进行过专门探讨。[①] 他认为，出现这种情况的原因就在于教师将分数应用题人为地另起炉灶，"单位'1'、对应量、分率"等专用"术语"让学生晕头转向。事实上，分数应用题就是将倍数关系以分数形式呈现的倍数问题，其数量关系、分析方法与过去所学的倍数问题完全一样，打通这两类问题的联系，完全可以收到事半功倍的效果。有一次，朋友的女儿向他抱怨："我不懂老师讲的分率是什么意思。"他请她做 3 道题：

　　①男生有 20 人，女生人数是男生的 2 倍，女生有多少人？

　　解答后请她指出一倍数、倍数等基本概念与数量关系。

　　②男生有 20 人，女生人数是男生的 1.5 倍，女生有多少人？

　　与第 1 题比较，本题只存在倍数由整数变为小数这种变化。

　　③请她将第 2 题中的 1.5 改成分数。

　　将一倍数与单位"1"、倍数与分率进行比较，建立联系，她立即就明白了分率和倍数只是意义相同的两种不同说法而已。

　　可见，教师应当在准确把握学生现有理解能力的基础上，不断锤炼和不同理解能力的学生进行对话的能力。

　　其三，分析学生掌握的日常概念。学生在日常生活中，已经对某些事物和现象等形成了自己的理解和认识，这些理解和认识，通常被称为日常概念。例如，很多学生认为，物质的燃烧一定要在空气中才能进行，催化

---

　　① 王凌，余慧娟. 关于数学教育若干重要问题的探讨——对话特级教师王凌的读书笔记[J]. 人民教育，2008(7)：39～45. 略有改动.

剂一定能加快反应速率，"糖类"一定是甜的，商品就是摆放在商店里卖的东西，等等。日常概念是所有学科教学都不可回避的现实，也是进行教学设计必须分析的前提条件，它们影响着学生知识的掌握、观点的接受、能力的建构、态度的转变和思想的形成。

日常概念与学校教学中要求学生掌握的科学概念并不完全一致，日常概念对科学概念的形成可能具有积极作用，也可能产生消极作用。在洞察学生的"略有所知"或"略有错知"的基础上，教师的教学设计就能因势利导，一语中的地帮助学生建立起科学概念。

比如，为了帮助学生纠正相应的日常概念，教师不仅要通过适当的问题或反例的设计去引出概念冲突，还必须提供正面的范例，使学生对正确的观念和错误的观念进行比较，从而促使其作出自觉的"选择"。在"生态平衡"的学习中，学生往往有这样的日常概念，即狼和狐狸等是"不好"的动物，应该被消灭掉。为了树立正确的生态观念，教师在教学中可以举加拿大的商人为了取得更多的鹿茸，在苔原带滥杀狼，最终导致生态系统的崩溃，以及美国黄石公园引狼入园以维护生态平衡等反例。

在实际教学中，如果教师做一个"有心人"，在日常观察中了解学情，在平时交谈中考查学情，在作业批改中发现学情，在专门研究中体悟学情，那么对学情的定位就会既"精"又"准"。

拓展阅读

假如让我把全部教育心理学仅仅归结为一条原理，我可以一言以蔽之：影响学习的最重要的因素，就是学习者已经知道了什么。要探明这一点，并应据此进行教学。[①]

——奥苏伯尔（Ausubel，D. P.）

[①] Ausubel，D. P.，et al.．Educational Psychology：A Cognitive View（2nd Ed.）[M]．New York：Holt，Rinehart & Winston，1978：扉页．

　　当然，除了"研标—读本—析生"之外，分析教学背景还需考虑大量其他要素。比如，教学环境如何，如果要采用合作学习，有没有适宜的桌椅条件。又如，教师自身的特点是什么，如果要采用讨论法，自己能不能较好地组织和引导学生讨论。总之，较为详尽而深入地进行教学背景分析，有助于教学设计顺利而有效地展开。

第八章　确定教学目标

教学目标指"教学中师生预期达到的学习结果和标准"①。按照教学活动的需要，可把教学目标依次分为学年教学目标、单元教学目标和课时教学目标等。其中，课时教学目标是对前两种目标的具体化，它的确定需要教师具有宏观意识、整体思维，在通观前两种目标的基础上，在分析课程标准、教材内容和学生情况等前提下慎重确定。

人们常说，假如你不清楚自己的目的地，那么，很可能你会抵达另一个地点，而且还不清楚已经走错了地方……除非你知道你的目的地，否则你就无法选择通向目的地的最有效途径。就课时教学目标而言，它决定着教与学的根本方向，对课堂教学设计起着指导作用，直接制约着课程资源、教学方法和教学过程等的选用和处理，具有导向、激励、调控和评价的功能。在一定意义上，课堂教学就是一个建立目标、导向目标和评价目标的过程，就是把学生的"现状"转化成"预期"，把学生的"初始水平"转化成"终点水平"的过程。

---

① 顾明远．教育大辞典(增订合编本)(上卷)[Z]．上海：上海教育出版社，1998：717.

一、教学目标的分类

为了给教学目标设计提供参考框架，研究者从不同的角度出发，提出了多种教学目标的分类形态。此处重点介绍美国教育心理学家布卢姆（Bloom，B. S.）的分类、国际文凭组织研制的五大目标以及我国新课程改革倡导的三维目标。

（一）布卢姆的目标分类

布卢姆从 1948 年起，就和一些同事一道对教育目标分类体系进行了大规模的研究，1956 年出版专著《教育目标分类学》。布卢姆等人的教育目标分类主要是教学目标分类。他们结合行为主义和认知心理学的相关理论，将教育目标分为认知、情感和动作技能 3 个领域。每一领域又细分为若干目标层次，这些层次具有阶梯关系，即较高层次目标包含且源自较低层次目标。在布卢姆的推动下，教学目标分类研究成了教学理论研究的一个专门领域。[1]

1. 认知领域的目标分类

布卢姆在《教育目标分类学》中，把认知领域的目标从低级到高级分为识记、领会、运用、分析、综合和评价 6 个层次。

（1）识记（knowledge）

识记指对先前学习过的材料的记忆，一般有 3 类：一是具体的知识，包括术语和具体事实的知识等；二是处理具体事物的方式、方法，包括惯例的知识、趋势和顺序的知识、分类及类别的知识、准则的知识等；三是学科领域中的普遍原理和抽象概念，包括原理和概括的知识、理论和结构

---

[1]　Bloom，B. S. . Taxonomy of Educational Objectives，Handbook I：Cognitive Domain [M]. New York：David McKay，1956；Krathwohl，D. R. ，et al. . Taxonomy of Educational Objectives，Handbook Ⅱ：Affective Domain[M]. New York：David McKay，1964；Simpson，E. J. . The Classification of Educational Objectives in the Psychomotor Domain[M]. Washington，DC：Gryphon House，1972.

的知识。这是最基本的认知学习结果，其心理过程是记忆。例如，学生能正确数 100 以内的数，学生能讲出昆虫变态的过程，学生能说出亚洲最高山脉的名称等。

（2）领会（comprehension）

领会指把握知识材料意义的能力，可以借助 3 种形式来表明对知识材料的领会：一是转换，即用自己的话语或用与原先表达方式不同的方式来表达所学的内容；二是解释，即对一项信息（如图表、数据等）加以说明或概述；三是推断，即预测发展的趋势。领会是最基本的理解，它超越了单纯的记忆。

（3）运用（application）

运用指把学到的知识应用于新的情境，包括概念、原理、方法和理论的运用。它与"领会"的区别在于是否涉及这一项知识以外的事物。"领会"只限于对所学知识本身条件、结论的理解。"运用"则是在问题情境中正确地运算、操作和使用等。"运用"这一层次以"识记"和"理解"为基础，是较高水平的理解。

（4）分析（analysis）

分析指把复杂的知识整体材料分解为组成部分并理解各部分之间的联系的能力。它包括部分的鉴别、分析部分之间的关系和认识其中的组织原理。分析代表了比"运用"更高的智能水平，因为它既要理解材料的内容，又要理解其结构，如划分段落大意及找出中心思想，举出一个实验中哪些部分为事实，哪些部分属于假说。

（5）综合（synthesis）

综合指把各种要素和组成部分组合成一个整体。它包括进行独特的交流、制订计划或操作步骤、推导出一套抽象关系，强调创造能力和形成新的知识结构的能力。它包括能突破常规思维模式，提出一种新的想法或解决问题的方法；能按自己的想法整理学过的知识；对条件不完整的问题，能创设条件，构成完整的问题，设计一个解决问题的方案等。例如，面对一份污染报告，学生能提出检验各种假设的方法。

(6)评价(evaluation)

评价指对材料(如论文、小说、诗歌、研究报告等)做价值判断的能力，是最高水平的认知学习结果。例如，学生阅读一篇文艺作品后，能从取材、构思、表现、创作态度等方面指出该作品的优点和不足。

2. 情感领域的目标分类

克拉斯沃尔(Krathwohl，D. R.)和布卢姆等人将情感领域的目标依据价值内化的程度，由低到高分为接受、反应、价值化、价值观组织和品格形成5个层次。

(1)接受(receiving)

"接受"是情感的起点，指学生愿意注意某一特定事件或活动。例如，学生意识到某事的重要性等。

(2)反应(responding)

反应指学生不仅注意到某种现象，而且主动参与，作出反应。例如，学生以愉快的心情阅读，积极参加一个研究项目并表现出对会谈主题的兴趣。

(3)价值化(valuing)

价值化指学生将特殊的对象、现象或行为与一定的价值标准相联系。它包括接受、偏好某种价值标准，为某种价值标准作出奉献，进而追求某些对象、现象或行为，并表现出一定的坚定性。例如，学生刻苦学习电脑等。

(4)价值观组织(organization)

价值观组织指学生遇到许多价值观念出现的复杂情境时，克服价值观之间的矛盾、冲突，对各种价值观加以比较，接受重要的价值观和价值标准，形成个人的价值观体系。学习的结果可能涉及某一价值系统的组织。例如，学生先完成教师布置的作业，再去找小朋友玩耍等。

（5）品格形成（characterization）

品格形成也就是价值或价值体系的性格化，指学生通过对价值观体系的组织，逐渐形成个人的品格，即各种价值被置于一个内在和谐构架之中，它们的层级（高低）关系已确定，个人言行受其确定的价值观体系的支配。观念、信仰和态度等融为一体，最终表现是个人世界观和人生哲学的形成。例如，人们工作一贯勤勤恳恳、在团体中表现合作精神等。

3. 动作技能领域的目标分类

布卢姆本人并没有编写出动作技能领域的目标分类，这个领域出现了好几种分类法，此处介绍辛普森（Simpson，E. J.）的分类。辛普森把动作技能领域的目标，由低到高分为知觉、准备、有指导的反应、机械动作、复杂的外显反应、适应和创作 7 个层次。

（1）知觉（perception）

知觉指运用感官获得信息，了解与某动作技能有关的知识等以指导动作。例如，学生背诵仪器的操作方法等。

（2）准备（set）

准备指对稳定的活动的准备，包括心理定向、生理定向和情绪准备（愿意活动）。例如，学生了解动作的难度、要领及动作进程，使身体到位以便于开始练习等。

（3）有指导的反应（guided response）

有指导的反应指能在教师的指导下表现有关的动作行为，包括模仿和尝试错误。例如，学生能模仿教师的动作进行学习，在教师引导下进行试误练习，直到形成正确的动作等。

（4）机械动作（mechanism）

机械动作指经过一定程度的练习，学生能以某种熟练和自信的水平完成动作。例如，学生能正确、迅速地切片制作标本，能迅速准确地打字等。

（5）复杂的外显反应（complex overt response）

复杂的外显反应指包含复杂动作模式的熟练动作操作。操作的熟练性以准确、迅速、连贯协调和轻松稳定为指标，通常表现为能用最少的时间和精力完成全套动作技能，一气呵成，连贯娴熟，得心应手。

（6）适应（adaptation）

适应指学生已练就的动作技能具有应变能力，能适应环境条件及要求的变化，即能修正自己的动作模式以适应特殊的装置或满足具体情境的需要。

（7）创作（origination）

创作指学生在学习某些动作技能的过程中形成了一种创造新的动作技能的能力，在这里，重要的是以高度发展的技能为基础进行创造。例如，学生能改进实验操作方法，创造新的艺术表演方式等。

拓展阅读

教育目标，是教育界使用最广的术语之一，出现了定位不同的各种变体，各有自己的特殊指称。不过，"教育目标"始终是一个概括性最强的用法。与教育目标密切相关的概念有很多，如教育目的、培养目标、课程目标和教学目标等。所有这些概念，实际上是教育目标在不同层次上的具体表述。厘清这些基本概念的关系，有利于深化对教学目标的认识。

其中，教育目的是依据一定社会需要和对人的认识而形成的关于教育对象的总体发展规格的预期设想或规定，它以观念或思想的形式存在并发挥作用。概括来说，教育目的就是"培养什么样的人"。

培养目标是不同级别、不同类型、不同层次和不同专业教育的具体目标。比如，教育部2001年印发的《义务教育课程设置实验方案》规定了我国现阶段义务教育的"培养目标"，2003年印发的《普通高中课程方案（实验）》规定了我国现阶段普通高中教育的"培养目标"。教育目的决定着培养目标。

课程目标是每一门课程的具体目标。目前教育部颁布的各门课程的课程标准中，详细规定了本门课程的"总目标"和"阶段目标"。

可见，教育目的需要具体化为培养目标，培养目标需要具体化为课程目标，课程目标又需要依次具体化为学年教学目标、单元教学目标和课时教学目标，才能得到现实操作和真正落实。课时教学目标的确定和实现，直接影响着单元教学目标、学年教学目标、课程目标乃至培养目标和教育目的的实现。这几者的具体关系可见"教育目标结构图"。

教育目标结构图

（二）国际文凭组织的五大目标

国际文凭组织（International Baccalaureate Organization）的目标是培养勤学好问、知识渊博、富有爱心的年轻人，他们通过对多元文化的理解和尊重，为开创更美好、更和平的世界贡献力量。国际文凭学习者努力使自己成为：勇于探索的人(inquirers)、知识渊博的人(knowledgeable)、勤于思考的人(thinkers)、善于交流的人(communicators)、有原则性的人(principled)、胸襟开阔的人(open-minded)、关心他人的人(caring)、敢于冒险的人(risk-takers)、均衡发展的人(balanced)和乐于反思的人(reflective)。

该组织提出，相关课程的教学需要在"习得重要的知识与技能""发展对概念的理解""表现出积极的学习态度"和"采取负责任的行动"等方面寻求平衡。为了达到这些平衡，该组织强调从以下五方面设计教学目标。①

一是知识(knowledge)。知识是基于学生以前的经验与理解，学生需要探索并习得的重要和相关的内容。

二是概念(concepts)。概念是各种有力的观点与思想，不仅与本学科相关，而且还超越学科，是学生们为了发展连贯且有深度的理解力而必须要探索、再探索的内容。

三是技能(skills)。技能是为了成功应对千变万化、充满挑战的世界，学生必须具备的各种能力，这些能力可能是单科范围内的，也可能是跨学科的。

四是态度(attitudes)。态度是各种性格倾向，表现出基本的价值观以及对学习、环境和人的信念与看法。

五是行动(action)。学生通过负责任的行动展示踏实深入的学习表现，行动时将其他几项目标付诸实践。

(三)新课程改革的三维目标

当下我国的基础教育新课程改革，正在"为了中华民族的复兴，为了每位学生的发展"的核心理念引领下，力求实现课程功能的转变。具体来说，新课程改革就是改变课程过于注重知识传授的倾向，强调使学生形成积极

---

① IBO. Making the PYP Happen：A Curriculum Framework for International Primary Education[M]. Geneva：International Baccalaureate organization，2009：10.

主动的学习态度，让获得基础知识与基本技能的过程同时成为学会学习和形成正确价值观的过程。即从单纯注重传授知识转变为引导学生学会求知、学会合作、学会做事、学会做人，打破传统的基于精英主义思想和升学取向的过于狭窄的课程定位，而关注学生的整体发展。本次课程改革研制颁布的语文课程标准和数学课程标准等各种课程标准，均从"知识与技能""过程与方法"以及"情感、态度与价值观"三个方面，对课程与教学提出了具体要求，这通常被称为"三维目标"。

"知识与技能"目标，重视学生学习过程中基本知识的掌握和基本技能的形成。"过程与方法"目标，重视学生的学习经历和思维方式的变化、发展。"情感、态度与价值观"目标，重视学生内心的丰富体验，强调学生学习态度、科学态度、生活态度和人生态度的优化，倡导个人价值和社会价值的统一、科学价值和人文价值的统一、人类价值与自然价值的统一。三维目标既有各自明确的作用，又是相互依存的整体。

以普通高中化学课程中的"碳酸钠的性质及应用"为例，《普通高中化学课程标准（实验）》对此内容的基本要求是：能通过实验研究碳酸钠的性质，能通过实验对比研究碳酸钠、碳酸氢钠的性质，并知道其在生产、生活中的应用。发展要求是：了解侯氏制碱法的原理和流程。同时，碳酸钠作为一种重要的化工原料，学生在初中阶段已有初步认识，但并没有进行深入的实验探究和分析，授课时需注重实验探究方法的引导和培养。而且，教学过程要做到承前启后，既总结碳酸钠作为盐具有的性质，也为后面的"离子反应"学习埋好伏笔。最为重要的是，教学过程必须紧紧围绕"化学源于生活"的思想，激发学生通过学习新知识解决实际问题的热情，形成自主学习的习惯。据此，本课的教学目标可考虑设计为以下 3 个目标。①

① 朱红燕."碳酸钠的性质及应用"教学设计[J].新课程研究（基础教育），2009(5)：38~40.略有改动.

①知识与技能目标：

第一，能陈述碳酸钠的性质，并应用所学知识解释碳酸钠在生产、生活中的用途。

第二，能利用比较学习策略，分析碳酸钠和碳酸氢钠性质的联系与区别，掌握其相互转化和鉴别的方法。

第三，以碳酸钠的性质探究为载体，在全面探究碳酸钠和碳酸氢钠性质的同时，为关联教学内容——"离子反应"的顺利展开积累必要的知识。

第四，主动收集信息，了解侯氏制碱法的基本原理和简单流程。

②过程与方法目标：

第一，通过探究碳酸钠和碳酸氢钠的性质，理解探究物质性质的一般方法。

第二，通过经历碳酸钠性质的实验探究和问题讨论过程，初步形成分析推理和综合归纳能力。

第三，用类比和联系的方法认识碳酸钠和碳酸氢钠，提高实验能力和创造思维能力。

③情感、态度与价值观目标：

第一，通过对碳酸钠和碳酸氢钠用途的讨论和学习，体会化学对生产、生活的贡献。

第二，通过了解爱国科学家、实业家侯德榜先生的事迹，感受刻苦钻研的科学精神和无私的爱国情操。

又如，"重力势能"是机械能守恒的知识基础。要让学生真正理解和掌握重力势能的概念、意义及其研究方法，教师应采用有效的探究式教学，其教学目标可考虑设计为以下 3 个目标。①

————————————

① 何博纳．"重力势能"的探究式教学设计[J]．物理通报，2009(3)：29～31. 略有改动．

①知识与技能目标：

第一，理解重力势能的概念，能用重力势能的表达式计算重力势能，知道重力势能具有相对性，重力势能的变化具有绝对性。

第二，理解重力做功与重力势能的关系，并能用这一结论解决一些简单的实际问题，知道重力做功与运动路径无关。

第三，理解功是物体能量变化的量度。

②过程与方法目标：

第一，学习用"不变的量代替变化的量"的方法。

第二，学习势能的研究方法——功和能密切联系，抓住力做功和对应势能的变化，得到势能的表达式。

③情感、态度与价值观目标：

第一，通过掌握对生活中有关物理现象的观察得到物理结论的方法，激发探索自然规律的兴趣。

第二，提高预防高空坠物的社会公德。

第三，感受通过做功研究能量变化的思想。

第四，感受科学不仅仅是认识自然，挑战自然，更在于能动地改造自然。

二、教学的重点、难点

在确定教学目标的过程中，教师需要明确教学重点和难点，进而在接下来的教学设计和实施中突出教学重点，突破教学难点，提高教学成效。

教学重点，是教学内容中最重要、最基本的中心内容，是知识网络中的联结点，是教师设计教学活动的主要线索，具有贯穿全局、带动整体的作用。比如，中学课文《狼》通过一个屠夫智取两只狼的故事，揭露狼的凶残、狡诈而又愚蠢的本性，告诫人们对待像"狼"这样的恶人，既要敢于斗争，又要善于斗争。作者在写双方的正面交锋时，着力于对屠夫的正面描写。所以教学重点应当放在分析屠夫"智"与"勇"两方面的心理和行为上，展示屠夫遇狼、避狼、劈狼的全过程，从而点明本篇课文的主题。[①] 教学重点的确定，需要教师对课程标准和教学内容有较深刻的认识。

教学难点，是学生感到难以理解或接受的内容。一般来说，重点不一定是难点，难点也不一定是重点，但有时两者是统一的。任何教学内容都有重点，但不一定有难点。一般来说，确定教学难点时，教师需要考虑以下两方面的因素。[②] ①教学内容的抽象性与学生思维的形象性的矛盾产生的难点。例如，初中代数第二册《实数》的教学中，无理数的概念十分抽象，无理数概念的建立需要具有一定的抽象思维能力和初步的极限思想。而八年级学生的抽象思维发展还是经验型的，在思考过程中具体形象成分仍然起主要作用，他们和无理数有关的具体的、直观的、形象的、感性经验又十分缺乏，这就会造成学生对实数概念的理解困难。所以，本节课的教学难点应确定为实数概念的建立。②教学内容深化与学生思维定势的矛盾产生的难点。例如，初中代数第一册《一元一次方程的应用》这节课，教学内容是列一元一次方程解简单的应用题。由于学生在小学数学学习中熟悉了算术解法，有思维定势，遇到应用题，首先的想法是列出算式，通过计算来解，而不善于分析问题中的等量关系。这种教学内容的深化就会与学生的思维定势产生矛盾，所以本节课的教学难点是找出等量关系列方程。又如，初中代数第一册（下）《不等式的基本性质》一课，在运用不等式基本性质 3 时，学生容易由方程解法产生迁移而忽略不等号方向的改变，因此，这节课的教学难点是不等式基本性质 3 的理解和运用。

三、确定教学目标的技巧

确定教学目标，看似容易，实为困难。学生如果能够掌握以下几种技

---

① 林运来. 初中课文重难点确定与突破[J]. 语文教学通讯，1998(2)：41～50.
② 王为峰. 初中数学教学难点的确定及处理[J]. 中学数学杂志，2002(6)：7～9.

巧，那么在一定程度上能够做到事半功倍。

（一）紧扣课标

很多教师都有这样的经历：因事请其他教师代上几节课，事后总是感觉不踏实。为什么会有这种不踏实的感觉呢？是不是教师都喜好"孤芳自赏"、不信任其他教师的教学？答案可能不会这么简单。

虽然学科教学在时间上分割为一个个课时，但每一课时的教学并不是孤立、脱节的，它们之间存在一些内在的联系。比如，今天所教的内容既是昨天内容的延续，又是明天内容的铺垫；今天采用的方法可能是为了弥补昨天的不足，也可能是为了明天更好地理解；甚至今天准备点名发言的同学也是精心设计好了的，既有针对性，又体现了机会均等、面向全体的原则。可以这样说，教师平时所上的每一节课，表面看起来是相互独立的，实际在内容上是相连的，在策略上是一致的，在方法上是互助的。请其他教师代上的几节课，在内容上可能相连，但在方法、策略、重点、对学生的关注等诸多方面很难融入自己的教学体系中，或许正因为如此，教师才感觉到不踏实。①

同样，教师在确定课堂教学目标时，不能孤立、静止地看待某一个课时，而要用联系的、发展的、系统的眼光来思考每节课的教学目标。具体来说，教师需要熟悉自己所教学科的课程标准，既要了解课程的总目标，又要熟悉各个阶段的具体目标，进而做到每一节课的教学目标都指向阶段目标和课程总目标。这如同拔河，同一个队伍的所有成员都是朝着同一个方向用力，同时用力，一气呵成。如此，每一节课的教学目标轨迹都朝着课程总目标的方向"前进"，每一节课达成的目标积累起来最终促成课程总目标的实现。可见，紧扣课标，可以让教学目标的确定既见树木又见森林，

---

① 王跃. 高效课堂的 101 个细节[M]. 广州：广东高等教育出版社，2009：19～20.

既有微观考量又有宏观观照。

（二）立足教材

在学科教学中，一般是有教材的，课堂教学主要立足于教材而展开。顺理成章地，确定教学目标也需立足于教材。

以北师大版（北京师范大学出版社，以下简称北师大版）七年级下册历史课题《和同为一家》的教学目标确定为例[1]，一位教师将其教学目标确定为以下 3 个目标。

①知识与能力目标：

第一，知道"天可汗"的含义，了解唐太宗受到少数民族拥戴的有关史实。

第二，知道文成公主入藏和亲的故事，说出文成公主入藏的意义。

②过程与方法目标：

第一，学习识读历史地图的方法。

第二，掌握收集史料的方法。

③情感、态度与价值观目标：

第一，理解统一多民族国家的形成与巩固。

第二，理解正确的民族关系。

从具体的教学实践活动看，以上的三维目标，除知识与能力目标有较强的指向性和操作性外，其他两个维度的目标都缺乏实施的具体载体和途径。在过程与方法的目标中，怎样让学生学会识读历史地图的方法？在情感、态度与价值观的目标中，又怎样让学生理解统一多民族国家的形成与巩固？这些都缺乏具体的实施途径。

设计教学目标时，既不能简单罗列历史基础知识，也不能空谈情感、

---

① 王德民. 历史课堂教学目标的认识误区与原因分析[J]. 教育实践与研究，2006（8B）：31～32. 略有改动.

态度与价值观教育，可以考虑从历史教材内容出发，概括教材中包含的历史基础知识，发掘教材中潜在的历史能力，情感、态度与价值观教育方面的因素。具体来说，在拟定课堂教学目标时，教师需要认真考虑如下三方面问题：第一，教材包括哪些历史基础知识？由此应培养学生哪些方面的能力？第二，怎样利用教材进行教学指导，使学生理解历史学习的过程与方法？第三，本课教材知识中蕴含了哪些情感、态度与价值观因素？

因此，可将上述过程与方法维度的目标修改为：

第一，通过识读"唐初少数民族分布图"，了解唐朝周边少数民族的分布情况及其与唐朝密切交往的史实，学习识读历史地图的方法。

第二，收集唐朝各民族友好交往的故事，掌握收集历史资料的方法；以文成公主入藏的故事为题材，编演一幕历史剧。

同时，将上述情感、态度与价值观维度的目标修改为：

第一，通过对"松赞干布与文成公主"内容的学习，认识到文成公主入藏奠定了汉藏友好交往的基础。

第二，通过学习唐朝与周边少数民族密切联系、相互交流与共同发展的史实，认识到祖国历史是各民族人民共同缔造的，统一多民族国家的形成和巩固是各民族人民长期开发、共同建设的结果，是各民族之间友好交融的结果。

第三，通过对唐朝开明民族政策的了解，树立尊重别人、宽容与平等待人的意识。

(三)难度适中

教师确定教学目标时，在考虑课标和教材的同时，还需要考虑学生实际。有一个故事，说的是一位母亲带着自己 5 岁的小女儿逛商场，她自己每次都逛得津津有味，而她的小女儿却总撅起小嘴，很不高兴。她不理解。后来有一次她蹲下身子帮助女儿系鞋带，猛然发现了原因所在。原来女儿逛商场时见到的"世界"与她见到的"世界"完全不同。她看到的是琳琅满目的、诱人的商品，而 5 岁的女儿看到的是"毫无表情"的大人屁股。她不禁感叹，原来商场仅仅是为大人设计的啊！其实，教师每天都面临着类似这位母亲的"处境"：教师总免不了站在自己的高度来理解、要求学生，依据自己的能力来设计教学目标。然而，教师看起来似乎很简单的内容，学生却可能觉得困难重重。

教学目标难度适中，就是目标不能过高，也不能过低，而是让学生"跳一跳"，能"摘到桃"。也就是说，难度适中的教学目标，是大多数学生通过努力都能达到的，是符合维果茨基（Выготский，Л. С.）的"最近发展区"理论的。具体而言，如果教学目标难度太高，就会使学生受挫而退缩不前、望而生畏；相反，难度太低，则会缺乏刺激力，引不起学生强烈的动机和兴趣。

(四)多维分层

多维，是指确定教学目标时，要从多维度入手，着眼于教学促进学生全面成长与发展的整体价值，而不是仅仅考虑教学的知识价值。新课程改革提倡从"知识与技能""过程与方法"以及"情感、态度与价值观"维度确定教学目标。

当然，"三维目标"并不是相互割裂的，而是融为一体的。三维目标只有协作整合、相互转化才能达成教学的优质与高效。其一，"过程与方法"可以作为"知识与技能"生成的导控保障系统，"情感、态度与价值观"可以作为"知识与技能"学习的动力支持系统。其二，"知识与技能"以及"过程与方法"可以作为实现"情感、态度与价值观"培育的凭借与途径，作为"情感、态度与价值观"养成的方法与手段。其三，"知识与技能"以及"情感、态度与价值观"可以作为一种教学资源服务于过程的体验与反思、方法的习得与训练。值得一提的是，"过程"体现了学习融入生命成长的内在价值，对"过程"的体验与反思，是学生在学习之中体认自我价值感、幸福感、成长感的确证与保障，不单单具有服务于知识与能力掌握的工具性价值，而且具有学习的终极性和本体论意义。[①]

因此，教师在表述教学目标时，不一定按三维目标进行并列式分述，也可将三维目标融为一体追求融合式分述。比如，北师大版七年级《数学》下册"同底数幂的乘法"的教学目标可表述如下[②]：

①经历探索同底数幂乘法法则的全过程，进一步体会幂的意义，学会应用同底数幂乘法的运算法则，同时体验从具体到一般的归纳推理过程和方法，感受数学推理的逻辑性。

②通过应用同底数幂乘法的运算法则于生活实际，感受数学应用的广泛性，增强学习数学的兴趣和信心。

分层，是指确定教学目标时，要考虑班级中不同层次的学生，让发展水平处于同一层次的学生得到"面"上的照顾，做到"上不封顶，下要保底"，使学生在原有基础上都得到较好的发展。

教学目标可以确定为"基本教学目标"和"较高教学目标"。教师应要求水平有待发展的学生达到"基本教学目标"；要求水平较高的学生达到"较高教学目标"；要求水平中等的学生达到"基本教学目标"，并鼓励他们积极参与"较高教学目标"的教学活动。

除此之外，教师还可以设计层次更为多样的教学目标。比如，一位教师在教老舍的《在烈日和暴雨下》时，为了让不同层次的学生能理解"景物描写"的作用，设计了3个层次的目标让学生自己选择。

目标1：找出文中描写"烈日"和"暴雨"的语句，并理解描写方法的运用。

---

① 黄伟．教学三维目标的落实[J]．教育研究，2007(10)：56～57．

② 潘永庆．关于新课程教学设计的几点反思[J]．当代教育科学，2004(20)：23～26．

目标 2：体会文中景物描写对人物的烘托作用。

目标 3：模仿课文，试以"在雨中走路的感觉"为题尝试口头作文。

学生选择适合自己的学习目标后，就围绕所选目标开始学习活动，然后教师检查学生是否达到了目标。

（五）表述明确

表述明确，首先要做到教学目标的主体鲜明地定位为学生。在教学设计时，许多教师习惯采用"使学生……""提高学生……"和"培养学生……"等方式叙写教学目标。比如，使学生理解多项式乘法法则及其推导；使学生能运用法则进行简单的整式乘法运算；结合教学内容，渗透"转化"思想，培养学生的语言表达能力；等等。这些表述，其行为主体是教师。

但是，从根本上说，教学目标最终体现为学生的变化。因此，教学目标的行为主体不应是教师，而应是学生。上述目标若去掉"使学生"和"培养学生"，将目标定位为"理解多项式乘法法则及其推导""能运用法则进行简单的整式乘法运算"等，其行为主体即成为学生。

同时，还有一些教师习惯采用"讲述"和"讲解"等词语来表述教学目标。比如，讲述中共八大的主要内容并分析其积极意义，讲解社会主义建设总路线的提出及"大跃进"和人民公社化运动给我国社会主义建设带来的危害，等等。这些表述，都是单纯站在教师立场上进行的。教师讲述了，教师讲解了，那么学生学到了吗？学生学到什么程度呢？这样的目标表述并没有予以体现。因此，教学目标的确定，应当站在学生的立场，明确学生要学到什么程度，达到什么要求。

将教学目标行为主体明确为"学生"，绝不是简单的叙写方式的表面改变，它体现出教师教学观和评价观的更新和提高，体现出"以学生发展为本"由理念到实践的逐渐落实，体现出教师角色由控制者到帮助者、引导者的真正转变。

表述明确，其次要做到教学目标的阐释清晰。比如，一位教师将小学六年级《梅花魂》一课的"教学目标"确定为：

①体悟华侨老人眷恋祖国的情感，领会这种感情是怎样表达出来的。

②激发学生的爱国情和顽强不屈的精神。

③有感情地朗读课文。

其中第一条"领会这种感情是怎样表达出来的"，就需要清楚地点明表达方式是托物喻志还是以物自况，是正面表现还是侧面烘托，是借景抒情还是直抒胸臆。第三条"有感情地朗读课文"也需要明确地阐释六年级的"有感情"是什么梯度，这里的"感情"究竟是什么，应当明确"如何有感情地朗读，重点训练哪种方法、技巧"[①]。

---

①　窦桂梅.回到说课[J].江苏教育(小学教学版)，2009(4)：23～25.

第九章　开发教学资源

教学资源(curriculum resources)，是指有利于实现教学目标的一切因素。确定教学目标之后，接下来便是进行教学资源的开发。教学目标的实现，有赖于一系列教学资源的支持。

一、教学资源的类型

教学资源十分庞杂，为了便于分析与研究，人们总要对其进行归类。但由于角度的不同，教学资源类型的划分也不相同。而每类教学资源都有自身的价值。

（一）校内教学资源和校外教学资源

根据空间分布不同，教学资源可以分为校内教学资源和校外教学资源。前者指学校范围之内的教学资源，主要包括校内教职工、学生、图书馆（室）、实验室、专用教室、教学设备、音像资料和教材、教辅等。后者指超出学校范围的教学资源，主要包括家长、社区专家、公共图书馆、博物馆、展览馆、科技馆、科研院所和自然环境等。

校内、校外教学资源对于教学活动都非常重要，但它们在性质上有所区别。就开发与利用的经常性和便捷性而言，校内教学资源应该占据主要地位，校外教学资源则更多地起辅助和补充作用。然而，由于校外教学资源的开发与利用通常被忽视，所以应该对其予以足够的重视。当前，随着网络技术的发展，校内、校外教学资源的界限正逐渐被打破，二者间的相互转化和交流共享已成为可能。

(二)文字性教学资源和非文字性教学资源

根据载体形式不同，教学资源可以分为文字性教学资源和非文字性教学资源。文字性教学资源以文字为载体。教科书上的文字，就是常见的文字性教学资源。各种图书、期刊和报纸上的文字，也可以成为文字性教学资源。非文字性教学资源以图片、实物、音频、视频和活动等为载体。比如，历史题材的影视作品和录音，就是非常重要而且容易获得的历史教学资源。

长期以来，人们较为看重文字性教学资源，甚至在一定程度上视教材为唯一的教学资源。因此，确立一种更为广泛的教学资源观，积极开发并合理利用各种非文字性教学资源，就显得尤为重要。

拓展阅读

教学资源有多种类型，只要教师有了教学资源开发的意识，随处可发现资源，随时可研制资源。

实例1：学校聘请了几位外籍教师，这些教师上外语课极少进现代化的语音室，而喜欢利用或设计一些特殊的情境，与孩子在十分开心的氛围中实施教学。有一次下大雨，一位"老外"跑到校长室，要校长给他买雨鞋，然后穿起雨披，冒雨直接冲进教室，带着学生和他一起在下雨的情境中完成口语教学……现在，许多学校装配的语音室在外语教学中有着非常重要的作用，但外籍教师的教学思想也确实是有可借鉴之处的。[1]

---

[1] 李琴. 教师如何让课堂更加生动有趣[M]. 长春：吉林大学出版社，2008：250.

实例 2：教"众"字，教师制作的课件分别从上、左、右顺次出现 3 个卡通人物，一起奔向中间，形成一个杂技滑稽动作，二人在下，一人在上，然后闪烁成一个"众"字。新奇精彩的画面令学生惊讶不已，妙趣横生的卡通人物令学生开怀大笑，在艺术的感染、熏陶、启迪下，学生在不知不觉中记住了这个字，掌握了字义。①

二、教学资源开发的基本原则

提高教学资源开发的水平，在很大程度上有赖于遵循基本的原则，破除常见的误解。

（一）教材是最基本的教学资源

在前文"教材观"中已经谈道：受应试教育观念的影响，在很长一段时期里，我国中小学形成了一种教师"教死书，死教书"，学生"死读书，读死书"的局面，正确的教材观是，在"尊重教材，研读教材"的基础上"调整教材，拓展教材"。可以说，教材是最基本的教学资源，但不是唯一的教学资源。

比如，特级教师顾青山在执教"分数的初步认识"一课时，就充分运用了教材中的情境图 1：小明过生日，与红红一起到公园玩，且带了些食品，请你把这些食品分一下，怎么分？两人一样多，叫作平均分。由学生熟悉的生活情境引入，在分食品中自然地理解"平均分"。他也充分运用了教材中的情境图 2："平均分"包含许多数学问题，你能列出算式来表示"平均分"吗？$2 \div 2 = 1$(瓶)，$4 \div 2 = 2$(个)。把一个蛋糕平均分成两份，一份是多少？学生遇到了知识障碍，产生了强烈的探究欲望。在这种情况下，以学生熟悉的"分蛋糕"为例，创设情境引导学生学习"平均分"中的数学问题，自然地引出了分数，教学效果十分明显。② 这样的例题和习题，教师完全

---

① 李冲锋．教学技能应用指导[M]．上海：华东师范大学出版社，2007：227．
② 李雪峰．警惕教材开发过度现象[J]．教学与管理，2009(10)：38～39．

可以直接拿来使用。教师在教学设计时如果没有找到比教材中更好的例题和习题时，就需注意用好、用足教材。

在一些情况下，教师则需要精心加工教材，使教材更贴近学生的生活，更有利于他们进行探索性学习。

比如，七年级(上)第三章第二节"代数式"，课本在介绍了代数式概念之后，这样引入：根据问题的要求，用具体数值代替代数式中的字母，就可以求出代数式的值。例如，在第一节中用 200 代替 $4+3(x-1)$ 中的 x，就得到 200 个正方形需要的火柴棒数量。这个引例对学生没有太大的吸引力，于是教师可以将教材做如下处理："同学们，你想知道你将来能长多高吗？"学生们一下子来了兴趣，教师说道："请同学们看身高的预测公式，男孩成人时的身高为 $(x+y)\div 2\times 1.08$，女孩成人时的身高为 $(0.923x+y)\div 2$，其中 x 表示父亲的身高，y 表示母亲的身高。"学生一看到公式，产生了极大的兴趣，急速地计算起来，很快，每个学生的身高预测都出来了，而且还互相交流着自己的结果。这时教师不失时机地导出："同学们，你们刚才求出的这个数值就叫代数式的值，刚才大家用自己父母的身高代替 x，y 计算的过程就是求代数式的值。"学生露出了轻松的微笑，在学生自己积极的计算中不知不觉地掌握了新知识。①

(二)教师是最重要的教学资源

在传统的课程与教学体系中，中小学的教学资源(如教学挂图、录音带等)大多是国家和地方规定好的，是现成的、固定不变的。因此，教师进行教学设计时，开发教学资源的意识不够明确，更谈不上去整合和利用周围的教学资源，这一方面造成了教学资源的开发与利用不足，另一方面又导致大量的教学资源被闲置。

---

① 易良斌. 例谈数学教材处理的"六个注意"[J]. 教育研究与实验(新课程研究)，2006(6)：11，16~18.

在新一轮基础教育课程改革的背景下，教师被赋予了课程开发者的角色。在一定程度上可以说，无论是各类校内外教学资源，还是各种文字性、非文字性教学资源，都有赖于教师进行全面整合和优化，才能最终由潜在的教学资源转变为现实的教学资源。从这个意义上讲，教师是最重要的教学资源，带动着其他教学资源的优化发展，教师的教学资源开发意识和能力，决定着教学资源的识别范围、开发与利用的程度以及发挥效益的水平。

吴正宪老师曾经生动地描述了自己的一段经历。[①]

求比一个数少几的数的应用题：学校有 8 朵红花，黄花比红花少 3 朵，黄花有多少朵？

学生很快列出了算式：8－3＝5（朵）。

求比 8 少 3 的数对于学生来讲并不是一件十分困难的事，我们的教师却对学生提出了明确要求，请同学们看图列式后说清 8－3＝5（朵）算式的意义。课堂上的学生皱着眉头毫无表情地机械重复着："把 8 朵红花看作一个整体，分成两部分，一部分是与黄花同样多的部分，另一部分是比黄花多出的部分。从 8 朵红花中减去比黄花多出的 3 朵，就是和黄花同样的 5 朵，也就是黄花的朵数。"原本一道很简单的算式，却让七八岁的学生说出一大堆令成年人都费解的道理。学生本来对这种死板的文字应用题就有几分畏惧，再加上教师过分的要求，学生心理上产生了厌烦情绪。这样的数学课怎么会令学生喜欢呢？这样的数学教学怎么去培养学生的创造思维呢？

在两步应用题的教学中，我尝试不让学生模仿成年人的语言千篇一律地叙述解题思路，而是用孩子们喜欢的"捉迷藏"方式突破教学难点。例如，饲养小组有 10 只白兔，黑兔比白兔多 6 只，白兔和黑兔一共有多少只？我让孩子们展开了想象的翅膀，尽情地体验学习的乐趣。当例题出现后，我在第二个已知条件的后面顺手贴了一幅智慧人的图片，他正眨着智慧的双

---

① 吴正宪.吴正宪与小学数学[M].北京：北京师范大学出版社，2006：70～71.

眼向小朋友们喊话。请大家猜一猜他可能会喊什么。一个男孩子跑到讲台前把双手放到嘴边学着小智慧人的样子喊开了："喂，小朋友们，你们先要把黑兔的只数求出来呀，不然后面就麻烦啦。"我追问了一句："为什么先要把黑兔的只数求出来呢？""不先求黑兔的只数怎么能求黑兔和白兔一共有几只呢？"一句话道出了本题的解题关键。同学们顺利地完成了此题。我又把"黑兔比白兔多 6 只"改为"黑兔比白兔少 6 只"。一个梳着两条牛角辫的小姑娘勇敢地跑到讲台上，也学着小智慧人的样子喊开了："喂——小朋友们，题目中的'多'字已经变成'少'字啦，可要当心呀，千万别上当！"银铃般的喊声传遍教室的每一个角落，同学们审题可认真了，一会儿又完成了第二道题的解答。

吴老师精心开发的"智慧人"教学资源，为学生创设了生动活泼的学习情境。

（三）多样化地开发教学资源

多样化地开发教学资源，一方面体现为"全方位"的开发对象观，避免开发对象的"狭窄化"。教师不能只教教材，只把教学参考书上的东西讲给学生听，而应当做"有心人"，让校内教学资源和校外教学资源、文字性教学资源和非文字性教学资源等大量鲜活的资源都进入开发的视野，成为教学活动的有机组成部分，为课堂教学活动服务，增强教学的生动性、创造性和吸引力，提升教学的效果。

比如，教《赠汪伦》一课，教科书上的课文和练习题是最基本的教学资源，除此之外，教师还可以考虑开发如下一些资源。①

①《送别》歌词和乐曲。教学伊始，教师以曲引情，唤醒学生已有的情感记忆，为整堂课的教学奠定情感基础，引出这节课要学习的正是一首千

---

① 朱艳娥 .《赠汪伦》教学设计[J]. 东坡赤壁诗词，2007(1)：52～53.

古流传的送别诗——《赠汪伦》。

②一则李白和汪伦的逸事，可作为启发学生思考和吸引学生兴趣的资源。安徽泾县汪伦十分钦佩李白的才华，想和他结交为朋友，便写信邀请李白说："先生好游乎？此地有十里桃花；先生好饮乎？此地有万家酒店。"李白早就听说汪伦是位性格豪放的人，便欣然前往。见面后，李白说："我是来观十里桃花，访万家酒店的。"汪伦却笑着说："'桃花'者，一潭之名也，并无桃花十里；'万家'者，店主人姓万也，并无酒店万家。"此时，李白方知自己"受骗上当"，他不但不介意，反而哈哈大笑说："临桃花潭，饮万家酒，会汪豪士，此亦人生快事！"此后，汪伦每日用美酒盛情款待李白，两人一起游览当地的名山胜景，一起饮酒作诗，情趣相投，成了好朋友。

③一些感人肺腑的离别诗，有利于拓展延伸，如《送元二使安西》《晓出净慈寺送林子方》《黄鹤楼送孟浩然之广陵》《送杜少府之任蜀川》《别董大》和《白雪歌送武判官归京》。

④《友谊地久天长》歌曲，用以结束新课，升华学生的情感。教师可总结："在我们共同的学习生活中，将有缘结识很多的朋友，无论是新朋，还是旧友，愿我们的友谊天长地久。"

当然，以上列出的只是可以考虑开发的资源，这些资源并不一定要全部开发出来，全部用于课堂教学。也就是说，教学资源需要教师根据实际情况，进行合理地开发、选择和使用。

多样化地开发教学资源，另一方面体现为"多元化"的开发主体观，避免开发对象的"单一化"。比如，除教科书、教学参考书、练习册、活动册、挂图、卡片、音像带和多媒体光盘等教材编写专家提供的现成资源外，教师自己可以积极开发广播电视节目、报刊、书籍和网络平台中的教学资源，而且还可以鼓励学生参与教学资源的开发，倡导学生交流资源等。

有一位英语教师，在教"right"和"fault"两单词后，鼓励学生搜集相关典故，然后在学习小组中交流并加以遴选，由小组代表在全班分享。学生搜集的一个典故是：据说，很久以前，英国教师在给学生批改作业时，用"right"和"fault"两个词判断答案的对与错。但这种批改方法显得费事、麻烦。以后有人渐渐地开始以它们的首字母"r"和"f"分别替代"对"与"错"。随着时间的推移，写的人数和次数不断增多，最后就产生了现在我们常见的"√"和"×"，既显得简洁，又方便书写。

学生参与教学资源开发，既提高了学生搜集资料、遴选资料的能力，也巩固了他们课堂学习的知识，还增强了他们学习的兴趣。

拓展阅读

教育的艺术是使学生喜欢你所教的东西。[①]

——卢梭（Rousseau, J. J.）

教学的艺术不在于传授的本领，而在于关于激励、唤醒、鼓舞。[②]

——第斯多惠（Diesterweg, F. A. W.）

应该用一切可能的方式把孩子们的求知与求学的欲望激发起来。[③]

——夸美纽斯

教儿童五个他所不认识的字，他将会长久地、徒劳地受这几个字的折磨；但是，如果你把二十个这一类的字和图画联系起来，儿童就会飞快地掌握他们。[④]

——乌申斯基（Ушинский, К. Д.）

[①] ［法］卢梭. 爱弥儿［M］. 李平沤，译. 北京：商务印书馆，1978：349.

[②] ［德］第斯多惠. 德国教师教育指南［A］. 张焕庭. 西方资产阶级教育论著选［C］. 北京：人民教育出版社，1979：387.

[③] ［捷］夸美纽斯. 大教学论［M］. 傅任敢，译. 北京：人民教育出版社，1984：107.

[④] ［苏］乌申斯基.《祖国语言》教学指南［A］. 张焕庭. 西方资产阶级教育论著选［C］. 北京：人民教育出版社，1979：497.

三、教学资源开发的主要策略

教学资源开发是一项颇具挑战性的任务，需要掌握"勤于积累""敏于发现"和"善于捕捉"等主要策略。

（一）勤于积累

苏霍姆林斯基曾谈道，每一位教师都有自己的创造性的实验室，这个实验室一年比一年丰富起来——这是教育素养的一个非常重要的方面。[①]换言之，每一位教师都需要拥有与自己所教学科内容相关的、能促进每堂课教学目标达成的"百宝箱"，而且"百宝箱"中的"宝贝"要不断积累、逐渐增多，才方便因时、因地、因人灵活取用。

比如，讲元素"铍"时，如果化学教师读过《从"女儿村"谈铍》[②]这篇文章，那么就能加以利用，以此导课："同学们都知道《西游记》中唐僧一行去西天取经路过女儿国的故事吧，这个传说的真假我们姑且不管，然而在我们身边却真真切切有着一个类似的故事。广东某一山区的村寨里，曾连续多年出生的全是女孩，人们急了，照这样下去，这个地区岂不变成女儿村了？当地村民求神拜佛，就是无济于事。经过调查，人们才发现原来是地质队来探矿的时候，钻机把地下含铍的泉水引了出来，造成了铍的扩散污染，使饮用水的铍含量大为提高，长时间饮用这种含铍量过高的水，会导致生女而不生男。后来经过科学治理，'女儿村'终于又生男孩了。看来铍这种化学元素还确确实实与生男生女有关呢！当然，关于铍的知识有很多，下面就让我们一起来探讨铍这种元素究竟还有哪些'神通'……"在引人入胜的故事中，师生开始学习铍的基本性质。

又如，教"他律与自律"，教师平时积累的"今日说法——醉与罚"视频

---

①　［苏］苏霍姆林斯基. 给教师的建议（修订版）［M］. 杜殿坤，译. 北京：教育科学出版社，1984：416.

②　仇国发. 从"女儿村"谈铍［J］. 科学大众，2003(6)：12.

片段就能派上用场。通过播放展示"酒后驾车"这种无视规则的行为造成的惨痛后果，教师可以引导同学们讨论：有了交通规则就能不出交通事故吗？还需要人们怎么做？教师进而引出本节课的内容：他律与自律。这样的视频案例贴近社会和学生生活，容易引起学生关注，激发其探究的积极性和主动性。

再如，讲"人的价值"时，教师可以选取《感动中国》中"十三农民兄弟"的视频片段。通过观看这样的视频，许多学生泪盈于睫，他们对"人的价值在于奉献"有了更真切的体验，这是单凭口头讲解不可比拟的。

在一定程度上，语文、数学、物理、化学等各种学科，都可以开发出生动丰富的教学资源。将这些资源巧妙地运用于教学设计中，学生与课本就一步步地拉进了，课堂教学活动就能够有声有色地展开。在这个意义上可以说，如果一个人选择了献身教学，那么就需要静下心来一点一点积累，一次一次践行。功夫不负有心人，有心方能挖甘泉。

(二)敏于发现

美到处都有，对于我们的眼睛，不是缺少美，而是缺少发现。教学资源同样如此，教学资源到处都有，缺少的往往是发现资源的意识和能力。

2003年，教育部课程专家评估组来到一所中学考察课程改革情况。其中，专家对一位教师执教的《人的高贵在于灵魂》一课给予了充分肯定。这堂课使每一个听课者受到强烈的感染，使人从内心深处体验到了"人的高贵在于灵魂"。为什么这堂课会产生撼人心魄的效果？关键的一点就是教师在开发教学资源方面颇具创意。在组织学生讨论时，教师展示了一组拍摄于师生身边商店门口的照片：一个爆玉米花的青年，在生意间隙里，从带着油渍的纸箱里拿出英语书和复读机学习。在一般人眼里，这个青年的工作可能是低贱的，然而，我们不能不由衷地发出这样的赞叹：他的灵魂是高贵的！面对着教师出示的这组真实的图片，听课的师生包括专家们无不瞠大了惊奇的眼睛。然而，令人惊奇的还在后头——这组图片是怎么来的呢？那是教育技术中心的常老师帮助拍摄的。几天前，常老师接孩子路过该商店时，无意中发现了这个在喧嚣闹市里专心学习的青年，当听说同事要讲《人的高贵在于灵魂》这篇课文时，他认为这位爆玉米花的青年有着纯正的追求，他的身上"闪放出一种很动人的光彩"，这个事例恰恰能证明"人的高贵在于灵魂"。并且该青年的做法让自己这个成年人都"肃然起敬"，也一定会感染我们的学生、教育我们的学生。于是，常老师利用午休时间，费尽周折，终于拍下了这组真实感人的镜头。① 这正是，教学资源珍贵，而"敏于发现"教学资源的"眼睛"更珍贵。

在经济条件相对落后的农村，教师如果"敏于发现"，也能开发大量的教学资源。以一个经济落后的山区小镇为例，这里教育经费十分紧张，有限的经费基本上都用于教师工资，根本无法购买教学需要的一些器材设备。于是，教师们便开发并利用免费的资源来支持教学活动。镇里的一所中心小学利用丰富的农家五谷杂粮，开设工艺美术课——谷物粘贴画。1999年7月，学校发动学生从家里带来红豆、绿豆、黄豆、芝麻、油菜籽、小米、大米等十多种粮食作物，学校准备了纸张、铅笔、乳胶等材料，教师指导学生画稿、粘贴、装裱。活泼可爱的小兔、山羊、熊猫就成了孩子们的杰作。如今，该校学生共创作优秀粘贴画2000余幅。2001年"五一"期间，该校学生创作的粮食粘贴画在景区被抢购一空。2001年春天，他们创作的"十二生肖"图在全国第二届"世纪之星美术书法摄影大赛"中获银奖1项、铜奖3项。粘贴画所用的原料除了粮食作物是学生自带，纸张、装裱、乳胶等费用都来自学校的勤工俭学。全体师生利用课余时间集体到山坡上采集橡壳、橡籽，采荆条编筐，挖草药，开荒栽树、种菜。②

---

① 李天金. 靠制度给教师提供课改动力[N]. 中国教师报，2003-05-14.
② 徐玉斌. 略论农村小学艺术课程资源的若干问题[J]. 教育研究，2002(7)：82～84.

就化学教学而言，实验仪器、药品的短缺问题，在农村也时常可见。教师可以指导学生利用生活中的常见用品和废弃物制成简易的实验仪器或替代实验用的化学药品。比如，学生用贝壳或鸡蛋壳代替碳酸钙，用食用碱代替碳酸钠，用废铁刨花或铁屑与硫酸反应制取硫酸亚铁，用植物的花、叶等制取酸碱指示剂，用铁瓶盖制作燃烧匙，利用废电池可得到碳棒（做电极）、锌（制氢气）、二氧化锰（做催化剂）、氯化铵（制氨气）等。[①] 师生想方设法克服困难，努力开发化学教学资源，这既有助于解决实验仪器、药品的短缺问题，又可以培养学生的实践能力以及节约和环保的意识。

物理教学也可如此。比如，滑动变阻器的教学一般都利用实验室的滑动变阻器，除此之外，教师可以让学生用常见的生活器材做变阻器：用铅笔芯代替变阻器，将导线的一端与铅笔芯接好，另一端在铅笔芯上滑动。改变铅笔芯连入电路的长短，灯泡的亮度会发生改变，这也可以说明滑动变阻器的原理。[②]

（三）善于捕捉

"勤于积累"和"敏于发现"，都立足于教师在课前预先设计好一定的教学资源。然而，教学是预设与生成的统一。教师与学生、学生与学生、学生与文本等的互动均可形成生成性的教学资源。善于捕捉生成性教学资源，也是开发教学资源不可或缺的题中之义。

例如，在《草船借箭》的教学中，一名学生说："我认为，诸葛亮是用欺骗的手段拿到箭的，题目中的'借'应改用'骗'。"这时，教师敏锐地捕捉到这一生成的教学资源，随即让学生带着问题边读课文边思考："草船借箭"与"草

---

① 徐秋云，李远蓉. 农村中学化学课程资源开发与利用的调查研究[J]. 课程·教材·教法，2006(4)：60～64.

② 朱铁成，张晶. 中学物理"生活化"教学的策略[J]. 教育科学研究，2010(1)：62～64.

船骗箭"哪个题目好，为什么？学生认真读书后纷纷发言。学生甲说："我读课文时，特别注意了这几句话——'太阳出来了，雾还没有散。这时候，船两边的草把子上都插满了箭。诸葛亮吩咐军士们齐声高喊：谢谢曹丞相的箭'。骗箭不用谢，借箭要谢。所以题目应该是'草船借箭'。"学生乙说："我想到，诸葛亮借了箭，到'火烧赤壁'时不是把箭还给曹操了吗？这叫有借有还。所以题目应该是'草船借箭'。"教师说："你们说得真好。再想想，要是题目改成'草船骗箭'，和原来的题目有什么不一样？"一名学生说："课文的中心是赞扬诸葛亮足智多谋，要是题目改成'草船骗箭'，作者就站在曹营一边去了。"最后，教师总结说："'借'箭还是'骗'箭，虽然一字之差，但是感情和立场不一样。可见，用词不能离开课文的中心，要注意感情色彩。"①

又如，一位教师在讲《逢雪宿芙蓉山主人》一诗的"柴门闻犬吠，风雪夜归人"两句时说："诗人听到柴门外汪汪的狗叫声，知道在这风雪之夜，主人回来了。"

教师的话音刚落，一个男同学便举手发言："我在预习时看了《唐宋诗选讲》，那上面讲的跟老师刚才讲的不一样。"

"怎么不一样呢？"

他打开《唐宋诗选讲》，把这两句诗的解释读了出来："这时候，他不禁回味起刚才的情境：独自奔波于荒山之中，寒风刺骨，大雪纷飞，哪里是归宿？最后，好容易走到投宿人家的篱笆旁边，听到汪汪的狗叫，算是到了歇脚的地方了。"读到这里，他放下书本说："从这段叙述看来，'夜归人'应是指诗人。"

究竟哪种说法对呢？教师没有忙着下结论，而是请同学们沉下心，把这首诗再读上几遍，然后各抒己见。

一个男同学说："我认为那本书上的说法不对。暮色来临，诗人在山路

---

① 李娜. 答疑的基本方法及应注意的问题[J]. 黑龙江教育，1994(7/8)：45～46.

上行走，应该在天黑之前，趁风雪还没有下的时候，赶紧找人家借宿。而'天寒白屋贫'这句，也明明告诉我们诗人已经在这户很贫困的人家住了下来。他怎么会一直到大雪纷飞的黑夜才到处摸索着找投宿的地方？"

一个女同学补充说："我同意他的意见。这首诗时间顺序交代得很清楚。'日暮苍山远'，日暮的时候，诗人在山路上行走；'天寒白屋贫'，说明已经借宿；到了夜里，风雪交加，听到柴门外边有狗叫，知道是主人回来了……"

又一个男同学发言："出门在外的人回到家才叫'归'，诗人只是途中借宿，怎么能说是'夜归'呢？可见'夜归人'不是指诗人。"

这时，一个同学却不以为然："我觉得那本书上说的也有道理。因为狗只对生人叫，不会对主人叫。'夜归人'如果是主人，怎么会'柴门闻犬吠'呢？"

"这也不见得！"一个同学马上反驳，"在一般情况下，狗是不对主人叫的，然而夜深人静，有人敲门，狗是可能'汪汪'叫几声的。我家养过狗，我有过这样的体验。"

"丁零零……"下课的铃声响了，同学们还在争论不休。教师说："大家课后还可以继续讨论。下课！"①

或许就是这样不经意的插曲，打乱了教师的教学步骤，但教师并没有加以忽略，或者推到课外再讨论，而是主动改变原来的安排，因势利导。在这样的课堂上，在争辩的过程中，学生的思维激活了，主体意识增强了，心态开放了，个性张扬了，创造意识萌发了。可见，教师善于捕捉师生互动中出现的即兴创造的"火星"，并予以"引燃"，能够为学生不同的体验创造交流和碰撞的机会，可以在很大程度上提升教学效果。当然，并不是所有在课堂上随机生成的资源都值得捕捉，教师需要做好捕捉前的鉴别和捕捉后的引导。

---

① 张庆. 何必如此看重"收口"[J]. 小学语文教师，2003(7/8)：144～146. 略有改动.

第十章　选用教学方法

西方国家原来普遍重视教法（teaching methods），随着学习心理学的兴起，转为重视学法（learning methods）。后来，人们力图沟通这两种极端偏颇的看法，主张提教与学的方法（methods of teaching and learning）。到了20世纪中期，人们超越"教学是传授知识经验"的观念，确立"教学是引导过程"的立场，开始强调教学中教与学的统一，逐渐提倡和使用教学方法（methods of instruction）。这样的转变，不仅仅是理论层面的，而且是实践层面的。

我国一直以来重视教授方法。到20世纪，随着欧美进步教育思想在我国的传播，人们开始关注教学方法。20世纪20年代，陶行知主张把"教授法"改为"教学法"，为此还在南京高等师范学校校务会议上辩论了两小时，终不能通过，他因此愤而辞去该校教育专修科主任职务。后来，苏州师范学校带头采用"教学法"一词，此词逐渐通行起来。

教学方法，是为实现教学目标，在教学过程中师生共同活动时采用的一系列办法和措施。选用教学方法，是教学设计的一个重要环节。目前，在教学实践中运用的教学方法多不胜数。据有人不完全搜集整理，教学方法已达七百余种。

一、常用的教学方法

根据不同的标准，人们可将教学方法分为不同的种类。目前我国课堂教学中常用的教学方法主要有：讲授法、问答法、演示法、练习法、讨论法、探究法、角色扮演法和合作学习法。

（一）讲授法

讲授法是教师运用口头语言向学生传授知识和技能等的教学方法。它是历史最悠久，也是使用得最为普遍的教学方法。教师在使用其他教学方法的时候离不开讲授法，从这个意义上说，它是教学中最为重要的一种方法。

"矛盾存在于一切事物之中"的原理较为抽象，一位教师就结合具体事物，运用生动活泼的语言进行描述。教师这样讲道：例如，"0"的本意是"无"。其实，"0"充满了矛盾，是"有"和"无"的矛盾统一体。在算术运算中，"0"并非可有可无的数。十进位记数时，将"0"放在一个自然数之后，就使该数增大为原来的 10 倍。"0"变化无穷，犹如一个充满生命力的小精灵。在代数运算中，"0"是正数与负数的出发点和临界线，它既不是正数又不是负数，而是唯一的中性数。在温度计上，"0℃"并不是没有温度，而是在标准状态下，水凝结成冰的关节点。"0"没有质量，没有体积，但它是事物质变的关节点。在时间运动中，0 点不是没有时间，它是一个最神秘的时辰，是旧日与新日的交合。在社会生活中，"0"是最富有的。"0"是新的起点，一切从"0"开始，"0"是无中生有，"0"是我们最大的希望，"0"是有待开垦的处女地。教师具体的描述激活了学生的思维，使学生对教学内容有了具体形象的认识，体会到矛盾存在的普遍性，懂得要用矛盾的观点来观察和分析一切事物。学生听得津津有味，学到的知识也就印象深刻，经久不忘。①

又如，有位教师在讲授《周总理，你在哪里》这首诗时，将背景画面（周总理的遗像、有关的照片）与背景音乐等巧妙地融合在一起，创设了悼念周总理的特定环境。教师用庄重而深情的语调讲述道："伟人长睡，巨星中天坠；哀乐低回，灵车队，百里众相随。泪淹纪念碑，哭声震长安，若能换回总理在，愿把肠哭断！难忘的 1976 年 1 月 8 日，敬爱的周总理与世长辞了。敬爱的周总理，他一生对党、对人民忠心耿耿，兢兢业业，鞠躬尽瘁，死而后已。他没有遗产，没有子女，没有坟墓，也没有留下骨灰……他把毕生的精力都献给了他的祖国和人民。敬爱的周总理去了……人民的心啊，怎能装得下这巨大的痛苦，他们发出痛彻肺腑的呼喊，'周总理，我们的好总理，你在哪里呵，你在哪里？你可知道，我们想念你，你的人民想念你'。全国人民用各种不同的方式来沉痛悼念敬爱的周总理，用以寄托自己的哀思。1977 年 1 月，在周总理逝世一周年的日子里，诗人柯岩带着诚挚而深切的感情，写下了这首优秀抒情诗《周总理，你在哪里》，表达了亿万人民的心声。下面我们就一起来学习这首诗。"学生在教师舒缓、哀婉的讲述中，静静地观察着总理的遗像及有关的照片，产生了强烈的心理共鸣。许多学生都感动得潸然泪下。②

讲授法的优点主要表现为：操作简单方便；可以在较短的时间内传递较多的知识，省时省力；可以使学生系统掌握所学知识；有利于教学活动有目的、有计划地进行。

讲授法的局限主要有：比较容易养成学生被动听讲的学习习惯，不太利于培养学生的问题解决能力和创新思维能力；对教师个人的语言素养要

---

① 黄桂平，徐建平 . 回归讲授法真谛 焕发政治课活力[J]. 教学与管理，2008(16)：53～55.

② 李冲锋 . 教学技能应用指导[M]. 上海：华东师范大学出版社，2007：21～22. 略有改动 .

求较高；较难考虑和照顾学生之间的个体差异。

为了提升讲授法的效果，教师在选用时可注意如下几点：①讲授内容坚持少而精。教师要善于抓住关键、重点、难点内容进行讲授，不要面面俱到，"胡子、眉毛一把抓"。②讲授语言讲求准确、清晰、流畅、生动、优美。教师讲授时避免枯燥乏味，杜绝流利的废话，力求讲能够打动人心的语言，并在适宜情况下具有一定的幽默感。③与其他教学方法配合使用。教师连续讲授的时间不要太长，一般8～10分钟就需要间歇，期间可以通过设疑布障、边讲边问、相互讨论等方式，激发学生积极思考，消除学生听讲疲劳和注意力涣散等现象。④注意板书。好的板书设计是讲授法的重要辅助手段，它可以增强讲授的效果。除板书外，教师也可以用课件提示重要信息。板书或课件提示，要做到清晰、规范、美观，起到提纲挈领和画龙点睛等作用。⑤注意指导学生有效地听课和记笔记。

（二）问答法

问答法也称谈话法，是师生采用提问和回答的方式，使学生获得知识、形成体验等的教学方法。这是一种在中小学运用得非常普遍的教学方法。

比如，在教"生物"和"非生物"这两个概念时，一位教师就选用了问答法。①

教师问：我们讨论一下什么是生物，什么是非生物。

学生甲答：河里的鱼、鹅是生物；堤岸上的石子、用水泥浇成的凳子是非生物，不是生物。

教师问：这个说法对吗？为什么鱼、鹅是生物？为什么石子、凳子是非生物？

学生乙答：鱼、鹅是生物，因为它们会动；堤岸上的石子和凳子不是

---

① 秦豪 . 论问题逻辑在教学中的作用[J]. 课程·教材·教法，1986(8)：23～26，29.

生物，因为它们不会动。

教师问：那么，你们昨天看到的会动的拖拉机也是生物了？其实，拖拉机会动却不是生物，这是为什么？旧房顶老瓦上面的青苔不会动却也是生物，这又是为什么呢？

学生甲答：鱼、鹅会不断生长，青苔也会不断生长，所以它们是生物。石子和凳子不会生长，所以它们不是生物，而是非生物。

教师总结：对了，在自然界里凡具有生长、发育、繁殖等能力的物体是生物。凡不具有生长、发育、繁殖等能力的物体就是非生物。

问答法的优点主要表现为：有助于教师了解学生的思维过程，便于培养和优化学生的思维能力；有助于教师了解学生的学习情况，便于教师对教学进行调控，做到因材施教；有助于锻炼学生的问题解决能力和语言表达能力；有助于促进师生之间的情感交流，建立积极互动、共同提高的师生关系。

问答法的局限主要有：与讲授法相比，完成同样的教学任务，它花费更多的时间；当学生人数较多时，很难照顾到每一个学生；教学中的不确定性较强，需要教师具备较灵活的教学技巧。

选用问答法时，教师需要注意以下几点：①抓住重点、关键点设问，忌随意提问。教师要认真拟定谈话提纲，精选谈话题目，有的放矢，特别要善于发现"课眼"，据此来设计问题，以收"牵一发而动全身"的效果。②设计的问题要层层递进，把学生的思维一步步引向新的台阶。③教师要注意培养学生的问题意识，逐渐将提问权交给学生。④问答之后，教师要做好总结，对不完整的回答给予补充，对零散的意见给予综合，对表面的认识给予深化。

（三）演示法

演示法是通过教师的示范、展示直观教具或实验等，促使学生掌握某种技能、操作程序或深化对某一问题认识等的教学方法。

例如，一位物理教师在教"大气压强"时，先拿一个杯口朝下的空玻璃杯，杯口下放置一块厚纸片，用手挡住不让其落下，然后问学生："我的手放开后会出现什么现象？"同学们回答："纸片会落下。"教师又问道："如果杯里装满水用纸片盖上，然后倒置过来，放开手，纸片会落下来吗？如果再把杯子转90°变成平放后放手，纸片会落下来吗？"同学们回答："纸片也会落下。"结果通过教师的演示，只有第一种情况，纸片会落下，后两种情况，纸片都不会落下。同学们感到很惊奇，教师于是导入新课。①

物理、化学、美术、音乐、政治等各科教学，都可以根据实际情况灵活选用演示法。比如，在政治教学中，有些原理非常抽象，学生不易理解，如果死记硬背，较难消化，也不利于运用。对于这些问题，教师可以利用演示实验，变抽象为具体，引导学生观察现象，启发学生思考问题。学生的观察与思考是通向理解的桥梁。在理解"实践是检验真理的唯一标准"时，一位教师做了小实验"鸡蛋进小瓶"②：拿出一个去壳的鸡蛋和一个小口瓶子，问学生有没有可能让这个鸡蛋完整地从这个小瓶口进入瓶子里。很多学生表示不可能，也有一些学生觉得有可能。于是，教师请一位学生来试试，学生摆弄了一会儿，表示不太可能。这时，教师点燃一张纸，放进瓶子里，等火快熄灭的时候把鸡蛋放在瓶口上，鸡蛋完整地掉进了瓶子里。学生惊讶不已，同时也明确了要用实践的结果来检验认识是否正确。一个演示实验开启了学生思维的大门，教学难点也就迎刃而解了。

演示法的优点主要表现为：增强教学的直观性，有助于学生获得感性认识，理解课本上的概念、原理和规律；为学生提供观察学习的机会，有

① 王升.教学策略与教学艺术[M].北京：高等教育出版社，2007：79.
② 王小雪.巧用实验打造魅力课堂——实验演示法在政治教学中的运用[J].考试周刊，2009(7)：162～163.

助于培养学生的观察力；随着现代科学技术的发展，演示手段和方法的多样化有助于激发学生的学习兴趣。

演示法的局限主要有：演示需要较多时间准备相应资源，费时费力；现有教室布置较难满足演示要求，有时学生人数较多，不能靠近观察，一些学生不易看清演示过程；某些情况下，可能出现演示失败的情形，这会影响学生的学习状态和情绪；学生观看演示，比较容易激动，教师较难控制课堂气氛。

为了提升演示法的效果，教师在选用时可注意如下几点：①做好演示准备。教师根据教学要求，选好演示的工具和材料。最好先尝试演示几遍，有效避免演示失败的情况。②做好演示指导。教师使学生知道要看什么、怎样看，需要考虑什么问题，进而使学生主动、积极、自觉地投入观察与思考。③讲求演示时机。教师过早把演示教具拿出来，会分散学生的注意力，削弱新鲜感，降低学生对它的兴趣。④演示法与讲授和提问等方法配合使用。

(四)练习法

练习法是学生在教师的指导下，通过完成作业的方式，掌握知识与技能、获得体验等的教学方法。在中小学，练习法的运用范围十分广泛，不同年级和不同科目的学习都离不开练习法。

例如，在初中统计教学中，教师可以设计这样的练习："对经过校门口马路的车辆的装饰品做一个调查，并完成调查报告。"

学生要完成这个练习，必须要对下列问题作出决策：

①各个单位的休息日不同，车流量在一周的 7 天里是有区别的。所以要选择一周的某几天调查。

②要选择一天的某一时间段做统计。

③计划重复多少次来减少统计的误差。

④选择统计时站的位置。

⑤确定统计单向的车辆，还是统计双向的。

⑥划分车辆的类型。

⑦确定编制统计表格的形式。①

练习法的优点主要表现为：有助于学生形成、巩固和提高各种技能、技巧，有助于学生增进对知识的理解，有助于学生训练和发展顽强的意志和认真负责的品质。

练习法的局限主要有：较为费时；如果全体学生的练习题目一样，则较难关注每个学生的具体学习需要；如果练习机械重复，则难以维持学生的学习动机。

为了提升练习法的效果，教师在选用时可注意如下几点：①控制练习数量，忌题海战术。如果学生做的练习缺乏针对性，量大质低，势必造成学生课业负担过重，甚至导致厌学情绪。所以，教师精心选择和设计练习题目，做到新知识及时练，易混知识对比练，相关知识结合练，主要知识加强练，就尤为重要。②注意练习层次，忌整齐划一。练习题不符合学生实际能力和需要，或太难，或太深，学生的兴趣和情绪就会受到影响。为了面向全体，大面积提高教学质量，教师在教学中可设计层次性练习，使之适合不同学习水平的学生。比如，练习分 A、B、C 三组。A 组题以模仿为主，题目与教材中的示范相似；B 组题以熟练掌握为主，题目稍复杂；C 组题以灵活运用为主，题目综合性较强，涉及的知识面较宽，解题方法具有一定的技巧。③增加练习乐趣，忌单调乏味。富有趣味性的练习题，具有一定吸引力，能使学生情绪高昂，乐于思考，从而感受到练习的乐趣。学生带着好的心情练习，思维更活跃，反应更灵敏。趣味性体现在题型多样，方式新颖，内容创新。④做好练习反馈，忌只练不结。教师要及时掌

---

① 谢明初，等．数学学困生的转化［M］．上海：华东师范大学出版社，2009：40～41．

握学生的练习情况，深入分析学生出现问题的原因，并以适当的方法予以指导。

(五)讨论法

讨论法是在教师的组织和引导下，学生围绕某些问题各抒己见，展开辩论，辨明是非真伪，以此提高认识或弄清问题等的教学方法。

例如，学生学习了牛顿定律之后，在结合运动学知识的复习课中，一位教师根据曾经发生过的真实事件设计了如下题目请同学们讨论。

据报道，某航空公司的一架客机，在正常航线上做水平飞行时，由于突然受到强大垂直气流作用，飞机在 10 s 内下降高度 1700 m，造成众多乘客和机组人员的伤害事故。如果只研究飞机在竖直方向上的运动，且假设这一运动是匀变速直线运动，则：

①飞机在竖直方向产生的加速度有多大？方向如何？

②乘客所系安全带必须提供相当于乘客体重几倍的拉力，才能使乘客不脱离座椅？（g 取 10 m/s²）

③未系安全带的乘客，相对于机舱将向什么方向运动？最可能受到伤害的是人体的什么部位？

尽管对②小题的分析，多数学生发生了错误（正确答案是体重的 2.4 倍），但他们对问题情境仍表现出极大的兴趣，因为这是一起真实事件，他们为自己能运用知识分析解决实际问题感到高兴。[①]

讨论法的优点主要表现为：学生借助讨论掌握的知识较为牢固；在讨论中学生处于主动地位，能够很好地发挥主动性和积极性；发言内容可不受教材的限制（但要围绕讨论中心），有利于发挥学生的独立思考和创造精神；讨论过程中学生可以听取不同的发言，相互取长补短，共同提高，形

---

① 陈娟. 浅论物理课堂教学设计[J]. 物理通报，2008(12)：30～32.

成灵活运用知识来分析问题、解决问题的能力；学生能逐渐掌握讨论技巧，形成相互合作的团队意识；讨论有利于提高学生的口头表达能力。

讨论法的局限主要有：讨论容易流于形式，有时会出现偏离主题的情况；对教师的教学技巧要求较高；花费的时间较长；学生人数较多时，较难保证讨论的效果。

为了提升讨论法的效果，教师在选用时可注意如下几点：①选好讨论的内容。不讨论简单易懂、无须讨论的内容，避免讨论"泛滥成灾"；不讨论无从下手、高不可攀的内容，避免讨论"无功而返"。教师要把讨论放在学习的重点和难点处，放在学生思维的敏感区。②重视讨论的引导。教师不急于当"裁判"，匆匆指出各种意见的正确或错误，而让学生畅所欲言，充分辩论。同时，教师要善于将偏题的讨论引回正题，善于将表面的讨论引向深入。③做好讨论的小结。教师要通过简要地概括各类不同的观点，明确指出应得的结论及其依据。对于讨论中出现的错误、片面和模糊的认识，教师要予以澄清，使学生能够获得正确的观点和系统的知识。对有争议的问题，教师在表明自己观点的同时，允许学生保留自己的观点。

（六）探究法

探究法又称研究法，是教师不把现成的结论告诉学生，而让学生在教师的指导下发现问题、探究问题、获得结论等的教学方法。

比如，教小学生学习圆周率 $\pi = c \div d$ 时，教师不直接告诉学生结论，而是引导学生自行测量若干圆形物体的直径与周长，进而发现不同圆的周长与直径之比是一个常数。最后，教师再提示学生，这个常数就是"π"。

探究法的优点主要表现为：有助于激发学生的学习兴趣，培养学生的问题解决能力和创造思维能力；有助于促进学生对相关知识的记忆；有助于学生在探究中受到科学方法和科学精神的教育，并发展自己的个性。

探究法的局限主要有：运用这种方法，花费时间相对较多；对教师的课堂管理能力要求较高。

为了提升探究法的效果，教师在选用时可注意如下几点：①选好探究课题。课题要有一定的难度和研究价值，需要学生经过多次尝试才能解决问题。②提供必要的资源。探究并不是让学生凭空玄想，而是借助一定的资源进行思考探索。③进行一定的指导。学生在课堂上的探究不同于科学家的发现，学生的探究需要教师适时地启发、点拨和总结。

（七）角色扮演法

角色扮演法是学生在教师指导下，通过扮演相应角色，加强对学习内容的理解等的教学方法。

比如，在"长江的开发"教学中，教师在展示长江开发利用中出现问题的一些文字、图片资料后，请各小组成员分别自主选择"水利部长""船长""商人"和"游客"等角色，进行换位思考，怎样使长江更好地发挥"水能宝库"和"黄金水道"的作用，并选派代表表演。

角色扮演法的优点主要表现为：有效地激发学生学习的主动性，营造活跃的课堂氛围；为学生提供参与和体验的机会。

角色扮演法的局限主要有：角色扮演有时需要教师亲身示范，如果教师不具有一定的表演才能，示范会不恰当；学生如果表演失当，常容易被其他同学嘲笑与批评；角色扮演要求教师在各方面都做好充分准备，能应对各种突发场景。

为了提升角色扮演法的效果，教师在选用时可注意如下几点：①平时注意培养学生进行角色扮演的能力，教给学生一些扮演技巧。②在角色扮演完毕后，教师一定要进行适当的评价和总结，使学生的知识、技能和体验等得到升华。

（八）合作学习法

合作学习法是以学生之间、师生之间的互动合作为基本特征，以同伴互助为主要手段的教学方法。合作的常见形式包括小组合作和1＋1结对子合作。

比如，《望月》一课，教师请学生自由地轻声读课文，用心体会自己最喜欢谁眼里的月亮，然后，按喜欢的对象分组，小组合作分享交流他们望月的感受，并试着把他们的感受读出来。最后，各小组派代表在全班汇报。

合作学习法的优点主要表现为：能够培养学生的合作意识，活跃并拓展学生的思维，锻炼学生的语言表达能力。

合作学习法的局限主要有：组织实施有一定难度，容易陷入形式化的误区。诸如，合作小组成为"避风港"，有的同学并不参与，等着别人的现成答案；合作学习成为教师的"课间休息"，教师没有提供必要的指导；小组的"树"上结不出合作的"果"，合作只有表面的热闹，没有实质上的思维碰撞等。

为了提升合作学习法的效果，教师在选用时可注意如下几点：①注重养成教育。合作学习并不是学生坐在一起就实现了。真正发挥合作学习的效能，教师需要坚持不断地对学生的合作意识与技能进行培养。②注重合作指导。教师在学生合作学习的过程中，要善于观察、留心细节，适时进行引导、点拨、总结、反馈。

二、教学方法的革新

为了提升教学效果，关于教学方法革新的研究此起彼伏，涌现出一大批创新型的教学方法。[①]

概括来说，我国教学改革中出现的新方法主要有：卢仲衡初中数学自学辅导法、黎世法六课型单元教学法、李吉林情境教学法、上海育才中学"读读、议议、练练、讲讲"八字教学法、魏书生六步教学法、邱学华尝试

---

① 李定仁，徐继存．教学论研究二十年(1979～1999)[M]．北京：人民教育出版社，2001：210～212．

教学法、马芯兰四性教学法、学导式教学法、知识结构单元教学法、三环节单元教学法、三点三路教学法、"五让"教学法、三疑教学法、整分合教学法、引导发现法、发展性教学法、引探教学法、探索性实验教学法、程序性实验教学法、四环节智能定型单元教学法、综合程序教学法、动态教学法、点拨教学法、三环节教学法、四分教学法、小学六因素单元教学法、钱梦龙教学法、阅读教学法、三算结合教学法、政治课四段式单元教学法、历史图示教学法、地理比较法、自然课情境激励法、音乐四种练习法、物理电化教学法、体育念动练习教学法、化学"七环节"教学法、化学"单元实验程序"教学法、化学"分段式"教学法等。

国外教学改革中出现的新方法主要有：发现法、暗示教学法、程序教学法、微格教学法、案例教学法、布鲁纳掌握学习法、纲要信号法、"探究—研讨"教学法等。

教学方法的革新表明：中小学教学方法的改革与实验突破了传统的、单一的传授知识与技能的教学方法模式，发展学生智力，培养学生能力，增加学生体验，弘扬人的主体性成为时下教学方法发展的主旋律。

拓展阅读

长期以来，我国基础教育领域的学生主要采取接受方式进行学习，对此，当下的课程改革十分关注教学方法改革，倡导教师和学生采用多样化的方式进行教与学。一时间，探究学习、合作学习等开始进入人们的视野，逐渐成为大家耳熟能详的教学方法。但一些学校和教师由于理解的偏差，出现了不少令人啼笑皆非的教学案例。

曾经有这样一件事情：某学校一位数学教师在讲"二项式定理"的内容时，认为如果再像过去一样采用讲授法来教学的话，就过时了。于是他把二项式定理的结论写在黑板上，在没有给学生提供任何辅助材料的情况下，让学生自主探究二项式定理的发现过程。结果，全班学生不知所措，过了半个小时，这项内容的学习仍毫无进展。这位教师的新教学方法，也让前来观摩听课的教师们大惑不解，大家一致认定这是一堂失败的"课改课"。这种做法很快成了笑谈。

应该说，这位数学教师在改进教学方法上可谓用心良苦，但实际效果却令人啼笑皆非。这是为什么呢？究竟是新方法不好，还是他用得不好呢？如果说是用得不好的话，那怎样运用教学方法才合适呢？看了上面这个例子，也许你会产生诸如此类的疑惑。的确，这些问题都是值得认真思考的。

其实，世界上万事万物，都离不开一定的具体条件。关于教学方法的认识，也是这个道理。课程改革提倡的那些新方法，自然是有价值的，但是，把这些新方法推到极端，用它们来解决所有的教学问题，就难免出现各种尴尬局面。其实，教学方法本身无所谓新旧之分，更不是新的总比老的好，每种教学方法都有其价值、功能和适用范围，用得恰到好处，就会事半功倍，用非所需，则会适得其反。这大概就是上面例子给我们的启发吧。①

三、选用教学方法的技巧

古今中外积累的教学方法十分丰富，各种方法都有其优点和局限性。这就要求教师综合考虑各种因素，适当地选择和运用教学方法，以收到优良的教学效果。

(一)考虑教学目标

教学方法的选用，首先要指向教学目标的有效达成。不同的教学目标和教学任务，需要不同的教学方法去实现。比如：为使学生获得感性认识，教师常用演示法；为培养学生掌握技能、技巧，教师多用练习法；为培养学生的探究精神，教师多用探究法。

---

① 王本陆. 课程与教学论[M]. 北京：高等教育出版社，2004：214.

不过，任何一种方法的功能都具有多重性，关键看教师如何运用。比如，讲授法既可以传授间接知识，又可以调动学生的内部心理活动，促进学生心智技能的形成和逻辑思维能力的发展，当讲授的语言和内容在学生的大脑里形成一幅美好画卷时，还能陶冶学生的个性。

(二)考虑教学内容

不同的教学内容，适合采用不同的教学方法。在选用教学方法时，教师要考虑方法与内容的适宜性。比如，某些容易出现意见分歧的内容，就适合选用讨论法。意见的分歧往往容易引起争论，在争论过程中，学生能活跃思维，逐渐自悟个中道理。而答案一目了然的内容，就不适合选用讨论法。又如，有些个人无法完成的复杂内容，操作性强、需要同伴的帮助才能完成的活动内容，就不宜选用问答法，宜选用合作学习法。

(三)考虑学生特点

教学方法的应用一方面要适应学生的年龄特征和个性差异，另一方面要有利于促进学生掌握学习方法。

比如，低年级学生注意力易分散，理解力不高，方法宜多样化且具有新颖性；高年级可适当采用讨论法。学生缺乏对所学内容的感性认识，可采用演示法；学生已有相应的感性认识就不必再使用演示法。对独立思考能力差的依赖型学生，教师则要适当选用探究法，引导学生学会独立思考，避免直接告诉学生怎样想、怎样做，以便逐步提高他们的学习能力。

(四)考虑教师素养

任何教学方法都是"死"的，只有教师能正确、准确和创造性地组织运用，才能成为"活"的教学方法。但是，并不是每一个教师都有能力用好任何一种教学方法。有的方法很好，但教师缺乏必要的素养条件，自己驾驭不了，就不能在教学实践中产生良好效果。教师的某些特长、某些不足和运用某种方法的实际可能性，都是选用教学方法必须考虑的因素。总之，教师要扬长避短。教师的口头语言能力强，可选用讲授法；口头语言能力弱，可选择演示法、讨论法等。

（五）考虑综合运用

无论是教学目标、教学内容，还是教师的素养、学生的身心发展特点，都是多样的，这决定了任何一个教学活动都应综合使用各种方法。这就要求教师在教学方法的设计选用中，应坚持综合化，形成具有内在有机联系的教学方法组合。许多成功的教学设计和实施，都综合运用了讲授法、问答法、探究法、合作学习法等多种多样的教学方法。当下，教学方法多样化的趋势正在进一步扩展，一些新的教学方法正在随着教学改革的推进而涌现出来，原有的一些教学方法也正在被赋予新的含义。

正所谓：教学有法，但无定法。万能的方法是没有的，只依赖一两种方法进行教学无疑是有缺陷的。

（六）考虑尝试创新

魏书生在自己的教学生涯中有所感悟，他谈到，课堂教学是艺术园地，这一园地应该百花齐放，甚至千花、万花齐放。一线的教师，要紧的不是忙着用这种教学方法去否定那种教学方法；也不是去证明许多种教学方法没道理；更不是糊里糊涂地照搬一种教学方法到自己的课堂上，不加任何改变就用。教师应当像蜜蜂一样，在教学的百花园中，到处采集有用的花粉，回来以后，酿自己课堂教学之蜜，集各家教学方法之长，结合自己的素质、性格特点以及学校和学生的实际，探索有自己特色的教学方法。[①] 国内外的大量教学方法革新已经证实了这一点，并提供了一定的参考。的确，每一位教师都应当在恰当选择和运用已有教学方法的基础上，尝试创新出独特的教学方法，进而表现自己的教学艺术和形成自己的教学风格。

---

① 魏书生.教学工作漫谈[M].桂林：漓江出版社，2008：2.

第十一章　组织教学过程

教学过程实质上是教师引导学生学习的教与学相统一活动的时间进程。它是一条主要线索，将教师开发的教学资源、选用的教学方法等"串联"起来，最终达成教学目标。如果没有教学过程的设计，教学的目标、资源和方法等，就无法起作用。

一、异彩纷呈的教学过程

由于历史传统、文化背景、哲学与心理学基础和实践状况存在各种差异，关于教学过程的主要环节，无论在理论上还是在实践中，人们均有不同的观点。孔子、荀子、赫尔巴特（Herbart，J. F.）、杜威和凯洛夫（Каиров，И. А.）等都曾论述过有关教学过程的原理。这些理论，是深化认识教学过程的重要基础，是设计组织教学过程的宝贵资源。此处主要介绍赫尔巴特和凯洛夫的观点。

赫尔巴特提出教学过程四阶段说。第一阶段，明了（或清晰）。当一个表象由自身的力量突出在感官前，兴趣活动对它产生注意；这时，学生处于静止的专心活动；教师通过运用直观教具和讲解的方法，进行明确的提示，使学生获得清晰的表象，以做好观念联合，即学习新知识的准备。第二阶段，联合（或联想）。由于新表象进入意识，激起原有观念的活动，因而产生新旧观念的联合，但又尚未出现最后的结果；这时，兴趣活动处于获得新观念前的期待阶段；教师的主要任务是与学生进行无拘束的谈话，运用分析的教学方法。第三阶段，系统。新旧观念最初形成的联系并不是十分有序的，因而需要对前一阶段由专心活动得到的结果进行审思；兴趣活动正处于要求阶段；这时，需要采用综合的教学方法，使新旧观念间的联合系统化，从而获得新的概念。第四阶段，方法。新旧观念间的联合形成后需要进一步巩固和强化，这就要求学生自己进行活动，通过练习巩固新习得的知识。①

后来，莱因（Rein，W.）将教学过程四阶段说发展为五阶段，其顺序是准备（preparation）、呈现（presentation）、联想（association）、概括（generalization）和应用（application）。这就是教学过程的五阶段说，这些步骤被19世纪末、20世纪初欧美的教师们接受，成为一套固定的格式，西方世界绝大多数教学都是依此进行的。②

凯洛夫划分的综合课的环节是：第一，组织教学（2分钟）。第二，检查家庭作业（3～8分钟）。第三，把本课新课业的题目和目的告诉学生（5～10分钟）。第四，阐述新教材（10～20分钟）。第五，巩固新教材（10分钟）。第六，布置家庭作业（5～8分钟）。③凯洛夫的这一观点，在我国产生了较深远的影响。

二、教学过程的基本环节

随着理论研究和实践探索的深入，在综合已有认识的基础上，人们可以将教学过程划分为"明确教学目标""激发学习动机""感知教学材料""理解

---

① 吴式颖. 外国教育史教程［M］. 北京：人民教育出版社，1999：329～330.
② 李定仁. 教学思想发展史略［M］. 兰州：甘肃教育出版社，2004：94.
③ 李定仁. 教学思想发展史略［M］. 兰州：甘肃教育出版社，2004：95～96.

教学材料""巩固知识经验""运用知识经验"和"测评教学效果"7个基本环节。教学过程的每一环节，既相对独立，各自发挥着独特作用，又彼此关联，产生着相互作用。①

（一）明确教学目标

在分析教学背景的基础上，教师确定出一堂课的教学目标。除自己明确目标之外，教师还可以通过创设问题情境等途径，使学生感到有需要他们去掌握的新概念、新法则等，进而产生强烈的求知愿望和学习动机。以下"最小公倍数"的教学片段②，是明确教学目标这一环节。

师：请大家报数，并记住自己所报的数是多少。

（生报数1，2，3……）

师：请所报数是2的倍数的同学站起来，再请所报数是3的倍数的同学站起来(学生按要求起立后坐下)。你们发现了什么？

生：我发现有同学两次都站起来了。

师：报哪些数的同学两次都站起来了？

生：报6，12，18……的同学。

师：报6的同学，你能说说你为什么两次都要站起来吗？

生：我报的数6既是2的倍数，又是3的倍数，所以两次都要站起来。

师：说得好，6既是2的倍数，又是3的倍数，可以说6是2和3公有的倍数。报12的同学，你能说说吗？

生：我报的数12也是2和3公有的倍数，所以也要两次都站起来。

师：有道理。这样的数还有吗？

---

① 黄甫全．现代课程与教学论学程（下册）[M]．北京：人民教育出版社，2006：666～669．

② 施勤，柴林喜．小学数学课堂教学的55个细节[M]．成都：四川教育出版社，2006：49～50．略有改动．

生：18，24，30……

师：像6，12，18等这些数都是2和3公有的倍数，可以简称为2和3的公倍数（板书：公倍数）。想一想2和3的公倍数有哪些？

生：6，12，18，24，30……

师：请找出最大的是几，最小的是几。

生：找不出最大的，不可能有一个最大的，最小的是6。

师：说得真好。2和3的公倍数中，6最小，我们称它是2和3的最小公倍数。（在上面的板书前添加"最小"）2和3的公倍数有很多，而且不可能有一个最大的公倍数，所以研究两个数的公倍数的问题一般只研究最小公倍数。今天，我们就学习有关两个数的最小公倍数的知识。

（二）激发学习动机

教学活动主要是学生的学习活动，而这种学习活动，总是在一定的思想、情感和愿望的影响下，在学习动机的支配下进行的。学习动机是引发和维持学生学习行为的重要力量。在教学过程中，教师特别需要注意激发学生的学习动机。这一环节也可以不与上一环节做鲜明区分，而是通过设计一个活动，既明确教学目标，又激发学习动机，两全其美。

例如，在"等比数列的前n项和"的教学伊始，一位教师通过动漫演示了这样的情境。话说猪八戒西天取经后回到了高老庄，从高员外手里接下了高老庄集团。可好景不长，因资金周转不灵而陷入窘境，急需大量资金投入，于是就找孙悟空帮忙。悟空一口答应："行！我每天投资100万元，连续一个月（30天），但是有一个条件是——作为回报，从投资的第一天起你必须返还给我1元，第二天返还给我2元，第三天返还给我4元……即后一天返还为前一天的2倍。"八戒听了心里打起了小算盘："第一天支出1元，收入100万元；第二天支出2元，收入100万元；第三天支出4元，收入100万元……哇，发财了……"再看看悟空的表情，八戒心里又嘀咕了："这猴子老欺负我，会不会又在耍我?"教师提问："假如你是高老庄集团企划部的高参，请你帮八戒分析一下，按照悟空的投资方式，30 天后，八戒能吸纳多少投资，又该返还给悟空多少钱?"[1]等学生思考一会儿后，教师顺势引出本节课的学习主题"等比数列的前 n 项和"。

拓展阅读

教员的巨大技巧在于集中学生的注意，并且保持他的注意；一旦办到了这一点，他就可以在学生力所能及的范围以内，尽速前进了；否则他的一切纷扰忙碌，结果就会很少，甚至没有结果。[2]

——洛克(Locke, J.)

(三)感知教学材料

学生在教学过程中，主要是以学习书本知识来认识客观世界和发展身心。书本知识一般以抽象的理性知识为主，具体表现为概念、定理、公式和原理等。学生要理解和掌握它们，必须以一定的感性材料为支撑。否则，学生对所学的知识难免感到疑惑，甚至一知半解。感知教学材料，就是对教学材料进行初步的把握，将教学材料承载的抽象的知识与直观、生动的形象结合起来，形成关于客观事物的正确表象，从而有利于学生对抽象知识的理解。

教学过程中学生获得感性知识的途径和形式，可以分为直接感知和间接感知两类。通过参观、见习、实验、实习等直接感知有关对象，学生可获得大量的感性认识和直接经验，为理解抽象的书本知识创造条件。教师通过直观教具的使用，生动形象的语言描述，引导学生回忆等间接感知办法，可帮助学生用获得的感性知识来理解抽象的知识。

---

①　何江. 数学课堂教学设计的有效性探究[J]. 数学通报，2008(9)：24～26，28.
②　[英]约翰·洛克. 教育漫话[M]. 杨汉麟，译. 北京：人民教育出版社，1985：166.

例如，学习小学三年级的"万以内数的认识"，教师可以给学生播放一个录像片，上面有：世界最高峰——珠穆朗玛峰的海拔高度大约是 8848 米，世界第一大洋——太平洋的平均深度大约是 4028 米，世界第一斜拉索桥——上海杨浦大桥全长 8354 米……学生通过观看这些壮丽的图景，形象地感知了图中的每一个数字，体验了数的运用，认识了自然界与数的关系，加强了数感。

（四）理解教学材料

在教学过程中，教师不能让学生的认识仅仅停留在感性层面，而要引导他们把感知的材料同书本知识联系起来，进行思维加工，实现由感性认识上升到理性认识的飞跃。理解教学材料这一环节的重要任务，就是启发学生、引导学生开展积极的思维活动。

为此，教师工作的重心通常放在给学生提示思路、引导自主探索、教给思维方法、培养思维能力等方面。在学生的认识活动中，除了思维这一核心要素之外，还有观察、记忆和想象等要素的参与，所以，教师在教学过程中对学生观察力、记忆力、想象力等的培养也是不可忽视的。

以下这位美术教师，就是在激发学生学习动机的前提下，在促使学生充分感知材料的基础上，触发学生的思考，进而使学生理解本节课的绘画要领，形成"画动物的关键不是画五官，而是要抓住它们的外形特征"这样的理性认识。

下节美术课要画动物了，孩子们都很高兴，我让每个人回家后先试着自己画一画喜欢的动物并带来。

课堂上我问他们："昨天的作业有困难吗？"

"有，画了半天总是画得不像。"孩子们直率地说。

"那是你们没掌握方法，干什么事，都要动脑筋，找窍门，画画也一样，让我们一起来研究一种既省事又快捷的画法吧！"

我让孩子们将画好的动物外形沿边线小心地剪下，收上来后，都反贴在黑板上(只留有外轮廓的白纸)。孩子们觉得好奇，老师到底要干什么呢？

"下面我们来猜猜黑板上有哪些小动物？"话音刚落，孩子们已瞪大眼睛，仔细观察起来，不一会儿就高高举起了小手。

"那是长颈鹿，脖子那么长，我一下就能认出来。"周献坤果然答对了，兴奋的小脸像绽开的花朵。

"我看到了长耳朵的外形，所以猜一定是小兔。"我将画正过来，伊歌也猜对啦！孩子们高兴地拍起手来。

"我觉得这像鼻子的轮廓，又长又弯很明显，可能是大象？"小强边指边分析，他敏锐的观察、正确的判断赢得了同学们又一阵欢呼声……

转眼，乌龟、兔子、大象、长颈鹿、骆驼这些外形有特点的动物都"正"了过来，可是，黑板上还有一些反贴画就不那么容易看出来了，孩子们开始焦急起来。

刘睿也要试一试，他跑到黑板前，又认真地辨认了一遍，然后指着一张较有把握的画说："这像脑袋，圆圆的，上面还长着半圆形的耳朵，下面可能是肚子部分，鼓鼓的，是……是小熊。"

"你确定吗？"我像综艺节目的主持人一样再次询问，现场气氛紧张起来，刘睿点点头，我将画正过来一看，啊！原来是只大青蛙，圆圆的脑袋、大肚皮，那半圆形的也根本不是什么耳朵，那是青蛙的两只大眼睛，还有青蛙的大嘴巴，可爱极了，可是从反面看是不会感受到的，大家都哈哈大笑起来。

我不失时机地问道："反贴画为什么有的能猜出是什么动物，有的却猜不出来呢？你们想一想，相互讨论一下吧！"

孩子们个个兴趣十足，激烈地议论起来……很快，他们便自悟出了答案：画动物关键不是画五官，而是要抓住它们的外形特征，更要突出、夸张，大的更大，长的更长，才能使动物的形象栩栩如生……不需要教师再归纳和提醒，他们一下子就理解了本节课的绘画要领，接着我引入了基本形。运用概括法，孩子们又快又好地画出了动物外形，抓住了动物的特征，比起原来画的要生动多啦。①

（五）巩固知识经验

巩固知识经验，是指学生把所学的知识经验，牢固地保存在记忆中。学生以学习书本知识、接受间接经验为主，如不及时地巩固强化，就会产生遗忘，不利于对后续知识经验的学习理解，也难以做到学以致用。

在教学过程中，教师不仅要向学生提出记忆的要求，而且要教给学生有效记忆的方法。教师尤其要注意将巩固知识经验与死记硬背区分开来，帮助学生认识和掌握记忆的基本规律，分清机械记忆和理解记忆的特点和作用，着重培养学生理解记忆的能力，使他们掌握或形成适合自己的记忆知识经验的方法。

可以说，学生感知教材、理解教材、运用知识等各个教学环节的质量都深刻影响着学生知识经验的巩固，因而巩固知识经验要从各个方面入手进行。但为了使学生牢牢掌握基本的知识经验、防止遗忘，教师还需要做一些专门的巩固工作，这就是进行各种形式的复习。比如，一位政治教师编了好些顺口溜来加深学生的记忆。例如，甲说："劈柴不照纹，累死劈柴人。"乙马上答道："按照规律向前奔。"甲说："人有多大胆，地有多大产。不怕做不到，就怕想不到。"乙立即对上："主观主义是祸根，唯心主义害死人。"甲说："对症下药，量体裁衣，一把钥匙开一把锁。"乙对上："具体问题具体分析是马克思主义活的灵魂。"利用这种顺口溜进行复习，化抽象为

---

① 孙双金．孙双金与情智教育［M］．北京：北京师范大学出版社，2006：28～29.

形象，学生听得津津有味，理解得清清楚楚，记得牢牢实实。[①]

（六）运用知识经验

将所学知识经验运用于实践，是帮助学生加深对书本知识的理解、形成分析问题和解决问题能力的关键环节，尤其对培养学生的独立性和创造性有着重要的作用。在教学过程中，教师引导学生运用知识经验的形式有练习作业、实验、实习等，还可以与社会实践、生产劳动等活动联系起来，相互配合和相互促进。其中，练习作业是常见的一种运用知识经验的形式，但一定要注意练习作业的内容、类型与方式，努力避免一味地简单重复和机械模仿，力求灵活多样和变革创新。

特别值得一提的是，多年来许多教师都视"运用知识经验"为"教师布置作业—学生完成作业"，往往没有"设计"作业的意识，自然投入到作业"设计"上的精力和智慧就微乎其微。于是，很多教师布置的作业，都是"机械重复多，实践应用少""现成内容多，创意研制少"以及"统一任务多，自主选择少"。这样缺乏趣味的作业，令学生望"业"兴畏，苦不堪言。可以说，广大教师逐步从作业"布置"转向作业"设计"，在作业内容与形式上进行改革和创新，进而逐步实现作业方式的多样化，让更多有趣味的、创造性的作业成为学习的主要形式，使学生从单一、枯燥的机械练习中解脱出来，已成为目前教学设计必须解决的一个迫切问题。

例如，面对单调、划一的传统作业题型，学生容易疲劳，产生消极应付的心情。为此，实践中，教师可以变换一些题型，如设计诗体数学题，从形式到内容都能使学生耳目一新。诸如以下题目[②]：

---

① 李琴．教师如何让课堂更加生动有趣[M]．长春：吉林大学出版社，2008：201～202.

② 林良富，叶杰军．让学生喜欢数学作业的三服"药剂"[A]．肖川．名师作业设计经验（数学卷）[C]．北京：教育科学出版社，2007：3.

在学了"最小公倍数"后，教师可以设计这样的诗体数学题。

> 三个女儿来看娘，
>
> 三五七天各一趟，
>
> 今日都往娘家走，
>
> 何日一齐再看娘？

这道题若用普通叙述法，需增加文字才能表达出来：一个老婆婆有 3 个女儿，大女儿 3 天来一次，二女儿 5 天来一次，三女儿 7 天来一次，她们某日恰好在娘家聚齐，请问姐妹 3 人再次聚齐，至少需要多少天？比较而言，数学诗只有 28 个字，一句"三五七天各一趟"省略了许多烦琐的叙述，简洁明了，却更有韵律，而且能让学生眼前一亮。

还有，学习"百分数"时，教师可以让学生在优美诗文中，计算百分数问题。这样语、数结合，趣味融融。如题：

> 春水春池满，
>
> 春时春草生，
>
> 春人饮春酒，
>
> 春鸟弄春色。

①请朗读这首诗，看看哪个字出现得最多。

②"春"字出现的次数占全诗总字数的百分之几？

③课后找一首诗，使某一个字出现的次数至少占 10％，然后有感情地朗读。

课后，学生既要找诗，又要读诗，还要计算，无论是找到了或找不到符合条件的诗，只要学生经历了找、读、算的过程，学生的感受应是丰富的，会有较大的收获。

同时，教师可以考虑设计内容丰富、形式新颖、具有发散性的开放题。

例如，一位教师曾经设计过如下一道六年级的作业题①：

手机通常的话费标准是：每月基本月租费 25 元，每分钟接听或打出的通话费都是 0.40 元。计算方式是：每月话费总额＝基本月租费＋通话费。

①4 月份，王阿姨手机接听 80 分钟，打出 120 分钟，这个月王阿姨要付出多少元的话费？写出你的计算过程。

②5 月份，王阿姨一共付出手机话费 93 元，这个月王阿姨通话多少分钟？请写出你的计算过程。

③现在电信公司推出几项优惠方式，让大家选用。

第一，按照通常的话费标准计算，总话费给予优惠 20％。

第二，基本月租费 36 元，打出每分钟 0.30 元，接听每分钟 0.06 元。

第三，免收基本月租费，打出或接听每分钟都是 0.45 元。

如果王阿姨的手机每月接听和打出电话各在 100 分钟左右，请你为王阿姨选择一项最省钱的优惠方式，并写出必要的计算过程。

这类开放性作业，形式与内容新颖，问题解决具有发散性，为学生提供了广阔的思维空间，学生可以运用所学的知识与方法，从自己对问题的理解和处理问题的方法着眼，得到自己认为满意的答案。另外，开放性作业起点低、层次多、答案不唯一，学生容易下手，能使所有的学生选择适合自己的切入点，进行思考，体验成功。

概括来说，作业设计可注意以下几点：

第一，作业不等于书后练习。教师应结合教学，设计贴近生活、启发思维和灵活多样的作业形式，使作业不再是单一枯燥的文本，而是富有色彩、充满情趣的多元复合体。

第二，作业的设计应分层次，为不同学习水平的学生布置不同的作业。

---

① 李兰瑛. 让学生上瘾的可持续发展作业［A］. 肖川. 名师作业设计经验（数学卷）［C］. 北京：教育科学出版社，2007：95～96.

第三，不能忽视学生基础知识的掌握和基本技能的训练。作业题的选编，既不能因循守旧，抱着传统题型不放，也不能全盘抛弃，一味选择与学生生活实际相联系的题或实践探究题，而应从辩证的视角去选编练习题。作业改革不是对传统作业的否定，而是对作业观念的更新。

第四，完成作业是教学活动的一环。这种活动是课堂教学的有机组成或补充延伸，因而，教师应强调做作业的"做"，体现一种活动的过程，这种活动可以一人独立完成，也可以通过互动的形式分组完成。①

(七)测评教学效果

教学效果测评，是保证教学过程良性循环，争取理想教学效果的重要环节。教师在教学过程中，一般可以通过观察、提问、检查作业等方式，来了解学生掌握知识、形成技能和学习态度等方面的状况，获得有关的反馈信息，进而及时改善教学过程，优化教学活动。

尤其需要指出的是，许多教师在检查学生作业时，仅仅是打钩、打叉，再给一个分数，概括来说就是"生硬批改多，人文评价少"。实质上，在测评教学效果时，"分数也应有人情味"，以下实例中的教师正是做到了这一点。②

陶行知先生当年任育才学校校长时，一次，一名女生数学考试时在一道题中少写了一个小数点，陶先生扣了她的分。试卷发下来后，她偷偷添上这一点，来找先生要分。陶先生虽然从墨迹上看出了问题，但并没有挑明，他满足了孩子补分的愿望。不过，他在那小数点上重重地画了一个红圈。女生领会了陶先生的意图，惭愧不已。

多少年过去了，那女生已经成人、成才。她找到陶行知先生，说："那

---

① 李兰瑛.让学生上瘾的可持续发展作业[A].肖川.名师作业设计经验(数学卷)[C].北京：教育科学出版社，2007：96.

② 李本华.分数也有人情味[J].天津教育，2002(12)：35.

件事以后，我才真正下决心用功学习，下决心做个诚实的人。"

看来，陶先生"点到为止"不仅没有妨碍孩子改错，反而促进了孩子更好地做人。试想，假如陶先生当面指出真相，结果会怎样？不是女生被迫认错，就是她一时抹不过情面，死活不认。但无论哪种结局，学生的自尊心都将受到伤害，师生关系难以愈合，更谈不上对那女生有什么教育作用了。

一位小学校长对童年一次考试分数有着难忘的记忆。

由于中途转学，我的功课落下了不少。一次数学考试后发卷子，我提心吊胆地接过来一看，非常意外，教师没有打分，只写了两个字："哎呀！"顷刻间，我领会了教师的心意，教师不相信我会这样，教师在用这样一个善意玩笑似的方式等着我的努力。我决心把落下的功课补上。不久，在又一次考试中我得了满分。

许多年过去了，我又经历了无数次考试，见到过成百上千张试卷，但只有那份没有分数，写着"哎呀！"的试卷，成了我心中永远的珍藏。

这位教师不教而教的高明艺术令人佩服！一个"哎呀"，千言万语尽在其中，它是一种遗憾和关爱——怎么啦？这点分！又是一种宽容和理解——没关系，还有下次！更是一种鼓励和信任——加把劲，你能行！它促人猛醒，催人奋进，给人信心，它对学生心灵的震撼，岂是一个简单的分数能够达到的教育效果？

魏书生老师有一次"借分"的经历。一次语文期中考试，班上有一个学生得了58分，他不敢拿试卷回家，于是来到教师的办公室，嗫嚅着说："魏老师，能不能少扣几分？"魏老师先是很惊奇地看着他，后来笑了起来，说："少扣不行，这样吧，就算老师借你5分。这下你敢回家了吧？"

这个学生捧着改过的试卷喜出望外。后来，他像换了个人似的，学习非常认真，期末考试时，得了87分。这时，他又去找魏老师，天真地说：

"魏老师，我还您5分。"

魏老师的评价艺术也让人折服。现在的孩子，聪明活泼，天真可爱，教师通过恰当的引导，会激发他们学习的兴趣和信心。魏老师"出借"的这5分，不仅立竿见影地调动了学生学习的积极性，而且对他的心理也会产生长久而深刻的影响，使学生在学习时更有目标。"还分"还培养了学生诚信、进取的个性品质。

另外一位教师，则做着"分数中的减法"。教师布置学生写作文，班上一名学生只写了300来个字，而且字迹潦草，错别字连篇，但是文章的构思较为新颖。按惯例，这样的作文打个60分也就差不多了，但这对学生肯定不会有什么触动。于是，教师给他打了这样一个分数：95－20－15，并在每一个分数下面分别做了解释：95分——构思新颖，有创新精神；减20——字数未达到规定数；减15——书写太潦草，还有错别字。

同是一个60分，但两者差别很大。这个带着减号的60分，不仅明确肯定了学生的创新精神，而且较为具体地指出了作文中存在的问题，形象而生动，比单一的60分更具针对性、激励性。学生从这个分数中，不仅看到了教师对他的信任，而且看到了自己的希望和努力的方向。这是一个简单的60分能做到的吗？

可以说，"测评教学效果"这个看似平常的教学环节，"道是无情却有情"，因为在它背后站着的是一个个鲜活的、充满着憧憬的生命。教师的测评，既可以使一个意气风发的学生变得心灰意冷，也可以使一颗颓废的心重新燃起希望之火。具有人性关怀的测评，既能帮助教师了解教学的反馈信息，又能激发学生的学习动机，触发学生健康、向上、积极的心态，进而促使学生不断进步。

同时，教师还应注意引导学生进行同伴互评，特别是培养学生学会自我测评，促使学生自觉调控学习过程，强化学习动机，增强学习能力，从而保证教学取得更好的效果。另外，正所谓"一个教师写 30 年教案不一定能成为优秀教师，但坚持写 3 年教学反思很可能成为优秀教师"，"测评教学效果"还包括教师对整个教学活动的长处与不足进行的系统反思。

拓展阅读

一位教师曾经系统地总结了自己在教学测评方面的一些经验，对我们组织教学过程有一定的参考价值，具体如下。①

新课改实施以来，关于作业的批改方式，人们做了很多有益的探索。比如，教师请家长和学生参与的主体多元化评价、内容多维度的评价、延缓评价、无差错评价和激励性评价，等等。这些评价方式的改革，无疑都极大地调动了广大学生的学习热情，但如果把作业提高到学生生命需要的高度来审视，仅有这些外在的刺激还略显不够。作业批改虽属于教师的分内工作，但我们也不能让学生感觉评价与他们自己毫不相干，应该引导学生有自主评价、自我管理的意识。具体来说，教师可以按以下"三部曲"来操作。

1. 自我评价——第一部曲

很多家长反映，孩子作业写完了，一天的功课就算结束了，让他再算一遍或检查检查简直比登天还难。现在的学生普遍缺少甚至根本没有检查的意识和习惯。针对这样的问题，每次写完作业后，我总是要求学生先做自我评价，并根据自己的认真程度和自我满意度给自己定星级，从一颗星到五颗星不等，用笔画在每次作业的后面。教师批改时根据学生的作业情况再给予相应的等级。凡是自我评价与教师评价大致相当的则给予肯定或表扬，如果差距太大，则要个别谈话，找出原因。这样做的好处有两个：一是有意识地引导学生参与自我评价；二是让学生在评价的过程中不断地

---

① 刘松. 作业布置与批改三部曲[A]. 肖川. 名师作业设计经验（数学卷）[C]. 北京：教育科学出版社，2007：88～89.

学会把握自我，认识自我。

2. 自我查找——第二部曲

学生即使在上交作业前做了充分的检查，也难免有错误出现。学生出现了错误怎么办？批改作业时我通常这样处理：打开学生的作业后，先整体审阅一遍，如果全对，批上对钩、等级和日期；如果发现错误，则仅批上日期。学生拿到后，如果看到自己的作业上仅有日期，就说明此次作业中有错，但哪里错了，教师并没有标明，需要自己去仔细对照、查找。

3. 自我反思——第三部曲

学生查也查了，找也找了，可就是没发现错误，况且个别学生还会有部分不会做的题目，怎么办？让所有学生的作业本上全是对钩，显然更不是解决的办法。所以，一学期下来，一些学生的作业本上可能是全对，一些学生的作业本上则可能遗留着错误的痕迹，这都是正常的现象。但不管是哪一种结果，每一个学期结束前，我都要求学生写一个"错题回忆录"，以引导学生反思，并逐渐让反思成为学生的一种自觉行为。全对学生的回忆录重在总结成功经验并在全班推广，有错学生的回忆录则首先要对错题进行整理，然后再逐一分析错误原因并写出反思和感悟。

事实证明，长期坚持对学生如此要求，学生对作业的自主监督、自我管理意识会不断增强。总之，把作业变成学生的一种自觉需求和生活方式应该是新课程作业观追求的最高境界，它不仅仅需要作业设计的理念变革和作业批改的手段更新，还需要教师从发展习得的角度作出一些更理性的思考。

教学过程的 7 个基本环节，反映了教学过程的时间连续性特征，是各个学段、各门课程的教学一般都要经历的共同环节，可以被称为"基本范式"。由于教学情况的复杂多样，教学过程的基本环节也就不可能是一成不变的，会因时、因地、因人、因课、因条件不同而衍生出无数"变化范式"。

这就需要人们根据实际情况深入开展具体研究，以产生更多有效的教学过程结构"变式"。

三、教学设计方案的形成

在分析教学背景、确定教学目标、开发教学资源、选用教学方法以及组织教学过程的基础上，教师就可以按照规范的结构撰写出教学设计方案。

根据篇幅大小，教学设计方案可分为详细方案（详案）和简要方案（简案）。详案的篇幅比较大，一个方案常常有数千字甚至上万字，对教学过程的每一个细节，均进行详细思考、研究和撰写。教学经验不够丰富的新教师和年轻教师最好撰写和使用详案。简案的篇幅比较小，一个方案常常只有几百字甚至几十字，一般只需规划出教学活动中的关键内容，不再将教学过程的所有细节描述出来。它一般被经验丰富的老教师使用。

根据形式不同，教学设计方案可分为条目式方案和表格式方案。条目式方案，以顺序排列的条目为结构形式。其主要特点是，有大致固定的条目及其结构顺序，在每一个条目之下设计和安排相关内容，每一个条目的容量具有伸缩性，可因人、因材、因校制宜。表格式方案，以特制的有专门栏目的表格为结构形式。其主要特点是，有特定的栏目及其结构，在每一个栏目之中设计和安排相关内容。它具有鲜明的提示性，比较适合新教师使用。

具体而言，一份教学设计方案主要包括以下项目：课题名称、教学目标、重点、难点、教学方法、教学用具、教学时间、教学过程和板书设计等。除以上这些常规项目之外，教师也可以根据具体需要，增添一些项目，如本节课的教学内容、教学理念、背景分析以及教学过程的设计意图等。同时，教学设计方案还可以根据具体的使用情况，记录学校、班级、科目、课本、教师和日期等信息。

设计好方案并付诸实施之后，教师应当及时对其进行评价、修改。评价应以实施检验为基础，总结成功所在，反思不足之处。在进行评价时，教师最好能够写成"教学后记"或"教学反思"，以便条理分明地清理出经验与教训。在评价的基础上，教师就可以有针对性地对已有方案进行修改，撰写出修改稿，为下一次上课做好准备。所以，当下有人提出：一份完整的教学设计方案，在课后反思的基础上才能完成，方案的最后一个项目应该是"教学后记"或"教学反思"。

第十二章　开展说课活动

过去，人们通常将说课作为一种教学研究活动。在说课的发展过程中，人们不断赋予其更多的新意涵，挖掘其更多的新功能。时至今日，说课已经对提高教学设计质量和推动教师专业发展等表现出独特的意义，值得加以关注和重视。

一、说课的定义

由于人们对说课有不同的理解，所以说课的定义各有不同。较有代表性的定义有如下几种。①说课是教师述说授课的教学目标、教学设计、教学效果及其理论依据的教学研究活动。[①] ②说课是授课教师在充分备课的基础上，面对同行教师或专家，讲述自己的教学设计及其理论依据等，然后由听者评说，大家共同讨论，确定改进意见，再由授课教师修改，完善其教学设计，旨在提高课堂教学效益和教师业务素质的一种教学研究活动和师资培训的组织形式。[②] ③说课是教师主要用口头语言对自身教学设计、

---

① 河南省新乡市红旗区教育委员会．说课论[M]．北京：北京科学技术出版社，1996：24.

② 霍振化．说课活动与教师素质[J]．教育科研通讯，1997(2)：16.

教学实施等情况进行分析和说明的教学行为。① ④说课有狭义与广义之分。狭义的说课，指教师以讲述的方式，面向领导、同事、评委等听众，就某一个具体的教学内容，述说自己对这一教学内容的分析及教学设计和理论根据的过程。广义的说课，指以上述说课为中心展开的，由多种内容组成的系列教研活动。②

综合以上各种定义，可以看到，说课的主体是任课教师，说课的内容涉及准备怎么上课、实际怎么上课、上课的效果如何以及相应的理论依据等，说课的价值在于将课备得更好、上得更好，既提升教学的实效，也促进教师专业发展。基于这样的理解，说课就是教师面向同行或专家学者述说教学设计、实施和评价及其理论依据的过程。具体而言，我们可以从以下两个方面深入把握这一定义：①说课可以是课前说课，即重点说教学设想，也可以是课后说课，即侧重说教学实施后的反馈与思考。②说课是对教学的理性思考，要从理论的高度说清楚为什么这样设计、实施和评价教学。

说课这种活动，正处于不断地深化、拓展和建构之中。当前，教师尤其需要注意通过说课活动，来改进和完善教学设计。

二、说课的意义

在长期的实践过程中，说课已经体现出多重意义。立足于持续提高教学设计质量的角度，教师需要凸显和挖掘说课在以下四方面的意义。

(一)提高教学设计的质量

一般来说，教学设计通常是教师的隐性思维活动，说课则要求教师将教学设计的思维外显化、群体化。而且，参与说课的教师都可以进行评说，相互交流，共同讨论，明确改进思路，还可以借鉴其他教师教学设计的长

---

① 郑金洲. 说课的变革[M]. 北京：教育科学出版社，2007：4.

② 王传斌. 说课的训练与评价[M]. 长春：吉林大学出版社，2010：1～2.

处，弥补自己的不足。因此，说课在很大程度上有利于提高教学设计的质量。

例如，一位教师在"百分数的意义"说课中，是这样"说教材"的："由于受生活中常见百分数的影响，学生初次概括百分数意义时常常认为百分数表示部分与整体之间的关系，这与百分数表示两个数量之间倍数关系的概念本质存在出入。本课时教材中的百分数例子均为部分与整体的关系这一类特殊情况，因此，教学中我特意给学生提供了一些表示两个数量之间关系的百分数例子，丰富学生对百分数的感性认识。"这位教师自己发现了教材的不足，进行了二次开发，解决了相应的问题。这样的说课让参与说课的每一位教师都受益匪浅，教师既学会了一些该课时的教材和教学处理方式，又体会到对每一课时进行深入、细致、理性思考的重要性，从而生发出让教学设计精益求精的精神和行为，并最终提高教学设计的质量。

(二)增强教师的理论素养

说课强调说教学设计背后的理论依据。通俗地说，就是不仅要说"教什么"和"怎么教"，还要说清楚"为什么这样教"。这种要求就促使教师将理论与实践结合起来。而且，说课绝不能把一些理论加以堆砌，或仅仅给一些实践贴上理论的"标签"，而要灵活运用相关理论，站在理论的高度去思考、分析和审视自己的教学设计。可见，教师要说清楚相关的理论依据，就必须加强对课程与教学等理论的学习和研究。

例如，一位教师在说小学数学六年级"百分数的意义"一课时，就基于皮亚杰的儿童认知发展理论来分析学情：六年级的学生年龄在 12～13 岁，他们的认知发展处于具体运算阶段向形式运算阶段过渡的时期。根据这一阶段的特点，在教百分数概念时，我需要关注学生的生活经验与具体情境，同时利用百分数的重要属性、实际功用和与分数的种属关系来引导学生掌握概念。

教育部制定的课程标准也是教材分析和教学策略选择等的理论依据。就国家课程中的一节课而言，教师要准确分析其教学内容，确定其教学目标，就需要深入研读课程标准，熟悉课程目标与内容安排等。例如，一位教师在对一年级数学"分类与整理"进行说课时，根据《义务教育数学课程标准（2011 版）》第一学段"统计与概率"中的相关要求确定了教学目标：学生能够根据给定的标准或自己选定的标准进行分类，体验分类结果在单一标准下的一致性和不同标准下的多样性；经历简单的数据整理过程，尝试运用自己的方式（文字、图画、表格等）呈现分类的结果。

从以上分析可见，说课能够带动教师主动学习和研究教育教学理论，有助于增强教师的理论素养。教师通过主动阅读相关书籍，理解相关理论，并用理论来指导实践，才能在说课时做到言之有"理"。

（三）丰富教学研究的方式

教学研究的对象是多维度、多层面的，相应的教学研究方式也是多种多样的。近年来，日本、我国香港等地兴起了"课例研究"（lesson study），其实质是聚焦于学习具体内容的"课"，可以是一堂课，也可以是一个课堂片段，采用同伴研讨、专家点评等方式发现问题并予以改进。

在这样的背景下，说课也可以成为一种新的教学研究方式。教师可以围绕所说的一门课、一个单元、一节课，分析其理论依据是否合理，讨论其操作设想是否可行，检视其实践效果是否令人满意，同时发现相应的问题，提出改进的措施。而且，说课活动的一些材料还可以整理成为文稿，在更大的范围内共享。

（四）建构课目教育学知识

前美国教育研究协会会长、著名认知心理学家舒尔曼（Shulman, L. S.）于 20 世纪 80 年代针对教师教育质量的低效、教师专业地位的低下和教师知识研究的不足，在大量实证研究基础上提出了"课目教育学知识"（pedagogical content knowledge，简称 PCK①)这一教师知识形态。这类知识显著地区别于已有的通识知识、学科知识、一般教育学知识和教育实践知识，多年来被人们视为唯一地或决定性地影响教师教学实践成效的知识。

关于课目教育学知识的构成成分，人们分别提出了四要素、五要素、六要素、八要素说。但是，绝大多数学者认为课目教育学知识始终包括两种关键成分。一是关于学生对某一课目内容的学习困难或学习误解的知识，以及克服与转化这些困难或误解的教学策略知识；二是教学某一课目内容最有用的形式，如最有力的类比、例证、实例、解释和演示等。②

研究表明，就熟手教师而言，日常的工作环境并不能促使他们有效生成明确的课目教育学知识，职前教师或新手教师的教学经历更为有限，根本不能生成或仅能生成极少的课目教育学知识。因此，需要通过设计一些专门的活动，来帮助教师生成课目教育学知识。目前，人们已经发现，说课正是教师建构课目教育学知识的有效途径。③

要让说课发挥出有利于建构课目教育学知识的意义，需要特别强调两点：①说学情时，要着重说学生的前概念、学生在学习特定课题的最大困难、不同层次学生在学习特定课题的错误理解；②说教学过程时，要着重说针对学生的学习困难和错误理解，采取什么样的教学策略有针对性地解决。而这两点，正是课目教育学知识的两种关键构成成分。

---

① 不少人将其译为"学科教学知识"。在英美教育领域，"content"除了泛指所有教育内容外，主要指称学校里各门课程的具体内容，即课程细目，简称"课目"，将其译为"学科"，仅凸显了数学、物理、生物等科目，不包括德育活动、整合课程等非学科或非科目的课程内容。"pedagogy"一词源自欧洲，虽特指"教学"与"教学论"，但广义为"教育"与"教育学"，将其译为"教学"，就丢失了其中的德育、体育等内涵，容易导致误解、误用。所以，将 PCK 译为"课目教育学知识"更为准确和贴切．

② 曾文婕．西方教师教育课程改革新进展：课目教育学知识的视角[J]．教育发展研究，2014(15/16)：68～75.

③ 宋萑．说课与教师知识建构[J]．课程·教材·教法，2012(4)：120～124.

三、说课的类型

依据不同的标准，我们可以将说课划分为不同的类型。按说课的形式划分，说课可分为点式说课、线性说课、层面说课和块状说课。

(一)点式说课

点式说课，指围绕教学中的一个"点"说课。这里的"点"可以体现在教学内容层面，如某个重点、关键点、拓展点或创新点等。这类点式说课，能够促进教师对教学内容的深入思考、充分理解和开发利用。点式说课的"点"也可以体现在教学实施层面，是教学实施中的某个点，包括导入点、切入点、启发点、突破点等，能帮助教师有效解决教学实施中的问题。

(二)线性说课

线性说课，指围绕教学中的一条"线"说课。这条"线"可以是教学内容的发展脉络。例如，《百分数的意义》的说课，可以根据百分数概念名称、百分数的表象、百分数的具体含义、百分数意义的概括、概念本质的理解、知识的运用这条主线阐述与论说这节课的设计与理论依据。线性说课的"线"也可以是教学实施过程的基本环节，如一课时的教学流程。线性说课，在一定程度上能够突出教学设计与实施的系统性和逻辑性。以教学流程为主线的说课，如果辅以板书设计、课件设计及应用等"辅线"，将会更加生动和全面。

(三)层面说课

层面说课是比较常见的说课形式，指从说内容、说学情、说目标、说过程等多个层面进行说课。这种说课，是在对教材、学情、目标、教法、学法等理性分析的基础上，再阐述相应的设想、实践与意图，有利于突出各项说课内容的独立性，便于初次说课的教师了解说课的框架，其较为固定的模式也便于对说课进行量化评价。

（四）块状说课

块状说课，指以模块为单位说课。一个学段、一个年级或一册教材可以作为模块，一个或若干个单元可以作为模块，课程知识结构中若干相关知识点组成的知识块也可以作为模块。例如，教师可以针对小学语文识字的内容、小学数学数与代数的内容进行块状说课。这样的说课，有利于帮助教师建立和增强课程意识，发展起对教材的宏观驾驭能力，以整体视野和系统观点看待一个模块或一个课时的教学，而这正是目前许多教师缺乏的。

四、说课的设计

要充分发挥说课的作用，彰显说课的价值，教师就需要精心设计。说课设计主要沿着理解课程文本、理解学生情况、整体思考教学、撰写说课文稿和开发辅助媒体这 5 个步骤进行。

（一）理解课程文本

教师理解课程文本，主要包括理解课程标准和分析教材。例如，教师准备苏教版小学数学四年级下册 50～51 页《找规律——有趣的搭配》的说课，需要理解如下课程文本：课程标准中关于"探索规律"的课程内容与课程目标、苏教版教材中关于"探索规律"的内容安排、教材中搭配规律的发展脉络、该课时的练习设计层次与目的等。在此基础上，教师可以确定说教材的内容如下。

课程标准在数与代数领域增设了"探索规律"这一内容，旨在有步骤地渗透数学思想、方法，培养学生的数学思维能力。在此之前，学生已积累了一些探索规律的经验：数与图形的简单排列规律、两种物体一一间隔排列的规律。本课之后，学生仍将继续探索生活现象中的数学规律（周期问题、覆盖现象等），进一步感受数学知识和方法的价值，拓宽获取数学知识的渠道。

本课例题通过 3 个层次的学习活动，让学生经历"找"规律的过程：第一层次，剖析现象，激发兴趣，感知"什么是选配"；第二层次，探索交流，逐步优化，在"如何选配"中体会有序思考对于解决这一问题的价值，并初步感知问题中隐含的规律；第三层次，讨论提升，梳理概括，发现"选配方法数与两种物体个数之间的关系"，即搭配现象的规律。

（二）理解学生情况

说课设计时，要清楚"教谁"，要理解自己的教学对象。这个"理解"应该是全面的，既有理论方面的分析，又有实践方面的经验。根据建构主义学习理论，学生的学习是在自己已有经验的基础上，自主建构认知结构的过程。教师分析学情可以从学生的生活经验、已有学习基础和认知特征等方面来分析。在建构课目教育学知识的引领下，教师还可重视对学生学习困难的分析。

（三）整体思考教学

理解了课程文本、学生情况之后，教师需要对教学进行整体思考：制定教学目标，从评价的角度细化学生学习行为表现；选择恰当的教法、学法；构思教学实施流程，设计教学双边活动、问题情境和板书等。

例如，教师在理解课程文本与六年级学生情况的基础上，对《百分数的意义》一课的整体思考如下。

①从数学课程标准中涉及百分数的相关表述、百分数在教材知识结构中的地位、百分数概念在教材中的发生、发展过程三个方面分析课程内容。

②从认知特征、生活经验、已有学习基础三个维度整体分析学情。

③从知识技能、数学思考、问题解决、情感态度四个方面，整体构建教学目标的内容与行为表现。

④从概念的引入方式、概念的学习路径、概念的理解程度，思考教学流程以及板书设计。

(四)撰写说课文稿

在一定程度上可以说，凡是教师在教学前所做的准备以及实施中的一切要素都可以纳入说课的框架中。目前常见的有"三步式"说课，即说教材、说过程、说板书；"四步式"说课，即说教材、说教法、说学法、说过程；"八步式"说课，即说教材、说学情、说模式、说过程、说板书、说评价、说资源、说得失。在此基础上，产生了"新八步式"说课，即说教学内容、说学生情况、说教学目标、说教学方法、说教学资源、说教学过程、说教学评价、说板书设计。

拓展阅读

说教学过程，主要是将整体教学流程的设计与意图进行具体说明。教学活动中大小环节之间的关系要清晰，层次要分明，但不能面面俱到，要有所侧重，要多花笔墨在如何突出重点、突破难点之处。每个教学环节的设计意图要说清缘由和目的。而且，教师在说教学过程时，要留意为教学过程中的多样性和不确定性预设出多种方案，对预设的关注就是对生成的重视。以下是一位教师说《清平乐·村居》的"诵读感悟"这一重点教学环节的文稿。

《语文课程标准》要求："诵读优秀诗文，注意通过诗文的声调、节奏等体味作品的内容和情感。"古诗词，不管是何种句式，都平仄有序，简短精练，风格明朗，读来朗朗上口，抑扬顿挫。这样书声琅琅的课堂才会流淌出浓郁的"语文味"。

因此，在这个环节，我分三步走。

①一读字正腔圆。初读正音，预留学生感受音律之美的空间。

投影出示：wēng　　ǎo　　wò　　bāo　　lián　　péng

　　　　　　翁　　媪　　卧　　剥　　莲　　蓬

指名读、齐读，教师相机正音。

教师重点讲解："剥"字为多音字，表示剥去外皮时，念"bāo"。"莲蓬"中的"蓬"字念"péng"。

广东的孩子，身处三大方言——粤方言、客家话和闽南语交汇区，在平时的指导朗读中，要踏踏实实地指导学生读准每一个字音。这是"能用普通话正确、流利、有感情地朗读课文"的基础。

②二读节奏分明。高年级的学生，应该读出古诗词的节奏，掌握古诗词诵读的规律。教师适时范读，引导学生找节奏。

茅檐/低小，溪上/青青草。醉里/吴音/相媚好，白发/谁家翁媪。

大儿/锄豆溪东，中儿/正织鸡笼；最喜/小儿无赖，溪头/卧剥莲蓬。

在此基础上，师生共同小结古诗词诵读的一般规律：四言二二，五言二三，六言二四，七言二二三。

③三读读出韵味。教师引出古诗词的另一特点——平长仄短。教师引导学生体会诗词是讲究平仄的，平声就是阴平和阳平，发音要拉长；仄声就是上声和去声，发音要短促。教师适时范读：茅檐/低小，溪上/青青草。继而，教师引导学生模仿古人，加入动作去读一读，学生或摇头晃脑地读，或手舞足蹈地读。此处要留足时间，让学生充分地接触文本，这是学生内化语言的有效手段。

本环节的三读，通过教师有针对性的指导，学生在有层次地读当中，体会到诗词节奏和韵味。

(五)开发辅助媒体

随着信息技术的普及与发展，在一些说课活动中，人们往往借用媒体来辅助呈现说课的内容，以直观、生动的形式为说课增添光彩。当说课文稿撰写完毕后，教师可以利用一些软件将其制作为课件辅助说课。

做说课课件的软件主要有 PowerPoint(幻灯片)、Flash(闪客)等，当下大多数教师常用 PowerPoint，因为相对简单、较易操作。教师用 Power-Point 做说课课件，制作过程中容易修改，操作也比较灵活，即使说课过程中出现操作失误也可以及时调整，但是在多种媒体的融合方面不是很方便，如对声音、视频、动画的处理只提供了一些简单的功能。Flash 是专业制作动画的软件，在处理多种媒体的融合方面功能较强，但制作完成后的操作是封闭在软件内的，一旦说课过程中操作失误就很难调整。

目前 PowerPoint2007 及以上版本，在文字处理、图片美化、动画效果方面，与过去的版本相比，增加了一些新功能。如果课件对多种媒体的需求不是很高，用 PowerPoint 来呈现说课内容是个很好的选择。

在没有计算机辅助手段或即时性说课的场合，教师也可以通过教具、学具、教学图片、板书等手段来呈现说课内容。这时教师可以利用手绘思维导图的方式，边说边画，将说课的脉络与主要内容以简洁、直观的图示呈现出来。

不论是现代教育媒体还是传统教育媒体的使用，都要把握适用、适当的原则，将多种媒体巧妙结合，力图让说课更精彩。

五、说课的实施

在实践过程中，为了保证说课实施的质量，人们总结出了需要特别关注的一些注意事项。

（一）锤炼语言表达

说课要突出"说"的味道，要精练、生动、轻松且具有思考意蕴，切忌生硬地读稿或背稿。说课时语音要准确，有亲切感，语感要好，有感召力，能体现出一个教师的人格魅力和专业境界。

说课的教师同时具有 3 个角色：教学设计者、上课教师、听课学生。说课时教师可以灵活把握这三种角色的语言特色，灵活运用语调、语气的变化，在说课实施过程中巧妙进行角色转换，突出语言表达的语境感、身份感，让听众在听"说"课时就如同身临其境地来到了"上"课的课堂上，感受到教学时教师的魅力与学生学习的生动。

另外，教师写说课稿时为了条理清晰，通常是分项撰写，但在实际说课时，可以省去各部分标题中的一、二、三等，而用口语化的语言完成各模块之间的自然过渡。

（二）灵活使用媒体

说课中的媒体包括说课的课件、教具、学具、板书等，在说课实施过程中，教师需要巧用多媒体和信息技术，直观、简洁地展示说课内容。教师利用媒体呈现文字内容时，尽量不要将大段文字呈现在课件上，而是以直观的结构图、表格等方式，将核心内容及各内容之间的关系清晰地呈现出来。以下是一位教师在说五年级信息技术《美丽的生日卡》的"教法与学法"时的说课内容及课件。

说教法与学法示意图

信息技术不仅是一门学科，更是一种学习工具、学习方法。

综合运用课不同于新授课的教学。它不仅仅是前面知识技能的综合，更是要让不同层次的学生都得到发展，都在学习上有进一步的提高。在这节课，我抓住学生喜欢玩游戏的心理特征，采用小组合作限时闯关的游戏方式进行教学。在游戏环境下，每个学生都积极参与完成学习任务。

因为组间竞争使得组内的同学互相帮助，这就充分发挥了小组合作的力量，实现了学生之间的交流互助。

另外，本节课提供了丰富的网络学习资源，这些资源超出了教材的内容，可以让一些学有余力的学生进一步拓展学习。

以上直观的图示，随着教师的讲述动态呈现，便于听者理解教师的教学思考。

（三）讲究形式变化

过去，说课主要以报告式为主，教师在说课时都遵循统一模式，说课设计框架与流程大同小异。随着新一轮课程改革的深入以及说课概念的重建，人们渐渐发现，过去的说课模式太呆板，于是创新出不同的说课形式。比如，有的教师在说课一开始，就将课堂导入环节再现到说课的舞台上，以吸引大家的注意。下面是一位教师说北师大版小学数学六年级上册"认识比"的开头部分。

今天我给大家带来了一张照片，猜猜看，她是谁？（屏幕上展示教师的照片）对！是我。现在我将这张照片做了一些变化和技术处理，你看与原来照片相比哪张最像啊？（出示4张变化后的照片）你会选几号呢？

也许学生和现场的您都会选1号和4号。为什么1号和4号像原照？而2号和3号就不怎么像呢？这其中有什么奥秘？

各位老师，刚才这个有趣的活动，就是我和六年级孩子们一起学习"认识比"一课的导入片段。

认识比，是北师大版小学数学教材六年级上册的内容。本课教材是如何呈现的？教学的目标又是如何定位的呢？我是这样理解的……

在实际说课中，说课的结构框架也可以适当变化，力争灵活多样。比如，教师可以用报告式说课，按逻辑顺序依次说教材、学情、目标、方法、过程和评价等；也可以用问题式说课，提出主要问题之后，将说课的几项内容融入其中层层剖析，重点说出相应的解决思路与实际操作。

（四）广纳反馈建议

在说课实施过程中，教师还应注意使用一些组织策略，尽量全方位搜集参与说课教师的一些反馈建议，并加以整理，使之成为改进教学设计与实施的重要依据。比如，组织者要营造民主、平等的氛围，促使每位参与说课的教师都畅所欲言、乐于提出意见和建议。为了更全面地搜集反馈信息，说课者可以为每一位参与教师提供一份引导性的问题单，要求教师跟随这些问题的引导予以评价。引导性的问题可以有：你对说课中的理念、目标、内容、资源、方法、过程、评价等有什么看法？你认为哪些地方很有特色？哪些地方存在不足？你对该说课展示的教学设计有什么改进建议？等等。

附录　以兴趣为依托，玩中学，乐中悟——"5 的乘法口诀"说课稿[①]

本次说课的内容是：小学数学苏教版第三册 29～30 页：5 的乘法口诀。

一堂数学课就是一段生活，一段教师和学生情感交流、智慧互动的生命历程。没有课前精心的准备，就没有课上的胸有成竹。这里，我们将从六个方面向大家述说对这节课的精心预设。

一、说学情

二年级学生是 7～8 岁的小孩，他们的思维以直观为主，生性爱玩。另外，由于家长重视孩子的学习，在学了 2、3、4 的乘法口诀之后，有的家长就让孩子背完了所有口诀。但是，孩子对口诀的具体含义还不是很清楚，

---

① 本稿作者为广东省中山市教育局教学研究室李宇韬老师。配套的说课 PPT，可到以下网址下载：http://202.116.42.39/xxjy/wlkc/article/view.asp? id=1492.

特别是在沟通加法、乘法的运算意义以及与口诀之间的关系，构建关于乘法的认知结构方面还存在一定的困难。在此基础上，我们如何理解课程文本呢？

二、说教材

学习 5 的乘法口诀之前，学生已经理解了乘法的意义，掌握了 2、3、4 的乘法口诀。本节课是乘法口诀单元中的一个转折点，学生将由原来的接受口诀向编口诀过渡。这是一种学习方式的转变，也是思维发展的一个跳跃点，将为随后的乘法以及除法的学习奠定坚实的基础。（动态出示课件，参见下图）

说教材示意图

对教材的处理，我们以尊重、理解、创造为宗旨。学生水平差异较大，有的学生课前已背熟了乘法口诀表，有的学生对乘法的意义、口诀的含义仍不甚了解。如何让不同层次的学生都得到适当的发展？我们对教材略改变，用小组数手指活动代替课本中的主题图进行新授，并将教材上的练习分解、融入不同的游戏活动中。在活动中，每一个学生都充分参与，动手、动口、动脑，享受学习的过程。

三、说教学目标

为了让学生在经历知识产生的过程中掌握知识、训练思维、积累情感，本节课我们拟定了如下目标。

（一）知识与技能目标

学生能模仿编写部分5的乘法口诀，在编口诀、记口诀、用口诀的过程中进一步理解乘法的意义，提高应用乘法解决实际问题的能力。学生在理解口诀的过程中沟通加法、乘法与口诀之间的关系，完善认知结构。

（二）数学思维目标

学生在整理口诀的过程中，通过观察发现口诀的规律，初步形成发现简单规律的能力，并在找规律中将旧知与新知联结起来，提高知识迁移能力，发展数学思维。

（三）情感与态度目标

学生在编口诀等活动中自主学习，在合作交流中体验5的乘法口诀的产生和应用，积累学习情感，享受成功的喜悦。

根据学情和教材分析，结合教学目标，我们将本节课的重点确定为：通过编口诀，掌握记口诀、用口诀的方法。我们会采取活动教学法，充分调动学生的多种感官，加强对重点知识的习得与巩固。本课的难点是：处于不同发展水平的学生能通过观察发现口诀中的规律。为了突破教学难点，我们会充分利用小组合作学习的优势，并发挥教师教学语言与非语言行为的作用，在适当的时候进行引导与点拨。

四、说教法、学法

（一）说教法

布鲁纳认为，学习的最好刺激是对所学材料的兴趣。我们以启发式教学为主，综合使用讲授法、演示法、活动教学法，安排了形式多样的游戏活动，以兴趣为依托，让学生在玩中学、乐中悟。

（二）说学法指导

动手实践、自主探索、合作交流是重要的数学学习方式，而个体的独立自主学习是培养学生终身学习的奠基石。本节课将小组合作学习与个体学习相结合，学生在观察与发现中学习，在学习的过程中掌握自主学习的方法。（动态出示课件，参见下图）

说教法、学法示意图

五、说教学手段

教学手段是信息传播的媒介，教学信息能否被学生有效接收，与教学手段的使用密不可分。

我们充分利用身边的事物——手，作为教具和学具，用简单实用的多媒体课件，使教学信息的呈现更加直观、具体。

同时，我们开发了导学知识表格，用于帮助学生经历知识的创造过程，从而避免教材上其他信息对学生掌握新知的干扰。

六、说教学过程

基于上述五个方面的分析，我们将本节课划分为 7 个环节，自温故始，至启思终，学生在掌握知识的同时发展思维。（动态出示课件，参见下图）

说教学过程示意图

（一）温故——复习铺垫

通过温故使学生牢固掌握并运用所学知识，达到触类旁通的效果。我们让学生看算式说口诀、说一说是几个几相加、说一说可以怎样计算，唤起学生对已学知识的记忆，为新知的建构做好准备。

（二）激趣——孕伏新知

利用生动有趣的动画"帮小熊搭桥"让学生复习 5 个 5 相加的计算方法。这是一次迁移性练习，是为了使学生从旧知向新知过渡。（动态出示课件，参见下图）

"帮小熊搭桥"示意图

（三）设疑——导出新知

古人云：学起于思，思源于疑。这里我们以疑激趣，用问题来激发学生求知的欲望，变"要我学"为"我要学"。

有前面两个环节的铺垫，新知的学习可以说是呼之欲出。这时我们突然设疑：4个5相加是多少？你能想出几种方法？先让学生进行发散思维，再让学生比较哪一种方法更好，将发散思维归结到今天的学习内容"5的乘法口诀"上。

（四）知新——合作探索

我们将学习新知的环节分成两步进行。

第一步：推导口诀，由扶到放。

陶行知曾说过："教小孩子要尽量放手让他自己去学，能放手的时候一定要放手。"考虑到学生的差异性，为了面向全体学生，在口诀的推导中，我们采取"先扶后放"的教学策略。

先让学生找找身边包含"5"的东西，学生不难发现一只手有5个手指头，我们的教学就从数手指开始。我们引导学生一起来观察：一只手有5个指头娃娃，是一个5。用乘法怎么表示？给它编一句口诀——一五得五。我们再伸出两只手，提问：两只手一共有多少个指头娃娃？加法怎么表示？是几个5相加？用乘法怎么表示？2个5是10，给它编一句口诀——二五一十。这时，学生就进入了编口诀的氛围，他们觉得学习是件很简单的事，他们会跃跃欲试，有的同学甚至会小声嘀咕：三五、四五。这时我们顺势激励学生：剩下的口诀，你能自己编吗？在学生充满自信的回答后，让学生在小组内伸伸手，数一数，填写"导学表"中的内容，完成口诀的编写。接着，将几组学生编的口诀进行展示、点评，强调口诀的含义："是几个5"和"几个5是多少"。最后，师生共同将口诀板书填写完整。

《5 的乘法口诀》导学表

一、数一数，填一填

手的只数	1	2	3	4	5
手指头的总数					

二、想一想，填一填

1 个 5	5=5	1×5=5	一五得五
2 个 5 相加	5+5=10	2×5=	二五（　　）
（　）个 5 相加	_____	_____	三五（　　）
（　）个 5 相加	_____	_____	四五（　　）
（　）个 5 相加	_____	_____	五五（　　）

导学表格示意图

第二步：自主发现，寻找规律。

如果这堂课只教会学生编口诀、背口诀，就会造成优生"吃不饱"的现象。为了让每个孩子都能得到充分发展，我们把发现口诀中的规律作为难点来进行突破。让学生在小组内讨论，找出口诀中的小秘密，比一比哪一组发现的最多。再以小组为单位向全班汇报他们的发现，力争通过语言表达，让学生暴露自己的思维。在观察中，不同层次的学生会发现不同深度的规律，思维得到不同程度的提高。也许有的学生还没有达到发现规律的思维水平，但是在其他同学的表现中他会得到启发，模仿也是一种学习。

（五）巩固——寓练于乐

知识的学习需要不断的巩固。尊重学生的认知需求和学生发展的可能性，我们设计了动静结合的 4 项练习。

第一，数小鸭游戏。

课上到此时，学生学习的注意力渐渐分散，这时播放"数小鸭"的音乐，在轻松活泼的乐曲中唱一唱、动一动，学生会得到舒缓与放松。

音乐停下，我们随即提出："我们也来数小鸭，好吗？"大屏幕上随机出现小鸭，随着节奏让学生数一数有几只鸭，学生列算式，想口诀。这是通过直观形象的练习，巩固刚学的知识。

第二，算一算、想一想。

数学是抽象的知识，学生的思维最终要由直观走向抽象。在编口诀时，我们呈现的都是与口诀顺序一致的算式，如何消除学生对口诀的思维定势，真正理解乘法口诀的含义，并能灵活运用口诀进行表内乘法计算呢？为此，我们安排了下面这组练习。计算前，让学生想一想用哪一句口诀，计算后出示对应的另一道乘法算式，不仅让学生明白一句乘法口诀适用于两道乘法算式，而且可以在计算中向学生渗透乘法交换律的思想。

想一想：$5 \times 1 = \square$ $5 \times 2 = \square$ →   想一想：$5 \times 1 \boxed{=} 1 \times 5$ $5 \times 2 \boxed{=} 2 \times 5$

$5 \times 3 = \square$ $5 \times 4 = \square$ $5 \times 3 \boxed{=} 3 \times 5$ $5 \times 4 \boxed{=} 4 \times 5$

练习题

第三，争当智慧星。

为了了解每一个学生的学习情况，我们将教材上"想想做做"的后面 3 题作为诊断性练习，让学生独立完成，然后进行组内评价，评出每组的智慧星。

在练习的过程中，我们通过巡查了解每一个学生的完成情况，并根据学生表现出来的问题及时调整下一步的教学，对个别问题个别辅导，如出现普遍性问题则在全班纠正。

第四，数手指游戏。

把知识寓于游戏之中，游戏被赋予新的生命力。我们将孩子们喜欢的"剪刀、石头、布"游戏进行了改编，变成了 5 人一组的数手指游戏。游戏中只能出"布"和"石头"，看大家出的"布"的个数，数一数共伸出了多少个手指头，用哪一句口诀，看谁说得快又准。（参见下图）

三五十五

"数手指游戏"示意图

(六)小结——完善认知

本环节引导学生归纳小结学习内容，起到梳理概括，画龙点睛，提炼升华的作用，从而加深学生的印象，帮助学生完善新知的建构。

(七)启思——延伸学习

在课即将结束的时候，我们向学生提出："这一组有 6 个同学，他们都是出布，有 6 个 5，怎么办?"让学生带着问题走出教室，为下一步的学习作出铺垫。

七、说板书设计

将学习过程中师生共同创造的知识清晰地展示于学生面前，鲜艳的色彩、整齐有序的布局，刺激着学生的感官，帮助学生在乘法的意义、算式、口诀之间建立起联系，有助于学生对知识的内化。这里我们比书上多列了加法算式，这是为了强调乘法与加法之间的联系。(参见下图)

5的乘法口诀

手的只数	1	2	3	4	5
手指头的总数	5	10	15	20	25

1个5	5=5	1×5= 5	一五得五
2个5相加	5+5=10	2×5=10	二五一十
3个5相加	5+5+5=15	3×5=15	三五十五
4个5相加	5+5+5+5=20	4×5=20	四五二十
5个5相加	5+5+5+5+5=25	5×5=25	五五二十五

板书设计

总之，本节课以学生的兴趣为中心，在融洽的师生交往中进行活动教学，学生在玩中学、乐中悟，学习到了有趣、鲜活的数学。

第三篇　样式篇

教学样式，是人们在一定教育教学理念指导下，系统地组合教学过程的诸多要素，整体地操作教学活动的相对稳定的形式。其突出特点是超越了对教学活动中各个要素的孤立研究，以整体和动态的视角来观照教学活动。因此，教学样式有助于人们认识教学活动各个要素的普遍联系和动态转化，有助于人们在领会有关教学设计的理念与要素的同时落实教学设计。

新教师为了尽快适应并熟悉教学设计，需要有意识地关注和学习一些有代表性的教学样式，进而逐渐感受到教学设计虽然蕴含的理念复杂，涉及的要素众多，但它并不是虚幻渺茫的，而是有一定的样式可循的。这样，就可以根据一定的教学目标和内容等，灵活地选用教学样式来进行教学设计。

在历史上，众多的学者都曾研究过教学样式，无数的教师都曾总结过教学样式，当下国内外已经形成和正在形成的教学样式更是令人眼花缭乱。本篇主要结合实际案例，介绍系统讲授、引导探究、合作讨论和指导自学这四种教学样式。当然，任何教学样式都不是僵死的教条，而是既有相对稳定的一面，又有发展变化的一面，因此，人们需要对教学样式展开不断的创新探索。

第十三章　系统讲授的教学样式

"讲"在教学活动中必不可少。在课堂教学中，教师主要运用讲授的方式，向学生系统描绘情境，叙述事实，解释概念，论证原理和阐明规律等，这就是系统讲授的教学样式。

一、概述

在中小学课堂中运用的系统讲授教学样式，以教师的讲授和点拨为主线展开教学，学生通过聆听、思考、回答和讨论等多种类、多层次的活动参与其中。

在历史上，这一教学样式曾被广泛使用。然而，近年来系统讲授的必要性不断遭到质疑。就此，有学者以心理语言学、奥苏伯尔和维果茨基的研究为基础，剖析了讲授法以学生复杂、积极的心理活动为基础，是教学方法中比较高级的一种，与人类的高级心理机能相关，进而彰显了讲授法的合理和合法，并提出讲授法不是万能的，但没有讲授法是万万不能的，至少迄今为止是如此。① 另有学者以具体学科教学为例，阐明了讲授的必

---

① 丛立新．讲授法的合理与合法[J]．教育研究，2008(7)：64～72.

要。比如，从历史课的性质来讲，它是典型的知识性课程，因此，教师在课堂上讲授历史知识是完成历史课任务的一种主要方式。从传递方式来说，历史知识反映的内容是过去的人类活动，不可能通过实验加以重演，很多也不能进行直接观察。人们获得历史知识的途径，主要是听（听他人讲述历史）、读（阅读有关历史的书刊）、看（考察历史的遗迹）等，而学生获得历史知识的途径，也不外乎如此。其中，听课又是获取历史知识主要的渠道之一。如果历史教师放弃讲授历史，就可能阻断了学生对历史知识的系统学习。从历史教学中教师的作用来说，教师在教学中的主导作用尤其重要。历史课的思想性、导向性、科学性、教育性等，要在历史教师充分发挥作用的前提下才有保证。无论是知识传授、能力培养、学法指导，还是情感、态度与价值观的教育，都与历史教师的指导有直接的关系，也都离不开历史教师的正面讲授。另外，在实际生活中，好几位颇有成就的历史学家，在回答当初为什么选择研究历史时，都说是在中学时代遇到了好的历史教师，历史课讲得非常棒，所以被吸引到这个专业来了。所以，历史教师应该理直气壮地讲授历史，讲好历史课。

正确理解系统讲授的地位与价值，仅仅是运用好这一教学样式的前提。在此基础上，教师还需要潜心研究讲授的艺术，不断提高讲授的水平，灵活选择讲授的时机，才能真正将讲授的意义与功能释放出来，使学生听课如沐春风，享受春风化雨般的润泽和点化。就系统讲授的技巧，有教师总结为以下4条。[①]

第一，要拓展生发地讲。比如，鲁迅的小说《祝福》，对今天的中学生来说，其背景可谓陌生，仅靠学生去搜集一些背景资料，不足以使他们真正读懂封建礼教"吃人"的本质，学生也就不可能很好地读懂小说中鲁镇人的生活和祥林嫂的悲惨命运。为此，教师讲述了小说创作的历史背景、作

---

① 董旭午. 归去来兮，教师讲授之精魂[J]. 语文教学通讯，2010(3A)：18～19.

者的创作主张。不限于此，教师还拓展开去，生发开去，不仅满腔激情地讲述了几千年来女人被压迫的悲惨历史，更饱含真情地控诉了纲常礼教的罪恶。教师从甲骨文的"女"字讲起，讲到"奴婢"，讲到"宴乐"，讲到"妃嫔滕嫱"，讲到"三寸金莲"，讲到"烈女不嫁二夫"，讲到"女子无才便是德"，再讲到今天的"女弃婴"和"偷卖女孩"，等等。

就教材中背景较深、学生不大好理解的主题，教师需要在写作背景、作者生平等方面下些讲授的功夫。

第二，要趁热打铁地讲。比如，教《落日》时，围绕原文第三段内容，教师设置了一个问题：有人说，这段文字是败笔，是多余的笔墨。你同意这样的看法吗？为什么？学生不同意，主要有以下几种理由：一是这段文字交代了日本投降书签字的地点是"密苏里"号战舰，后面的事件都是从这里开始的；二是通过描写早上"密苏里"号战舰上的景象，渲染了签字前的喜庆气氛，烘托了胜利者的喜悦心情；三是通过这样的描写，文章字里行间也流露出了作者的喜悦之情。

学生陈述完这些理由后，教师没有马上领着他们进入下一个环节，而是趁热打铁地讲了几句："同学们，中国人民的抗日战争经历了 8 年之久，为此也付出了两千多万人伤亡的沉痛代价，早就盼望着这胜利的一天！朱启平，作为战胜国中国的一名记者，他的心情也一定是非常激动和喜悦的。那一天早上，他一定是神清气爽、激情澎湃的，打心眼儿里感到扬眉吐气！请看，作者笔下，那一排排陆战队士兵持枪肃立，多么威武、多么整洁；那一门门舰炮斜指天空，多么雄壮、多么气派；那一艘艘小艇往来疾驶，驰如奔马，多么迅疾、多么自豪！这一行行描写的文字，个个都是跳跃着的，欢呼着的，飞洒着喜悦的泪水的，洋溢着胜利的自豪的！同学们，我们就是要深入到这一行行文字中，去倾听作者那急促的呼吸、怦怦的心跳，去品味作者内心深处那喜悦泪水的涩和甜，就是要用全部情感乃至生命去体验一个中国人此时此刻的喜悦和幸福！"

教师的这段话深深地打动了在场的每一位学生，重重地拨响了他们心灵深处的那根民族尊严的琴弦，同时也对这个问题的回答画了一个完美的休止符。

第三，要启智拨慧地讲。比如，教李清照的《声声慢》，教师先简单、通俗地介绍了一下意象，然后让学生到词里去找意象。学生找到了"雁""黄花"和"细雨"等，但当教师让他们解释一下理由时，他们就犯难了，说不清道不明的。这时，教师引导学生走进文本的情境，走进词人李清照的内心世界，进一步搞清楚这首词是写给谁的，是要表达什么情感的，词人李清照此时的情感世界是怎样的。在此基础上，教师让学生解释这几个意象，他们就不再那么抓耳挠腮了。那"雁"勾起了词人对丈夫赵明诚的思念，蕴含着词人深深的思念之情；那"黄花"象征着孤苦憔悴的词人自己，词人甚至比"黄花"还憔悴、可怜，蕴含着词人的孤苦之心；那"细雨"整夜地绵绵不断，滴滴凉透了词人的凄苦之心，蕴含着词人无尽的相思和愁苦。

教师见火候已到，就及时讲了下面这段话："同学们，鸿雁象征着情爱，明月象征着团圆，绵雨象征着愁苦，梅花象征着高洁，寒蝉象征着凄苦，等等，这是中华民族千百年来审美心理的积淀，已经成为中华民族的审美文化符号，只要是中国人就能够听得懂，读得懂。其实，意象并不神秘，都是人们借某种物象的特性赋予它们的，是人们把自己的情感或心志寄托到它们的身上了。文学作品中具有这些象征意义的具体物象就叫作意象，其根源还是某种具体事物具有与这个意象的相似的特性，从根本上讲还是生活赋予了作家们这些智慧。所谓意境，就是文学作品里由多维的意象联合构造成的烘情渲意的情境。比如，词人李清照笔下的'鸿雁''晚来急刮的西风''三杯两盏淡酒''满地堆积的黄花''落叶的梧桐'以及'绵绵的细雨'等，就共同创造了冷清、悲凉、孤寂、凄惨的意境，渲染着凄冷的气氛，烘托着词人悲寂的内心世界。现实生活中的我们，也会有词人这样的体验和感受，那就让我们都拥有一颗多情、敏感、艺术的心，做生活的有心人和审美者吧！"

由此，学生就不再对意象、意境之类昏昏然了，并且还会在自己的作文中恰到好处地运用。教学过程中，有不少概念或问题，学生都是不大容易理解和消化的，教师不妨引导学生回归文本生活和现实生活，启智拨慧地讲一讲，肯定比不讲要强得多。

第四，要深化升华地讲。再以《落日》的教学为例，在教学即将结束时，教师借用文章的结尾讲了这段结课语："同学们，作者在文章的结尾说，我们将来也要讲给子孙听，代代相传。可是，我们别忘了百万将士流血成仁，千万民众流血牺牲，胜利虽最后到来，代价却十分沉重。我们的国势犹弱，问题仍多，需要真正的民主团结，才能保住这个胜利成果。否则，我们将无面目对子孙后辈讲述这一段光荣历史了。旧耻已湔雪，中国应新生。"

这样的结课语，无疑是高质量地收束了这节课的教学，深化了作品的主题，使之更具时代感和使命感，同时也升华了师生的情感，强化了民族自尊心和自豪感，可谓一举多得。

以下"古诗两首"和"繁盛一时的隋朝"的教学设计，均选用了系统讲授的教学样式，可供学习、借鉴和评析。

二、"古诗两首"教学设计

长期以来，不少教师把古诗教学看成一个难题，认为学习古诗就是在多读多背的基础上，理解清楚词句的含义。以下"古诗两首"的教学设计，体现了整体的大气和局部的精致巧妙结合，诗歌意义的理解与重点词句意蕴的开掘和谐统一。其具体设计如下。[①]

---

① 王自文，王崧舟.《古诗两首》教学设计及点评[J]. 小学教学参考（语文），2004（12）：12～15. 略有改动.

（一）教学内容

浙教版（浙江教育出版社，以下简称浙教版）六年制小学语文第十二册古诗两首：《题临安邸》《秋夜将晓出篱门迎凉有感》。

题临安邸

〔宋〕林升

山外青山楼外楼，

西湖歌舞几时休？

暖风熏得游人醉，

直把杭州作汴州。

秋夜将晓出篱门迎凉有感

〔宋〕陆游

三万里河东入海，

五千仞岳上摩天。

遗民泪尽胡尘里，

南望王师又一年。

（二）教学理念

语文课程具有综合性的特点。遵循这一特点，语文课堂教学应该努力在整合上做文章。三维目标要整合，课程资源要整合，教学方式要整合，教师在整合中提高课堂教学效率、提升语文综合素养。

语文课程具有审美性的特点。遵循这一特点，语文课堂教学应该努力在情感上下功夫。让学生在形象感知中入情，在切己体察中悟情，在展开想象中融情，在参读互训中升情。

语文课程具有人文性的特点。遵循这一特点，语文课堂教学应该努力在价值上指明航向。古诗是民族精神文化的重要载体，古诗本身又是一种独特的民族文化，古诗教学应该引领学生融入这种文化，从中洗涤心灵、铺垫精神底子。

（点评：理念是课堂教学的灵魂与精髓，理念贯通在课堂教学的全部结构和全部过程中。理念正，则课堂正；理念新，则课堂新；理念亮，则课堂亮。理念设计贵在精专，"整合"对应主要策略，"情感"对应主体内容，"价值"对应主导目的，大处泼墨、高屋建瓴，真有"推窗观天地，挥毫凌云烟"的气派。）

（三）教学目标

借助教材注释，结合课外资料，通过独立自主的学习，正确理解两首古诗的大概意思。

咀嚼和体悟重点诗句的意味，在反复诵读与融情想象中，感受诗歌的情绪和意象，得到心灵的熏陶和滋养。

在两首古诗的对比参读中，初步感受借景抒情的表达方式，明了诗与诗之间的内在联系，体悟诗人忧国忧民的情怀。

（点评：三大目标，层层设置，步步晋阶。目标一，旨在疏通古诗的意思，此为表层解读；目标二，旨在体悟古诗的意味，此为中层解读；目标三，旨在挖掘古诗的意蕴，此为深层解读。由"意思"到"意味""意蕴"，方得古诗学习的"三味"。又值得一提的是，三大目标，个个融合三维目标的要诀。每一个目标的表述水乳交融、浑然一体。）

（四）重点、难点

体悟两首古诗"忧国忧民"的意味和意蕴。

（五）教学方法

讲授法、问答法、情境创设法。

(六)教学用具

战马啾啾嘶鸣、嗒嗒践踏的音频，《清明上河图》课件，《满江红》MTV。

(七)教学时间

一课时。

(八)教学过程

1. 整体通读，把握诗境

自由读两首古诗，要求读正确、读通顺。读后借助课文注释，试着说说两首诗的大概意思。

指名朗读古诗，一人读一首。听听是否读得既正确又通顺。

全班齐读两首古诗，边读边想：两首古诗有哪些相同的地方。读后交流以下问题。

①作者都是南宋的诗人。随机让学生说说对南宋的了解，教师适时补充南宋王朝贪图安逸、屈膝求和、不思收复失地的史实。

②都有景物描写。随机设疑：写景只为写景吗？对此我们需要认真体会。

③都写到了人。随机追问：此处的"游人"指哪些人？(南宋权贵)此处的"遗民"又指哪些人？(北宋遗民)"遗民"的"遗"在这里当什么讲？(遗留)

(点评：知人论诗、整体观照，实为古诗学习的重要门径。本案设计，巧在开课伊始，即呈现两首古诗，此为整合策略的小试牛刀。借助注释、初知大意是整合的基础，聚焦同质、求同存异则是整合的关键。此处整合，意在铺垫史实背景、把握情绪基调，营造解读期待。从整合入手解读古诗，实乃教学模式的一大突破，妙!)

2. 分步解读，品悟诗情

(1)学习《秋夜将晓出篱门迎凉有感》

过渡：一边是南宋的权贵，一边是北宋的遗民。当他们如此鲜明地摆在一起的时候，我们会有何种感受呢？我们该做何种感想呢？

指名朗读《秋夜将晓出篱门迎凉有感》，读后说说题目的意思。

指名说说诗的大意，疏通诗义后追问以下问题。

①这里的"胡尘"，写出的仅仅是金兵战马扬起的尘土吗？

②听音效展开想象：在金兵战马啾啾的嘶鸣声中，在金兵战马嗒嗒的践踏声中，你能想象到怎样的场景？（学生想象后言说）

③哀声遍野，生灵涂炭。老人在流泪，小孩在流泪，北宋的遗民在流泪啊！这滴滴流淌的是怎样的泪啊？（痛失亲人的泪、家破人亡的泪、流离失所的泪、充满仇恨的泪、苦苦期盼的泪……）

④金兵横行，遗民泪尽，国破家亡，生灵涂炭，这是何等凄凉、何等悲惨的生活呀！当你面对这一切的时候，你的心情会怎样？

请你带着这样的心情读读这首诗吧！

⑤国家破碎，山河依旧，不同的是，奔腾咆哮的黄河已经成了金兵的饮马之槽，巍峨高耸的华山已经成了金兵的牧马之地。黄河向大海悲泣，华山向苍天哭诉。引导学生反复诵读古诗，读出凄凉，读出悲愤。

参读陆游的《示儿》，深化感悟。

①"南望王师又一年"，你可知道，这"又一年"是多少年吗？诗人陆游写这首诗的时候，中原已经沦陷整整 65 年了。同学们，65 年啊，780 个月啊，23725 多个日日夜夜呀！

1 年过去了——引读"遗民泪尽胡尘里，南望王师又一年"。

10 年过去了——引读"遗民泪尽胡尘里，南望王师又一年"。

65 年过去了——引读"遗民泪尽胡尘里，南望王师又一年"。

②又一个 10 年过去了，遗民们苦苦盼望的南宋王师来了没有呢？补充陆游《示儿》，齐读。南宋王师盼到没有，你是从哪儿体会到的？（但悲不见九州同）此时此刻，你还体会到了什么？

③古诗读到这里，你觉得"遗民"的"遗"仅仅是"遗留"的意思吗？（遗忘、遗弃）

是谁早早地遗忘了他们？是谁无情地遗弃了他们？

（点评：该诗的解读，紧扣一个"泪"字。遗民之泪，如瑟瑟秋雨，裹挟着满腔的凄凉、悲惨和绝望，洒向了三万里河、五千仞岳，洒向了满目疮痍、遍地废墟的中原大地，冷冷地滴落在诗人的心头。一个"泪"字，上承金兵蹂躏百姓的残暴，下启遗民苦盼王师的悲凉，可谓牵一发而动全身。教材透则教法透，此例即为典型，高！）

(2) 学习《题临安邸》

过渡：那些令人心凉的南宋王师干什么去了？（男生齐读《题临安邸》）

那些令人心凉的南宋权贵干什么去了？（女生齐读《题临安邸》）

那个令人心凉的南宋皇帝又干什么去了？（全班齐读《题临安邸》）

讨论：王师、权贵、皇帝，他们干什么去了？你是从哪儿读出来的？在对话交流中相机做以下引导和点拨。

①"暖风熏得游人醉"，这是一副怎样的醉态呀？读着这个"醉"字，你的眼前仿佛出现了怎样的画面？学生想象说话，教师相机点拨：这是烂醉如泥的"醉"，这是纸醉金迷的"醉"，这是醉生梦死的"醉"。那一杯杯琼浆玉液，灌入一个个酒囊饭袋之中，倾倒在一具具行尸走肉的体内。引导学生有感情地诵读古诗的后两句。

②在这帮酒囊饭袋的眼中，杭州还是杭州吗？课件播放《清明上河图》，教师解说：汴州又称汴梁、汴京，是北宋的都城。据史书记载，汴州当时的人口超过百万，是当时世界上最发达、最繁荣的城市。北宋画家张择端

的这幅《清明上河图》，生动地再现了一个王朝的兴盛和一座都城的繁华。大家看——街道纵横，店铺林立，人来车往，川流不息。好一派繁荣昌盛、国泰民安的气象啊！但是，这一切的一切，从城门被金兵攻破的那一刻起，从两个皇帝沦为金人阶下囚的那一刻起，就不复存在了。山河破碎，城市萧条，金兵肆虐，遗民泪尽。锦绣河山就这样无情地断送在这批酒囊饭袋的手中。是啊，无论是昔日的汴州还是今天的杭州，那些权贵们还不都是朝朝寻欢、夜夜作乐吗？他们已经断送了一个繁华如织的汴州，难道就不会再断送一个锦绣如画的杭州吗？

③想到这些，我们怎能不焦急？我们和诗人一起问问他们——指名朗读"西湖歌舞几时休"。

想到这些，我们怎能不担忧？我们和诗人一起再问问他们——指名朗读"西湖歌舞几时休"。

想到这些，我们又怎能不愤慨？我们和诗人一起，指着他们的鼻子问问他们——指名朗读"西湖歌舞几时休"。

（点评：解读该诗之难，难在一个"情"字。感悟诗人之情，要在一个"愤"字。这其中，有面对中原破碎萧条的悲愤，有面对权贵醉生梦死的激愤，有面对故土无人收拾的义愤。此情此愤，宜让学生感同身受、切己体察。然而诗人彼时之情与学生当下之情，实为落差过大、间距过远。因此，缩小情感落差、拉近情感间距就成了该诗教学的全部枢纽。对此，本案共设三招：第一招，抓住"醉"字，融情想象，让学生身临其境；第二招，抓住"作"字，含情解说，让学生触目惊心；第三招，抓住"问"字，激情诵读，让学生感同身受。难点破，则解读成矣，神！）

3. 整体参读，体察诗蕴

当这两首诗同时摆在你面前，当权贵寻欢和遗民泪尽两幅截然不同的画面同时出现在你的眼前，你有何感受？有何感想？（自由畅谈）

交替互读两首古诗。

①北方的壮丽河山沦陷了，西湖边还是一派歌舞升平、纸醉金迷——学生齐读《题临安邸》。在"西湖歌舞几时休"的质问声中，在"直把杭州作汴州"的痛恨声中，你感受到了作者那一颗怎样的心？

②杭州的权贵们在歌与酒的沉醉中昏昏度日，中原的百姓们却在金兵的铁蹄下苦苦挣扎、度日如年——学生齐读《秋夜将晓出篱门迎凉有感》。迎凉有感的背后，是诗人一颗怎样的心在跳动？

③这是两首各不相同的古诗，场景不同、人物不同、情绪不同，但现在，我们却再次发现了它们的相同之处——那颗忧国忧民的心是完全相同的。

面对醉生梦死的南宋权贵，面对水深火热的北宋遗民，面对忧国忧民的爱国诗人，你想对谁说些什么？（自由选择，自由练笔，畅谈体会，随机点评）

沉沦的是无道昏君，堕落的是无耻佞臣。（课件播放《满江红》MTV，随着悲壮的歌曲响起，教师动情言说）面对破碎的河山，面对苦盼的人民，抗金名将岳飞喊出了"精忠报国，还我河山"的豪言壮语。他的抗金事迹连同他的千古绝唱《满江红》，如同黑夜中一道犀利的闪电，划破长空、光照千秋。

（点评：整合的精髓，在索解两首古诗内在精神的一致。林升诗，以愤起首；陆游诗，以悲作结。表面视之，情感各异，但深层探之，则诗心昭昭，可谓"满纸忧愤言，一把辛酸泪"。此处整合，用对比参读的策略。对比之意，非为求异，实为探求内在精神的一致。"忧国忧民"四个血字，当让学生铭记在心。纵观两首古诗的解读过程，总有"长夜难明赤县天"之感，让人喘不过气儿来。然而史实终归是史实，本案教学压台于岳飞的《满江红》，课堂氛围顿时豪气冲天、壮怀激烈，此举用时虽短，用意颇深，大有"一唱雄鸡天下白"的痛快，爽！）

(九)板书设计

题临安邸	秋夜将晓出篱门迎凉有感
醉	泪
权贵寻欢	遗民苦盼
└ 忧国忧民 ┘	

(十)教学后记(略)

王崧舟老师不仅对教学目标和教学过程设计等进行了具体点评,而且对本教学设计进行了总体点评,具体如下。

古诗教学历来是阅读教学的一大难点,其难有三:第一,由于古诗内容的时空跨度太大,加之学生的阅历背景又太浅,他们很难与诗人心同此情、意同此理;第二,由于古诗的话语风格离学生的现有语感相去甚远,多数古诗教学仅仅满足于诗义的疏通和诗句的积累,至于诗的文化底蕴则往往无暇顾及;第三,因上述两难,古诗教学的模式还相对比较陈旧和保守,尽管时下有新课程理念的引领,但古诗教学却是涛声依旧,难有突破。

"古诗两首"的教学,在新课程理念的自觉引领下,知难而上,勇于求索,实现了古诗教学的三大突破。

1. 主题凝聚、资源整合,实现古诗教学模式的突破

纵观全案教程,一去传统的"逐首教学"(一首一首的教学)和"逐环教学"(从解题开始、正音跟上、疏通为主、背诵断后)模式,大胆采用"合—分—合"的教学思路,让人耳目为之一新、精神为之一振。自文老师以其深厚的文化底蕴和敏锐的审美嗅觉,洞悉了两首古诗的内在联系和同构本质。于是,以诗人"忧国忧民"的情怀为主题,将三维目标、三首古诗有机地整合为一体。首次整合,同中求异,奠定了两首古诗不同的情感基调;二度整合,异中求同,索解出两首古诗一致的精神本质。分步解读,则是在两

次整合之间的跨度上架起一道绚丽的彩虹。悟遗民之"泪"，解权贵之"醉"，为二度整合铺垫情感和意象的基础。

2. 比照参读、因果索解，实现古诗解读模式的突破

本案精读古诗有两首、略读古诗有一首。精读的两首古诗，从内容上比照，不难发现其中的因果关系，权贵寻欢实为遗民苦盼之因，反之，遗民苦盼必为权贵寻欢之果。用遗民之泪浇权贵之醉，何其让人心酸；以权贵之醉衬遗民之泪，何其让人悲愤。这种形象、情景、氛围的强烈反差，形成了一种震撼人心的情绪场。自文老师以其不凡的身手，引领学生切己体察、感同身受，师生在情绪场中共同受到了一次刻骨铭心的精神洗礼。陆游的两首古诗，则从时空的比照上，产生了另一种发人深省的艺术效果。一年又一年、苦盼再苦盼，一次次希望化为一次次失望，一次次失望又燃起一次次希望，然而一直到死，诗人盼来的依然是山河破碎、遗民泪尽。这种时间上的纵向对照和空间上的横向比较，大大拓展了古诗解读的文化背景，丰厚了古诗解读的文化底蕴。

3. 举象显情、借象悟情，实现古诗感悟模式的突破

感悟古诗，不在诗句的字面意思，而在诗句背后的情味和意蕴。如何引领学生读出诗句背后的那份情、那段爱、那颗心、那种味，自文老师独辟蹊径、别开生面地紧紧抓住"诗象"这一中介，成功实现了古诗感悟模式的突破。"胡尘"两字化为这样的画面：战马嘶鸣、铁蹄肆虐，白发苍苍的老人惨死在金兵的铁蹄下，青青的禾苗在金兵的马队飞驰中被连根踢起，秋风中瑟瑟的茅屋在狼烟中化为灰烬……试想，此景此境，怎不让人顿生悲切凄凉之情？情来自何方？靠咀嚼字面意思是很难生成的。"情"要靠"象"去显，当平面的诗句通过学生的想象生成为一幅幅鲜活的画面、一段段感人的旋律、一幕幕立体的场景时，学生才能投身其中，感诗人所感、想诗人所想、悲诗人所悲、恨诗人所恨，于是，诗句背后的情味和意蕴，

就在"象"的召唤和引领下，喷涌而起、一泻千里。

三、"繁盛一时的隋朝"教学设计

袁腾飞老师的"繁盛一时的隋朝"①，在 2002 年 8 月扬州举行的全国初中历史教学竞赛中获一等奖。本课的重点是大运河的开通及隋朝灭亡的原因，因此，教师在这两处设计的学生活动比较多，其他地方还是以教师讲解为主，兼用问答法和角色扮演法等，启发学生的思考。其中，大运河开通的教学，除了要让学生掌握大运河的基本情况之外，必须让其明白大运河在中国历史上所起的巨大作用并对大运河作出全面客观的评价。教师准备了活动式电子地图，有利于学生直观掌握。就隋朝灭亡的原因，教师补充相关史料，学生阅读、体会，感触那段历史，进而得出隋朝亡于暴政、急政的结论。另外，关于隋朝建立和统一南北的过程，因为不是重点，对学生而言又完全是新知识，所以教师讲述时简单交代即可。隋朝开创的科举制和三省六部制对后世影响深远，教师必须讲清这两项制度的开创性及对后世的深远影响。对于隋朝的经济成就，教材讲得比较空泛，教师要补充讲解一些史料，使学生自己得出隋朝经济繁荣的结论。具体教学过程如下。

师：扬州是我心仪已久的历史文化名城。到这里之后，一放下行李，我就抓紧时间游览名胜古迹，而且还做了一些记录。其中有一首诗给我留下很深的印象，我给大家朗诵一下。（课件显示：入郭登桥出郭船，红楼日日柳年年。君王忍把平陈业，只换雷塘半亩田）诗中提到的"雷塘"就在咱们扬州。我想请同学们告诉我，"君王"指的是谁，这是讲的哪一朝的史事呢？

生：隋朝，隋炀帝。

师：对，是隋炀帝。图中的荒冢就是整修前的隋炀帝陵。"荒垅穷泉

---

① 袁腾飞. 历史课的体验和探究——《繁盛一时的隋朝》教学设计[J]. 中小学教材教学，2003(23)：18～20. 略有改动.

骨，一代帝王陵"，为什么拥有平陈伟业的隋炀帝死后只有雷塘半亩田作为葬身之地？隋朝的治乱兴衰给后人留下了哪些经验与教训？这就是我们这节课要一起学习、探讨的问题。

（展示动态电子地图）公元 581 年，北周的外戚杨坚代周自立，建立了隋朝，定都长安，杨坚就是隋文帝。（图）这时在江南还有偏安一隅的陈朝与隋朝南北对峙。但北方的民族融合和江南经济的开发已为统一创造了条件。公元 589 年，隋文帝派次子杨广率大军渡江，一举消灭陈朝。华夏神州重归一统，黎民百姓共享太平。隋完成统一，结束了自西晋末年以来近 300 年的分裂割据。那么，统一对国家的发展有什么作用呢？

生：（回答略）。

师：对，有利于社会的安定和南北经济的交流。隋朝结束了近 300 年的分裂局面，江山来之不易，守之更难。摆在隋文帝面前最迫切的一项任务，或者说他最关心的是什么呢？

生：（回答略）。

师：隋文帝最关心的显然是怎么维护自己的统治，如何使隋王朝千秋万世，国祚绵长。隋文帝为此创立了一些重要的政治制度，其中一项就是三省六部制。（出示示意图）这项制度的推行，使秦汉时期的独相制发展到群相制，最终削弱了宰相的权力，巩固了中央集权，有利于在一个版图辽阔的国家巩固统一的局面，对后世影响深远，并被唐宋沿用。六部制一直沿用到清末，今天的北京还有个地名叫六部口。

隋朝开创了一套新的中央与地方官制体系。这时，还有一个问题要解决：什么样的人可以当官，就是选拔官吏的标准和手段是什么？哪位同学可以告诉大家，魏晋南北朝时期选拔官吏的依据是什么？

生：看门第。

师：对。魏晋南北朝时期选官只看门第，不问才华，带有明显的弊端。

而隋朝创立科举制，用分科考试的方法选拔官吏，到隋炀帝时增设进士科，科举制进一步完善。请同学们想一想，这种选择官吏的办法最受哪些人欢迎？有什么积极意义？

生：（回答略）。

师：科举制最受门第不高的读书人欢迎，有利于更大范围内的中下层地主阶级知识分子参与政权，扩大了统治阶级的基础，也为国家选拔到真正的人才，所以一直沿用到清末，长达一千三百多年。

通过前面的学习，我们了解到隋统一南北有利于经济的发展。隋朝经济发展的程度到底如何呢？我们一起来看几段材料。（电脑显示隋朝人口、耕地增加的数目及粮仓的数目）大家对隋朝的社会经济发展有什么印象？

生：繁荣。

师：我们一起来看古人是怎么评价的。（电脑显示：古今称国计之富者莫如隋。——引自《文献通考》）这时隋文帝的年号是"开皇"，后世称他统治时的这种治世局面为"开皇之治"。

在南北统一、经济繁荣的基础上，为加强南北经济交流，巩固统治，隋朝开通了举世闻名的大运河。（电脑显示图片）同学们可以说是生在运河边，长在运河边，大运河在扬州这块美丽富饶的土地上流淌了一千四百多年。那么，关于大运河，你们都了解些什么呢？

生：（回答略）。

师：（展示动态电子地图，介绍大运河的中心、起止点、分段、沟通的水系）大运河是世界最长的人工运河，为苏伊士运河的 20 倍，巴拿马运河的 38 倍。一千四百多年前，我们的祖先依靠智慧和双手创下如此煌煌伟业，这是中华民族永远的骄傲。

前两天参观时，听咱们扬州的导游对运河有这样一个评价："罪在当代，功在千秋。"这个评价是否恰当呢？（学生们没有反对意见）既然大家都同意，那么我请你们说一说，运河的开通，"功"在何处呢？

生：（讨论、回答）。

师：（总结、评价学生的发言）中国的地形被形象地概括为"七山二水一分田"。平原狭小，山地、丘陵面积广大，河湖众多。从图上看，大江、大河基本都是东西流向，造成南北交通不便。古人没有现代化运输工具，跨越江河的能力不能与今天相比。所以，大运河的开通起到沟通南北，加强交流，巩固统一的积极作用。悠悠岁月中，大运河作为一条闪光的纽带，连接了黄河、长江两大文明摇篮。她千里波涛澎湃激荡，为推动祖国的发展作出了不懈不倦的贡献。我这次一路南下，发现毗邻运河的村镇屋宇整齐，街市繁荣，发展水平很高，我们扬州就是一个典型的例子。在 20 世纪，津浦铁路通车前，运河对中国南北经济、文化往来，起着不可替代的作用。另外，我看到一则材料讲，运河是中国历史上最早的南水北调工程。这使我想起，今年我国南水北调工程的东线已经正式启动。她的起点，或者说水源就在扬州。所以说运河功在千秋。

那么，罪在当代又是怎么回事呢？这就回到咱们的课题上来了——繁盛一时的隋朝。如此强大的一个王朝却极其短命，只有 38 年，如果从统一算起则只有 29 年。享国日短，二世而亡。这是为什么？（学生回答因为隋炀帝的暴政）隋炀帝是中国历史上有名的暴君，他的暴政表现在哪些方面呢？

生：（回答略）。

师：我概括一下这位同学讲的，隋炀帝的暴政主要表现为：建东都、下江都、征高丽。下面让我们一起穿越时空，回到隋朝末年，去感受那段历史。（把学生分成 3 组，让其模拟修东都的民工、隋炀帝下江都时拉龙舟的纤夫和征高丽的士兵。发给材料，看完后，每组一个代表，把所见所闻表述出来）

生：（阅读、讨论、表述）。

师：刚才我们按照不同的身份，一起感受了那段历史。隋炀帝起于江都，死于江都。咱们扬州的同学对他可能十分了解。隋炀帝是公认的暴君，可他通音律、善诗赋、治军旅，绝非一般昏君可比。他搞工程建设，开运河、修驰道、建东都，甚至下江都，也都有积极意义。运河就是功在千秋。但是，我们刚才亲身体会了那段历史，隋炀帝在短短几年之内，连续进行大规模建设。人民急需休养生息，国力也需要恢复。他的所作所为急功近利，造成兵役、徭役沉重，社会生产遭到严重破坏。（显示材料）民不聊生，只能揭竿而起，隋炀帝本人也身死国灭，埋骨荒丘。由此，我们可以得出什么样的教训呢？

生：（讨论、发言）。

师：隋炀帝的很多建设都是有意义的。但是即使是正确措施，如果时机不当，弄得人民活不下去，也只能发生悲剧。所以，治国必须要考虑社会的承受能力。文武之道，一张一弛，只有稳定，社会才能发展。后来的唐太宗接受隋亡教训，休养生息，轻徭薄赋，开创了"贞观之治"的治世局面。这是我们以后要学习的内容。

第十四章　引导探究的教学样式

在课堂教学中，除了使用系统讲授教学样式之外，就某些教学内容，如抽象的概念等，教师可以考虑选用引导探究的教学样式，即教师通过创设问题情境等方式引导学生进行探究式学习。

一、概述

引导探究教学样式，一般包括提出问题、展开探究和总结概括等阶段。这种教学样式，在当前的课堂教学中正在得到广泛的运用。但是，教师引导学生的探究，容易出现"过度简化问题情境"和"直接提供解决问题的关键信息"等误区。①

第一，过度简化问题情境。在理科教学中，简化问题情境有时是必要的，这可以使学生获得方向感，少走弯路，但要防止过度简化问题情境。

比如，为了让学生顺利发现欧姆定律，教师先向学生介绍电流、电压、电阻这 3 个概念，然后做两组演示实验：第一组实验展现电流表的读数随电压增大而增大的情况，第二组实验则展现电流表的读数随电阻增大而减

---

① 刘华．不侵犯学生的创造空间——探究式学习指导的基本原则[J]．教育科学研究，2010(4)：49～52.

小的情况，让学生在观察上述实验的基础上猜想电流、电阻、电压三者的关系。这种高度结构化的演示实验，将现象涉及的概念以及概念之间的关系都清楚地显示出来，表面上看是在让学生探究定律，实质上无须学生试探性地从杂多的现象中抽取出统一的规律，进而建构科学概念，得出科学定律。这种高度结构化的问题情境在一定意义上违背了探究学习的本真追求。

而在文科教学中，过度简化的问题情境往往是一些高度纯化的生活图景，即经过精心选择、剪裁或过度解释的生活图景。它们是现实生活的某些碎片或影像，难以真正反映生活的本质——复杂而充满矛盾，难以引起学生对生活问题的辩证思考；它们之所以被呈现在课堂上作为学生探究的对象，从根本上说是教师为了传达某些观念和看法。

比如，教师呈现几个生活片段，向学生展示公共汽车上、餐厅里、游乐场中人们互不谦让而引发矛盾和混乱的景象，然后让学生"探究"其中蕴含的道理。显然，这一问题情境是为了传递"谦让是一种美德"和"谦让带来和谐的人际关系"等观念而精心剪裁的，它不能激发学生对生活中有关谦让的复杂现象及谦让的相对价值进行辩证思考，而只是让学生不加批判地接受教师或教材现成的观点和看法。

第二，直接提供解决问题的关键信息。解决问题的关键信息是主体在分析问题的基础上形成的创造性见解，它们的出现最终导致问题的成功解决。比如，对于归纳性问题，大胆而合理的假设、搜集资料的方向和方法就是关键信息；而对于解释性问题，解释依据、解释框架等就是关键信息。

在引导探究时，很多教师在学生遇到困难、思路受阻时，不是去帮助学生分析问题，引导学生想出关键信息，而是直接将关键信息告知学生。这样做尽管能使学生顺利地完成探究活动，却未能充分体现探究学习的意义和价值。在一定意义上，探究学习存在的最大问题是，教科书或教师包办了如何根据有限的线索确定证据搜集的方向，如何在不止一个可能合理的解释面前作出决策。阿基米德定律的教学就是一个典型的例子。一般的教学处理表面上看好像是从事实得出规律的，但关键问题是人们怎么会想到设法去收集那一部分由于物体的浸入被排挤出的液体，这才是最奥妙、最有魅力的内容，而对于学生来说，如果将这变成了"阳关大道"，发现阿基米德定律就等同于测量的操作了。

在一定意义上，学生的探究，分析问题、解决问题的过程远比问题解决的最终结果具有更大的主体发展价值。很多教师忽视了这一点，为了让学生说出自己想要的答案，百般诱导，根本不管分析问题、解决问题本身的逻辑。在下面的教学片段中，教师非常成功地诱导学生说出了预设的结果，而这恰恰是以剥夺学生自主探究、寻找关键信息的机会为代价的。

在一节初中地理课上，教师首先以多媒体展示印度尼西亚巴东镇的民居，然后提出问题"他们的屋顶为什么是尖斗状的"，在学生凝神思考面露疑惑时，教师提示"这个地方的年降雨量达到 2000 mm"，学生恍然大悟，异口同声地说"为了排水"。

我们看到，教师虽然没有将答案告诉学生，却将解决问题的关键信息直接提供给学生。在这一语言环境中，教师的言语明白地提示学生，用该地区的年降雨量来解释其屋顶的造型。学生仅仅是接受教师的提示，调用了排水式屋顶的生活经验，而没有真正开动脑筋思考问题、寻求问题的解决途径，没有经历一个自己搜集资料、分析资料、作出猜想、检验猜想的探求知识的过程——调查一下屋顶的形状一般与什么有关系，打开书查查印度尼西亚的地理位置在哪里、气候条件是怎样的，猜测、分析尖斗状的屋顶可能与哪些因素有关，最后再去搜集各种事实材料来直接或间接地检验自己先前的猜测。

　　总之，呈现过度简化的问题情境，直接提供解决问题的关键信息，都失之于指导过度。这种学习过程背离了真实的问题探究过程——学生并没有亲历开动脑筋理解问题情境、界定和分析问题、尝试解决问题的过程，而只是在揣测、回应教师的意图。因此，或许课堂上师生进行着热热闹闹的互动，学生顺顺当当地解决了问题，但这些并不表示学生的探究是真实的、有效的和成功的。

　　因此，选用引导探究的教学样式，需要教师充分考虑如何进行适度的引导，促进学生探究活动的有效展开。

　　下文中呈现的"物质是由微粒构成的"和"面对经济全球化"教学设计，是选用引导探究教学样式的实例，可供参考和分析。

　　二、"物质是由微粒构成的"教学设计

　　"物质是由微粒构成的"，力求让学生的科学观念形成成为一个在教师引导下的自主探究和建构过程，让学生经由问题情境生发化学探究的愿望和意识，通过自主活动领悟化学的基本思想，用化学知识的精髓滋养自身的科学素养。具体教学设计如下。①

　　(一)教学内容

　　一位物理学家说过：如果在某次大灾难中，所有的科学知识都将被毁灭，只有一句话能够传给下一代，那么怎样的说法能够以最少的词汇包含最多的信息呢？我相信那就是原子假说(或原子事实，或随便你叫它什么名字)，即万物都由原子构成，原子是一些小粒子，它们永不停息地四下运动，当它们分开一个小距离时彼此吸引，而被挤到一堆时则相互排斥。只要稍微想一想，你就会看到，这句话里包含关于这个世界的极大量的信息。

――――――――――

　　①　程同森，等．初中化学教学落实观念教学的探索——"物质是由微粒构成的"教学设计与实施[J]．化学教育，2009(10)：32～35．略有改动．

对于这个"包含世界的极大量信息"的原子、分子的教学内容，几种课改新教科书有的着墨较多，有的着墨较少。我们分析了各种教材确定该部分内容的教学价值取向和教学这部分内容的现状，认为需要将原子、分子由知识教学转变为观念教学。微粒观是化学科学素养中的重要观念，只有让学生切实建立物质构成的微粒观，才能为学生今后的学习和发展打下坚实的基础。教学实践也表明，不少学生感到化学难学，不得入门，就是因为没有建立宏观—微观相互联系的思维方式，即没有形成物质构成的微粒观念。

（二）学生情况

学生在生活中认识的世界是一个能用感官感知的世界，自然形成了一种宏观的思维方式。一位同学拿着集满氧气的集气瓶问教师："氧气里面有什么？"这个问题看起来有些可笑，却反映了生活在宏观世界里的人的一种思维方式：我们看不见氧气，怎么知道这个物质里面有什么呢？前人把物质想象成（或大胆假设成）由肉眼看不见的微粒构成，是一种创造。今天，人们最终看到了原子、分子，真正知道"肉眼看不见"的"微"究竟小到什么程度，才更加体会到前人关于"物质由微粒构成"的想法具有多么大的创意。正因为如此，让不具有化学思维方式的人（包括初学化学的学生）想象出一种物质是由不连续的、看不见的微粒构成的，是很困难的。同时，这种源于直觉、想象的创造力又是不能用讲授的方法去教的，在教学上我们能够有所作为的，就是创设问题情境，用问题"逼"学生去解释，去想，想通了，顿悟了，解释得让人信服了，教学的目的就达到了。我们安排了较多的课时进行这部分内容的教学，本课时为第一课时，内容是"物质是由微粒构成的"。

（三）教学目标

1. 基本目标

知道"物质是由微粒构成的，微粒很小，肉眼看不见"。

能用上面的观念解释一些现象。

为能形成这种认识并用于解释现象而高兴。

2. 开放性目标

学会提问"为什么酒精汽化了就看不见了"这类"简单"的问题。

知道"直觉"和"想象"对创造具有重大作用。

感受人类认识微观世界的智慧，产生探究微观世界的热情。

（四）重点、难点

1. 教学重点的分析与确定

"建立物质构成的微粒观"为教学重点。观念是一种"见识"或"见地"，解决"怎样想、为什么这样想"的问题，是"化学的一种基本思想方法和核心认识构架"。较之具体的知识，观念是学生科学素养中更为本质的部分，观念形成是科学教育的基本任务。

学生是否建立了物质构成的微粒观念，不在于是否记住了相关的词句，关键要看学生是否把该词句蕴含的观念变成自己的一种信念，一种看问题的思想和方法。检测观念是否形成，就要看用该观念对相关问题的解释是否合理，是否令人信服，是否经得住反驳，所以教学中让学生开展解释活动是很重要的。

2. 教学难点的分析与确定

学生用感官认识的物质都是连续不间断的，建立"物质不连续，由分立的微粒构成"的观点是难点。除了直觉、想象的方法，教师也要用科学的事实来帮助学生克服难点。

（五）教学流程图

| 教学流程 | 活动内容 |

<table>
<tr><td>问题引入，学习定向</td><td>追问物质发生化学变化的原因，激发学生的学习兴趣，对学习活动进行定向</td></tr>
<tr><td>从最简单的生活现象提出问题，引发思考</td><td>糖块溶到水里为什么不见了？湿衣服为什么不知不觉变干了？学生自我解答之后悬置答案，进入下面的实验环节</td></tr>
<tr><td>动手实验，由实验现象提出问题，激发更深入的思考</td><td>学生完成酒精汽化和冷凝实验。用"酒精汽化后看不见了，冷凝后又看得见了"的实验现象，引导学生说出自认为有理的各种解释，学生之间展开争辩，找出大家都认为最有说服力的解释——物质由微粒构成，微粒很小，肉眼看不见</td></tr>
<tr><td>用微粒客观存在的证据，让学生的猜想变成可证实的理论</td><td>通过投影由扫描隧道显微镜拍摄的各种原子、分子照片，"手"的逐级放大直到构成手的分子的图片，讲述 1 滴水的逐级放大的形象故事，计算 13 亿人数 1 滴水中的水分子需要的时间，猜测 1cm距离可排放多少氢原子等，让学生确认微粒的存在和微小</td></tr>
<tr><td>应用观念，解释现象</td><td>用物质由微粒构成的观念，重新审视课一开始时提出的问题，作出新的解释</td></tr>
<tr><td>课题小结，反思评价</td><td>投影学习目标，让学生对照目标进行自我反思和评价，明确收获和不足，布置作业，为下节课做准备</td></tr>
</table>

（六）教学过程

1. 问题引入，学习定向（约 1 分钟）

师：同学们都非常喜欢做化学实验，做实验可以观察到新奇的现象，很多同学已经耐不住性子在问，物质发生变化的原因是什么。从今天开始，我们就踏上这一寻根问底之路。

2. 从生活现象提出问题进行思考（约 1 分钟）

（投影）

> ◇一小块冰糖如何均匀地分给全班同学？
>
> ◇糖块放入水中后，会逐渐变小，直到糖块完全消失。你怎样解释糖块消失这一现象？
>
> ◇湿衣服为什么会晾干？蒸发是怎么回事？
>
> ——牛顿或爱因斯坦这一类科学家成才的一个原因是：他们问很明白、很天真的问题，结果，这些问题的答案却是惊天动地的。

师：请把你们的解释写在学案上，暂时放在那里，接着让我们做一个有趣的实验。

3. 实验提问，探究答案，建构微粒观（约 20 分钟）

学生观察密封在塑料袋中的乙醇（俗称酒精），记下乙醇的物理性质：颜色、状态。

将密封有乙醇的塑料袋放入 85℃以上的热水里，观察现象，此变化属于（　　　）变化（选化学或物理）。

将塑料袋从热水中拿开，在空气中停留一会儿，观察现象，你对这一实验现象感到新奇吗？你提出的问题是什么？

思考：怎样解释看得见的乙醇汽化后就看不见，液化后又看得见？

让学生提出自己的解释，教师进行追问。比如，学生回答："汽化了，变成气体了就看不见了。"教师追问："为什么气体就看不见？"……迫使学生人人动脑筋给出一个自己认可的解释。

学生归纳已有的几种解释，分组讨论这些解释。学生小组汇报，全班自由争论，并记下自己认为最有说服力的解释。

教师期望并引导学生作出这样的解释：

如果我们把看得见的乙醇想象成是由很多很多小到肉眼看不见的微粒聚集而成的，当乙醇受热时，就会分散开来成为一个一个的微粒，我们称这种微粒为乙醇分子。微粒（分子）很小，是我们肉眼看不见的，所以我们就看不见了。当遇冷的时候，一个一个的乙醇微粒（分子）又聚集在一起，聚集得多了，我们就又看到液体状态的乙醇。

师：你赞同这种想象吗？你信服这样的解释吗？

师：微粒（分子）是一种想象的产物，是发明出来用于解释现象的一种"说法"，这种想象的"说法"称之为"假说"或"猜想"。

（设计意图：假说的创立，不能是一个被告知的过程。学生自己的想象和同学之间的交流共享是必不可少的。有了上述过程，学生表述的关于微粒观念的词句是自我建构的，会从内心里和感情上接受它们。如果没有这个过程，学生即便把分子、原子的知识记下来了，也很难相信它们。另外，这个过程也是人类建立微观认识的一种重演，学生较容易体验到原子学说的提出是人类智慧的创造。以上活动是本节课最核心的环节。）

4. 观察，思考，确认（约 8 分钟）

师：同学们用"物质是由微粒构成的"这一猜测，对我们提出的问题作出了令大家都能接受的解释，这是令我们高兴的事情。我们的想法和两百多年前道尔顿等人的思想是一致的，最初他们把想象的这种微粒称之为原子，后来发现构成物质的微粒还有分子、离子。这些微粒作为人类思维的发明物，成功地解释了原来人们不能解释的现象。但对这一学说持怀疑态度的人，总是不依不饶地让拥护该学说的人拿出一个原子或分子来看看，才能让他们信服。原子、分子是不是一种真实存在？直到 20 世纪 80 年代发明了扫描隧道显微镜后，人们才通过这个仪器真切地看到了原子、分子。

（投影）扫描隧道显微镜下的原子、分子照片。分子由原子构成。

（投影）人的手从 100 倍逐级放大到 1010 倍的系列照片。

师：水是大家最熟悉的物质之一。我们肉眼看一滴水，是光滑的、连续的。用放大 2000 倍的光学显微镜看，水滴会变成 $10\ m^3$ 大小，大约有一个大房间这么大，我们仍旧看到相当光滑的水，当然也会看到水中存在的像草履虫那样的微生物。把它再放大 2000 倍，我们就会看到某种挤在一堆的东西，它们不再有光滑的外表了，看起来像是从很远的距离看到的足球比赛时场上的一堆人。为了看清这种挤在一堆的东西究竟是什么，把它放大到 10 亿倍，我们就会看到这滴水是由一个一个粒子构成的。

（投影）水放大 10 亿倍的示意图。

（设计意图：以上教师的谈话和投影，让学生确立"物质是不连续的，是由分立的微粒构成"的认识。）

师：再让我们看以下的投影。

（投影）

猜测：1 cm 距离能排多少氢原子？（大约 1 亿个）

猜测：1 滴水里大约有 1.67×10^{21} 个水分子。如果全中国 13 亿人都来数这 1 滴水里的水分子，1 秒钟数 1 个，24 小时不停地数，需要数多少年？（约 4073 年）

阅读：把 3 滴水中的全部水分子连成 1 根链子，能够从地球到太阳绕 2 个来回，还有剩余，因为这根链子长 6.68×10^8 km。

（设计意图：以上猜测、阅读活动，让学生根据数据尽量想象物质微粒的小，确信微粒的"微"。）

师：为了直观地认识原子、分子的模样，人们依据放大后的影像制作了模型。

（展示）水分子模型、氧分子模型、甲烷分子模型，指明其中的 C、H、O 原子。

（投影）二氧化碳、乙酸、乙醇等分子模型。

（设计意图：通过以上观察，让学生直观、形象地感知分子、原子。只有被实验证实了的假说才被称为理论。以上多个环节的教学，特别是扫描隧道显微镜下的图片，证实了学生的猜想，学生会为自己的智慧成果而骄傲，也从历史的、直观的、形象的角度认识了物质微粒的客观存在，巩固了由想象得出的物质构成的微粒观。）

5. 应用观念，解释现象（约 6 分钟）

师：请同学们用"物质是由微粒构成的，微粒很小，肉眼看不见"这一观点，再来看你对"糖块放入水中后，为什么会逐渐变小，直到糖块完全消失"以及"湿衣服为什么会晾干？蒸发是怎么回事"的解释。

学生重新整理、书写新解释。师生互动矫正。

（设计意图：应用微粒观解释自然现象，借此评价学生的微粒观是否形成。）

6. 反思评价（约 4 分钟）

投影出教学目标，请学生对照目标，说说在本节课中的收获和体会。

布置作业。

（投影）

爱因斯坦是能问极为简单问题的人。你问过这些问题吗？

为什么敞口容器中的水会逐渐减少？为什么温度越高，减少得越快？

为什么没有看见花却能闻到花香？

香水、汽油为什么要密封保存？挥发是怎么回事？

物体为什么会有热胀冷缩现象？

想想以上问题的答案，为下节课做准备。

(七)教学反思

本节课力求由知识教学转变为观念教学。以往的教学把"物质是由原子、分子构成的"这一结论直接告诉学生，然后学习分子、原子的性质。这样就把人们提出"原子、分子"这种假说的初衷，把原子、分子假说的形成过程忽略了，因此也就舍弃了这个理论中蕴含的极大的人类智慧，忽视了理论形成过程对培养学生创造力的重要价值。我们的课把丢弃的部分捡回来了，在让学生建构微粒观的过程中，不但形成了化学的最为基本的观念，同时培养了他们的直觉和想象的创造力。

开放性是本节课的基本特征。正因为观念的形成必须是自我建构的，所以，它需要教学具有更大的开放性。我们从生活、实验、科学史诸多方面开发资源，提出开放性的问题，特别是采用直觉、想象、讨论、争辩等开放性的活动，把微粒观的形成落到了实处。在40分钟的时间里，学生能把"物质是由微粒构成的，微粒很小，肉眼看不见"这句话变成自己的信念，就是很了不起的发展。

本节课在结构上有两点特色：一是以"问题"上课，仍以"问题"下课。二是学生对问题的最初答案被悬置，待到形成微粒观后再反观这些答案，既保持了教学活动的一种张力，又通过这种自我反馈让学生真切体验到自己的发展。

学习这样的内容需要师生极大的激情，这也是我们创建活力课堂的基本追求。但我们的激情还不够，开放性的活动也还有不充分的地方，师生互动也有不流畅的地方，这都是这节课的不足之处，尚需改进。

三、"面对经济全球化"教学设计

"面对经济全球化"的教学设计思路是：从创设真实、时代感强、有冲击力的问题情境入手，通过组织学生收集资料、分析、讨论和提出合理化建议等形式，有效调动学生的积极性，凸显重过程、重体验和重探究的基本理念。具体设计如下。[①]

(一)教学内容

人教版普通高中实验教科书《思想政治》必修 1 经济生活第十一课第一课时。

(二)教学目标

1. 知识目标

识记经济全球化的含义、表现形式和载体，理解经济全球化的实质、利弊影响和我国应对经济全球化的态度。

2. 能力目标

提高辩证地、全面地分析问题和观察问题的能力，理论联系实际的能力。

3. 情感、态度与价值观目标

应对全球化挑战，关键在自己，要树立努力学习、为民族振兴而奋斗的志向；分析我们面对的挑战，增强忧患意识和使命感。

(三)重点、难点

经济全球化的影响以及我国的应对策略。

(四)教学方法

问题探究法、情境教学法、讨论法。

(五)课前准备

学生预习教材，通过多种渠道，查阅收集一些跨国公司的信息，收集我县上市公司"华星化工"的资料。

---

① 张安勤."面对经济全球化"教学设计[J].思想政治课教学，2009(7)：52～54.略有改动.

（六）教学过程

1. 走进情境，步入主题

展示漫画：金融风暴——黑色旋涡，播放新闻视频，《华星化工遭遇销售寒流》。

教师引导：上一节课我们共同学习了科学发展观的地位、内涵和具体要求。这节课，我们把探究的视野瞄准世界，共同探讨世界经济的大趋势。今天，美国金融海啸已席卷全球。受金融风暴的影响，我县企业"华星化工"系列农药海外销售量同比大幅下降。这反映出当今世界经济怎样的趋势？通过学生回答，引出当今世界经济发展的趋势——经济全球化。

图片展示：随处可见的外国产品、走出国门的中国产品……

教师引导：如今，我们不出国门，就能看到来自世界很多国家生产的产品，同时，"中国制造"也广泛地走进了外国人的生活。总之，我们几乎处处能感受到经济全球化的影响。那么，什么是经济全球化？经济全球化到底是蛋糕，还是陷阱？我们又应该如何应对？这节课我们就一起来学习、探讨。

2. 情境探究，感悟新知

(1)经济全球化的含义

教师活动：指导学生阅读教材 91 页的内容，思考什么是经济全球化。

学生活动：阅读教材，认真思考，回答问题。

教师总结：从两个方面把握经济全球化的含义。一是人、财、物的跨国流动使各国经济相互依赖、相互联系，二是点明"化"有趋势之意。

过渡：这种趋势有什么外在表现形式？

(2)经济全球化的表现

①生产全球化。

图片展示：多国联合生产"空中客车"和"宝马"汽车。

教师引导：师生根据图片内容，共同回答有哪些国家参与其中的生产协作，让学生感知经济全球化的第一种表现形式。

问题探究：

很多产品由许多国家共同生产，说明了什么？它形成的根本原因是什么？

为什么很多先进的产品是由许多国家共同生产的？

学生活动：认真思考，积极回答。

教师点评、引导，师生合作得出结论：第一，生产力的发展、科技的进步推动了经济全球化的形成。随着科学技术、国际分工与协作的发展，各国的生产活动相互联系、相互协作更为密切，各国的生产活动也日益成为世界生产链条中的一个环节。第二，生产全球化有利于世界各国充分发挥各自优势，节约社会劳动，促进资源的合理配置。

过渡：生产力的发展推动了世界贸易的发展，形成了贸易的全球化。当今各国注重发展对外贸易。对外贸易的优点在哪里？

图片展示：2007 年我国贸易总额、从数字变化看世界贸易发展。

②贸易全球化。

问题探究：教材第 92 页方框内的两问。

学生活动：分组讨论，小组代表回答。

教师点评后总结：第一，各国总用自己的优势产品去换取自己的劣势产品。从劳动生产率看，乙国在粮食及肉类的生产上均占绝对优势。甲国拥有生产粮食的相对优势，乙国拥有生产肉类的相对优势。两国进行贸易，实现优势互补。第二，我国应在继续发挥劳动密集型产业比较优势的同时，积极创造我国在资本、技术密集行业的比较优势。

过渡：伴随生产和贸易全球化，资本的跨国流动增加了。

③资本全球化。

问题探究：阅读教材第 93 页的漫画，思考漫画反映的问题。

教师引导：随着生产和贸易的全球化，资本在全球范围内的流动不断加快。哪里利润高资本就流向哪里，当今每天大约有 2000 亿～5000 亿美元的资本在世界流动。资本的全球化使投资成为经济发展的支点，促进了世界经济的发展。我国凭借政治稳定、政策优惠，吸引了大量境外资本进入我国。

图片展示：美国"耐克"公司。

过渡：美国"耐克"公司总部 7800 多名职工只负责设计、选厂、销售，而生产却由分散在世界各地的 40 多家分厂完成。那么，推动经济全球化的载体到底是国家、个人，还是跨国公司？

（3）经济全球化的载体——跨国公司

教师活动：课前布置学生收集跨国公司的有关资料，准备课堂交流。

学生活动：学生代表走上讲台，运用多媒体手段介绍一些跨国公司的基本信息，其他学生可补充。

教师引导：正因为跨国公司在全球到处投资设厂，才迅速推动了生产全球化、贸易全球化、资本全球化，使商品、劳务、技术、资本在全球范围内流动和配置。进而得出"跨国公司的迅速发展为经济全球化提供了强有力的载体"的结论。

（4）经济全球化的影响

①积极影响：经济全球化推动了生产力的发展。

图片展示：深圳前后 30 年巨变。

问题探究：深圳的经济发展，很大程度上在于它抓住了经济全球化的机遇，坚持对外开放。那么，经济全球化给发展中国家创造了哪些有利条件？

学生活动：阅读探究材料，思考后相互交流。

教师活动：教师对学生的观点进行点评，师生共同总结探究结论。

生产要素→全球流动提高世界资源配置效率；

国际分工水平提高→推动各国生产力发展；

国际贸易发展→为各国经济发展提供广阔空间。

过渡：经济全球化推动了世界经济的发展，给很多国家带来了良好的发展机遇。经济全球化一定会使世界各国人民普遍受益吗？

图片展示：智利反经济全球化大游行、八国峰会遭反经济全球化人士的抗议。

②消极影响。

图片展示：发达国家摩天大厦、饥饿的非洲儿童……

教师引导：在过去30年间，全球最不发达国家的数量从25个增加到49个。一边是发达国家财富不断增长，一边是发展中国家贫困不断加剧。经济全球化使世界经济发展更加不平衡，两极分化更加严重。教师可解说图片"饥饿的非洲儿童"，让学生在强烈的情境对比中深化认识。

过渡：为什么经济全球化使世界发展更加不平衡，两极分化更加严重？

漫画展示：西方大国操纵世界经济。

教师引导：发达资本主义国家凭借经济和技术上的优势，提高工业制成品的价格，压低原料和初级产品的价格，形成价格"剪刀差"，剥削发展中国家。另外，发达国家左右国际经济的"游戏规则"，使世界经济朝着有利于自身的方向发展。因此，经济全球化实质上是以发达资本主义国家为主导的。

视频播放：澳大利亚干旱引起我国啤酒价格上涨。

文字显示：东南亚金融风暴三股冲击波。

教师引导：经济全球化使世界各国的经济联系在一起，也导致风险全球化，加大了全球经济的不稳定性。由于发展中国家经济、技术落后，因此，经济全球化对发展中国家经济安全构成极大威胁。在此基础上，启发学生为中华崛起而努力学习。

拓展探究：经济全球化对发达国家和发展中国家的影响有何不同？

学生活动：对照教材，动手填写表格。

教师活动：待学生填写后，再用多媒体展示下表。

	发达国家	发展中国家
影响	最大受益者，主导经济全球化	利弊共生
原因	具有经济和科技上的优势，掌握着推动经济全球化趋势的现代信息技术，主导着世界市场的发展，左右着国际经济的"游戏规则"	具有资源和劳动力优势，但资金和技术缺乏

3. 情境回归，升华认识

小型辩论会：我县"华星化工"已发展成为一家上市公司。围绕经济全球化对"华星化工"发展的影响展开辩论。正方：利大于弊，反方：利小于弊。

教师活动：课前要求学生收集"华星化工"的情况，提示学生可从就业、技术、资金、贸易、资源配置、国际竞争力、民族工业发展等方面思考。将学生分成 3 组，两组作为正、反方展开辩论，另一组评判胜负。

学生活动：分组讨论，激烈辩论。

教师点评，概括总结：经济全球化虽是一把双刃剑，既是机遇，又是挑战，但经济全球化的浪潮势不可挡，我国作为世界上最大的、最具潜力的发展中国家，不可避免地卷入其中。我们又如何应对经济全球化的挑战呢？

问题探究：就"华星化工"如何实现逆风飞扬提出你的建议。

学生活动：阅读教材上的相关内容，思考回答。

教师点评，概括总结出应对经济全球化的态度：抓住机遇，积极参与，趋利避害，防范风险，迎接挑战。通过分析面临的挑战，增强学生的忧患意识和报效祖国的责任感。

4. 梳理知识，构建体系

课堂总结：这节课让我们明白，不能因为经济全球化给我国带来良好机遇，就一味迎合经济全球化；不能因为经济全球化给我国带来挑战，就盲目拒绝经济全球化。因为这把双刃剑是无法阻挡的世界潮流。

教师以设问方式引导学生回顾、归纳本节课的基本内容，强调重点，并展示如下知识结构图。

第十五章　合作讨论的教学样式

学生的课堂学习，主要有"孤立""竞争"和"合作"三种方式。在我国传统教学中，前两种出现的比例较高。学生主要是独自听讲和练习，并且相互赶超、力争上游。合作讨论的教学样式，鼓励合作学习，试图在一定程度上弥补以往学习方式的不足。这一教学样式，是在教师的指导下，整个班级分为若干小组，学生针对某个学习主题，在深入思考的基础上展开组内和组间讨论，促进学生之间的相互交流、共同发展。

一、概述

合作讨论的教学样式，大致有"明确合作目标""个人独立思考""小组内部交流""全班汇报分享"和"教师总结评价"5 个阶段。在"明确合作目标"阶段，教师可以通过创设问题情境等方式，激发学生的兴趣，激活学生的思维，诱发学生产生疑问并提出问题，生发合作的需要，明确合作的具体目标。在"个人独立思考"阶段，学生个体要充分开动脑筋，就某一问题、某一任务进行独立思考，这样，才能保证小组交流的深入展开。在"小组内部交流"阶段，学生个体发表自己的看法，小组成员进行回应，并形成小组意见。在"全班汇报分享"阶段，小组代表在全班汇报所在小组的讨论情况，实现小组间的交流分享，全班同学进行回应。在"教师总结评价"阶段，教师简明扼要地小结学生的学习情况，清晰精要地梳理本节课的学习内容。这5个阶段是合作讨论教学样式的基本程序。由于年级的不同，学科内容的不同，其程序也不是固定不变的。教师可以从实际情况出发，创造性地、灵活地进行探索和运用。

那么，什么样的内容适宜选用合作讨论教学样式呢？总的来说，如果教学任务蕴含了下列这些因素，就可以优先考虑采用合作学习。①

①互动。教学任务强调师生之间、生生之间的交流沟通，彼此关爱理解，共同分享、鉴赏等。当然，这里的互动不是一般课堂教学中常见的讲解提问等"继时互动"，而是要求生生之间讨论、展示、争辩、操作等"同时互动"。

②互助。教学任务包含了不同层次的要求，有可能产生一定的分化或理解、掌握上的屏障，会自然地形成求助与助人的需求。

③协同。教学任务只有经过小组成员责任分工、角色轮换，发挥自己的优势与吸取别人的长处相结合，集思广益、取长补短、协作共事、齐心协力才能完成。

④整合。教学任务体现了跨学科性、综合性和任务驱动性、项目型学习的特点，要求不同观点、不同材料、不同解题思路或方法的汇总综合，涉及去粗取精、由表及里、去伪存真、从特殊到一般的过程。

⑤求新。教学任务突出了学习者个人的独特感受与体验，要求生成别出心裁、与众不同的理解，求新、求异、求变，有较高的知识迁移性质。

⑥辨析。教学内容需要经过争辩、探讨、质疑，在独立思考的基础上交换意见，在相互磨合中坚持自己合理的想法，同时也吸收别人好的创意。

⑦评判。教学任务涉及较多的价值判断和选择，有多种决策路径可供

---

① 盛群力．什么样的教学任务适宜合作学习[J]．人民教育，2004(5)：25～27．

选择，需要权衡利弊得失。

⑧表现。教学任务要求学生充分展示、表露或"外化"已经学到的东西，以群体业绩表现、以任务整合或项目调研的成果来衡量考评。

尤其值得注意的是，合作讨论教学样式的成功运用，需要在日常的教育教学中重视学生人际交往特别是合作技能的培养。深入有效的合作讨论并不是一朝一夕就能实现的。在一定意义上，合作讨论既是一种可供选用的教学样式，也是一种值得追求的教学目标。教师可以考虑将常用的人际交往技能，如请求发言、遵循指导、称赞他人、澄清观点、支持反馈、互相检查、表示疑义、提出建议、概括小结等编成儿歌、故事或以漫画、板报等形式，供学生进行日常学习和训练。杭州市胜利小学张晓敏老师曾自编了一首合作技能七字诀，朗朗上口，学生很喜欢。具体为[①]：

合作技能"七字诀"（一）

（小学三、四年级适用）

听取发言要专心，注视对方动脑筋。

说明紧紧扣中心，有根有据说得清。

求助别人要有礼，得到帮助表谢意。

反思自己有勇气，肯定别人得诚心。

自控守纪勿喧哗，依次发言从多数。

帮助同学要热情，耐心周到把难除。

支持对方露微笑，点头鼓掌拇指翘。

说服别人把理表，态度诚恳不嘲笑。

建议大胆有设想，人人献策大步闯。

协调组员共商量，指正让步齐向上。

---

① 余慧娟，赖配根．开展合作学习的有效策略[J]．人民教育，2002(10)：34～37.

合作技能"七字诀"（二）

（小学五、六年级适用）

听取发言不插嘴，分析比较求领会。

说明理由要充分，启发大家同思考。

求助别人要心诚，注视对方稍欠身。

反思敢于承认错，肯定别人学着做。

自控发言尽量轻，服从集体留个性。

帮助同学要主动，诲人不倦情意浓。

支持对方心坦荡，高明见解倍赞赏。

说服旁人先肯定，语气婉转少批评。

建议之前多思考，分工合作效果好。

协调彼此求默契，交往合作争第一。

以下将介绍两则实例——"安恩和奶牛"以及"Where is Haibao"的教学设计。这两例都选用了合作讨论的教学样式，然而，具体的安排各有不同。

二、"安恩和奶牛"教学设计

在"安恩和奶牛"的教学设计中，教师针对学生年龄特点及认知水平，通过创设情境，提出学生感兴趣的问题，带动学生展开合作讨论，进而把文章读懂、读透，把握人物形象，同时引发学生的一些深层思考，一步步触及作品的灵魂，感受文学的魅力，从而激发其亲近文学之情。具体设计如下。[①]

（一）教学设想

短篇小说《安恩和奶牛》是丹麦作家约翰尼斯·延森的名作，小说淳朴的人物形象和奇妙的构思感动着一代又一代读者的心灵。最近，该小说被

---

① 邵利娜.《安恩和奶牛》教学设计[J]. 中学语文教学，2009(8)：52～55. 略有改动.

补入苏教版语文七年级上册第一单元。

第一单元的主题是"亲近文学"，教师的一个非常重要的任务就是在教学中调动学生对文学的认识，体会文学作品中的人物形象、人物心境以及渗透在文中的美好情感，使学生充分感受文学作品的美，感受文学作品的魅力，从而积极主动地去"亲近文学"。因为面对的是刚刚进入初中的学生，阅读小说的方法指导，不适合提太高要求。

（二）教学目标

能用简洁的语言概括故事内容，能初步体会小说情节设计的巧妙。

分析小说人物形象，初步了解小说塑造人物形象的方法。

揣摩作品主旨，感受文学魅力。

（三）教学重点

理解安恩对奶牛的深厚情感及勤劳淳朴、善良慈爱的性格特点。

把握生动传神的人物形象描写。

（四）教学难点

理解安恩对奶牛特殊的情感及其生活态度。

（五）教学时间

一课时。

（六）教学过程

1. 导入

有这样一位小说家，从事创作半个世纪，其长篇系列小说《漫长的旅途》(1908－1922)六部曲更是从远古冰河时代的北欧写到哥伦布发现美洲大陆，具有史诗般的宏大气魄和优美奇特的风格。1944 年，他获得了诺贝尔文学奖，他就是丹麦小说家约翰尼斯·延森。他有一篇短篇小说，不但经常在广播中被朗诵，还被选入丹麦语文教材，给无数心灵以感动、教育和启迪，它就是我们今天要学习的《安恩和奶牛》。

2. 检查字词预习情况

（1）读准生字词字音

羞怯　干瘪　腼腆　褶裥　木屐　锃亮　嶙峋　嘈杂　蹭　反刍
翕动　纯粹　瑕疵　粗粝　踌躇　窘迫

（2）结合注释理解词义

锃亮　瘦骨嶙峋　熙来攘往　嘈杂　翕动　瑕疵　粗粝　踌躇

3. 朗读课文，整体感知

教师可范读一段，然后请学生朗读。

明确朗读要求：声音洪亮，读音正确，吐字清晰，语速适当。

4. 创设情境，梳理故事情节，认识人物形象

此学习环节分成3步。首先由教师创设学习情境，给出5个问题；然后学生分成若干小组，依据问题难度分配学习任务，难度大的问题（如第5题）可多一些小组参与，分工也可再具体些，小组成员明确任务后，分组学习讨论本组问题，记录员记录；随后小组汇报人向全班汇报本组问题学习讨论成果，接受他人的质疑和补充；最后教师小结。

情境创设：同学们，我记得第一课《为你打开一扇门》这篇课文补充的阅读材料《致文学》中有这么两句话："你把时间凝聚在薄薄的书页之中，让读者无拘无束地漫游岁月的长河，尽情地观赏两岸变化无穷的风光。"那么，这一堂课，让我们穿越时空，走进百年前的丹麦小镇希默兰，一起去探访一个让人无比回想的温馨故事。

安恩的故事很快就由集市传遍了小镇，"我"当时是丹麦《都市报》记者尼尔，正在此地采风。听到这个故事后，"我"想写一篇民情专访文章，于是去采访5个经历了集市奶牛风波的当事人。他们是牛贩比尔、第一位买牛人瑞恩、最后一位买牛人汉斯、小镇居民希瑞、集市巡查员克里斯。

"我"分别向他们询问了 5 个问题。现在你们就是他们的化身，请就采访的问题进行回答。

①问牛贩比尔：作为奶牛事件的旁观者，您目睹了事情的全过程，请您概括地介绍一下它的全部经过。

（参考思路：关注时间、地点、人物、起因、经过、结果，从这几个角度概括介绍。）

②问第一位买牛人瑞恩：您是一个买牛行家，请谈谈您中意的那头奶牛的特点。

（参考思路：关注奶牛的毛色、体格、品种、年纪、乳房等。）

③问最后的买牛人汉斯：您特别希望能买到那头出色的奶牛，以至出到奇高的价格。在遭到一再拒绝后，您和安恩有一段关于奶牛的对话，请谈谈您当时问话的想法和心情。

（参考思路：关注买牛人的问话情境。）

"那么，它是已经卖出了不成？"

——揣测：牛或许已经卖出，所以不再理睬别人。

"是吗？那么干吗老站在这里？难道是让这头奶牛出出风头吗？"

——质问：既然不卖，为什么要来这里？

"是你自己的奶牛吗？"

——怀疑：你不是奶牛的主人（看看她的衣着），所以不能卖。

"难道你站在这里就为了拿大伙儿开心吗？"

——气恼：既然是你的，却又不肯卖，耍我们吗？不可思议！

④问小镇居民希瑞：在真相大白之前，您觉得安恩有欺骗大家的嫌疑吗？

（参考思路：关注小说的情节设计。）

安恩去集市原本就没有卖牛的打算，和买牛人一再发生冲突是她根本没想到的，所以从头到尾她都没有存心欺骗众人。她一开始就和奶牛悄悄地站在一边，不想干扰别人做生意；面对嘈杂喧闹的集市、熙来攘往的人群，她不过是一个悠闲的旁观者；对所有的买主，她拒绝的态度都很鲜明；最后真相大白，虽在意料之外，却也在情理之中。

⑤问集市巡查员克里斯：事情发生在您管理的集市上，在您眼中，安恩是一个怎样的老人？

（参考思路：勾画出描写人物外貌、神态、语言、动作的语句，注意细节，进行分析批注，看看表现了安恩怎样的内心世界、怎样的性格特点。）

衣着、外貌：

样式老掉牙却很干净的旧衣服，散发着土味儿的手染蓝裙，棕褐色的绒线方披肩，褪得泛白、七皱八褶、有了年头的头巾，后跟磨平了的木屐，瘦骨嶙峋的双手，灰白的白发。

脚上的木屐连后跟都磨平了，但是皮面上却抹了油擦得锃亮。

——安恩年纪老迈，饱经沧桑，生活不富裕而十分俭朴。但她在意生活细节，是一位勤劳而有做人尊严的老人。

动作、神态：

她牵着那头孤独的奶牛悄悄地站在一边。

——联系后文，就可以明白她"悄悄地站在一边"不是出于"太腼腆羞怯"，更不是"故意要吸引更多人的注意"，只是不想打扰别人罢了。这一举动也显示出她的善良。

她那瘦骨嶙峋的双手拿着毛线针飞快地翩然起舞。

——干活时动作娴熟优美，看出她虽已不年轻，但依旧勤劳能干。

周围一片嘈杂喧闹……然而她却站在那里晒着太阳，打着她的毛袜。

她站在那里，竖起耳朵凝神倾听着杂货摊上飘过来的音乐声，也不时地抬头看看身边熙来攘往的人群和买卖交易的牲口。

——闲适悠然地置身于喧嚣中，于嘈杂中享受生活的乐趣。

自顾自继续打着毛线。

——专注于手中的活计，可见没有卖奶牛之心。

老太婆安恩爱怜地瞅了瞅自己的奶牛，不屑地斜视了一下那根藤杖，然后转过脸去往远处张望，仿佛发现了什么使她感兴趣的东西。

——"爱怜地瞅"表现出对奶牛的爱惜，"不屑地斜视"则明确表现出对屠夫粗鲁动作的厌恶，刻画其善良、慈爱与朴实。

她睁大了眼睛，用恳求的眼神看着那个人。

——真诚地希望别人能理解她对奶牛的情感。

语言：

"它是不卖的。"

——认真拒绝真心想买奶牛的第一个买主。

"它不卖的！"

——冷冷地拒绝屠夫的兴趣。

"这头奶牛是不卖的。"

——接连打发走了许多主顾。

"不！"

——拒绝"那诱惑力简直令人难以抗拒"的"大价钱"时毫不犹豫。

"这头牲口是不卖的。"

——再度坚持。

"这头奶牛太孤单了，"她终于吐露了真情，"我的小村庄就只有这么一头奶牛，它又没法同别的牲口在一起，所以我就想到不如把它带到集市上来，至少可以让它跟同类聚聚，散散心……这样，我们就到这里来了。但是我们不是来做生意的。既然已经弄成这样，我们只好回去了。不过，我刚才应该讲一句'对不起，我很抱歉'。好吧，再见了，谢谢你。"

——安恩带奶牛来集市的目的就是让它到集市上散心，亲近同类。至此，前面所有的"不"都有了答案。这朴素至极的理由表达了她对奶牛的慈爱之心，也尽显她的淳朴善良。她那窘迫下真诚的歉意也让我们真切地感受到人物的淳朴善良。

小结：研读课文之后，在感动的同时，我们还真切地感受了小说的艺术魅力。

第一，情节。本文作者巧妙设计了悬念：安恩为什么不卖那头漂亮的奶牛？她最后道出的原委让人称奇却又合情合理，出人意料却又在情理之中。巧妙的构思让读者于情节的波澜中体会小说特有的魅力，也很好地表现了安恩这一人物形象。

第二，人物形象。作者在短小的篇幅中，通过外貌、神态、动作和语言描写，借助于传神的细节刻画，塑造了勤劳朴实、慈爱善良的乡村老妇人安恩这一人物形象。她淳朴的性格和对动物的仁爱之心，不只让人感动，也让人敬重。

5. 探究小说的主题及现实意义

①一幕集市上引人瞩目的奶牛风波结束了，引发了无数人好奇心的谜底竟是如此简单——安恩带着奶牛来到集市，仅仅是为了让奶牛和同类相聚、散心。下面，请你谈谈对小说主题的理解。

讨论、明确：

安恩和奶牛有着深厚的感情，她对奶牛喜欢、爱护、怜惜、尊重，把它当作生活中的伙伴，甚至当成和自己同类的生命。她对生命的尊重不是一种形式，也不是一种姿态，而是发自内心的愿望。她用看似简单的行动诠释了人与动物的深厚情感，把尊重生命做到了极致，也阐释了作品的主题：人与动物也会有真挚的感情，人应当像尊重同类一样尊重它们，爱护它们，理解它们，重视它们的情感需求；人也因之展现出高贵的人性之美。

正如米兰·昆德拉《生命中不能承受之轻》中所说："对于人性，道德上的真正考验，根本性的考验，在于如何对待那些需要他怜悯的动物。"

②根据你对课文的理解，深情诵读课文最后一段，以表达出对安恩情感世界的理解。

教师可以对学生进行一些朗读指导。例如：

把握情感基调——这段话是安恩向诚心要买奶牛的人解释不卖奶牛的原因，希望买牛人能理解她的苦衷，要读得缓慢庄重、真挚诚恳又有点惶恐不安，表现出她对奶牛的真情和淳朴仁爱的性情，也表现出她对这种结果的始料不及和真诚歉意。

把握具体语句——"这头奶牛太孤单了"，整句要读得轻柔一些，表现安恩对奶牛的理解和爱怜，其中"太"和"孤单"重读，突出奶牛的可怜处境。

把握重点词语——3个"我们"要重读，安恩自然而然地把自己和那头孤零零的奶牛视为同等的生命，要读出她和奶牛是一体的感觉来。

教师要尊重学生的阅读体验，也可由学生自己谈怎样以声传情。

③100多年前，约翰尼斯·延森以日德兰半岛北部故乡的风光和人物为背景，把幼时听到的各种故事和逸闻进行文学加工，写成短篇故事集《希默兰的故事》，一共34篇。在这些短篇小说中，他热情讴歌希默兰的农民，赞美他们日出而作、日落而息，简朴却健康的生活。这部故事集的出现一扫当时流行的无病呻吟、追求华丽辞藻的时尚，为丹麦文坛输入一股清新之气。《安恩和奶牛》是其中最出色的短篇，安恩身上散发的人性之美，感动着一代又一代人。那么，现时代的我们，除了被这位平凡老人的高贵人性感动之外，从她身上还能读出一些别的东西吗？

引导学生深层思考：安恩并不富有，但对生活有着自己的理解。她拒绝"那诱惑力简直令人难以抗拒"的"大价钱"，坚持不卖奶牛，是因为她把奶牛视为同等的生命。她生活俭朴，老牛相伴，闲适安然，表现出一种沉静安详、淡泊坦然的生活态度。她在简朴的生活中得到了平凡的快乐，她固执的外表下有着一颗澄澈的心灵。她的本色人生引发人们对生命、对生活的深入思考，让人感悟精神的力量。

6. 结 语

赵丽宏先生在《致文学》中说："你是神的一双大手，拨动着无数人的心弦。你在人心中激起的回响，是这个世界上最激动的声音。""文学即人学"，文学殿堂中的美好形象，唤起我们心灵深处的美好情感。读文学就是读自己，读社会，读人生，作为中学生的我们，有什么理由不去热爱阅读，亲近文学呢？文学"是一扇神奇的大门，所有愿意走进这扇大门的人，都不会空手而归"。希望同学们亲近文学，推开这扇神奇之门，真正步入神圣的文学殿堂，领略其绮丽的风光。

三、"Where is Haibao"教学设计

合作讨论教学样式，为学生提供了英语交际的可能性，在英语课堂教学中可以选用。"Where is Haibao"是一节小学四年级英语方位教学拓展课。执教教师由众所周知的世博会口号"Better City，Better life"，想到了适当整合课堂内外的内容，以"Better Classroom，Better School Life"为主题进行方位介词教学。本节课综合使用多种小组合作的组织形式，提高了学生的学习兴趣，增加了学生之间的交流互动，取得了良好的教学效果。具体设计如下。[①]

（一）抽签分组，激发兴趣

在这个环节中，学生需要完成两个任务：首先抽签分组，通过自由对话找到自己的伙伴，在交流中学生们围绕海宝进行讨论，从而了解海宝的特征；然后学生们在教师的启发下尝试用英语讨论将海宝藏在什么地方，

---

① 倪静君. 合作学习组织形式探索：以一堂小学英语方位教学课为例[J]. 全球教育展望，2010(2)：87～89. 略有改动.

并且付诸实施。

在简单的 Warming up(热身活动)后，教学进入分组环节。教师取出竹签(画有不同的玩具)，学生们当场抽签，并通过自由对话"What have you got? I've got..."找到相同的竹签，从而形成一个两人的学习小组。

(实施效果：由于整个活动具有不确定性，学生们充满了期待，他们都想知道未知的合作伙伴是谁。如果他们想要找到伙伴，就必须通过对话，知道别人手中的竹签上画的玩具是什么。孩子们自然地说出了"Oh，we have the same one. We are partners"等生机勃勃的语言。)

接下来，教师出示准备好的地图：Look，this is a map. Haibao likes to play hide and seek. Look at the map. Where can I put it? 教师示意学生们将海宝藏在教室中的某个地方，让另一组的学生们去寻找。

(实施效果：教室里再次热闹起来了，学生们放开了束缚，积极地用英语讨论。教师在巡视中听到有的学生说：Let's put Haibao in Emma's desk. 还有的说：Can I put Haibao behind the teacher's desk?)

(教学反思：在这个环节中，采用抽签的方式，一方面避免了孩子们自由组合时只找好朋友的情况，另一方面又使原本单调的分组成了一个有趣的教学环节，并且将对话交流融入分组过程，最大限度地给学生提供了运用语言的机会。不过，这种分组方法也可能出现两个待优生抽到一起，组合实力过低的情况。因为是随机分组，教师人为可控性较低，课后通过思考，这个分组方法可以进行如下的改进：

教师将学生喜爱的玩具放在教室的不同区域，指导他们根据兴趣爱好选择相应的区域，通过自由对话找到与自己有共同兴趣爱好的伙伴。在这个过程中，教师要进行适当调配。这样的分组，一方面可以使小组成员间更熟悉、亲近；另一方面可以提高教师的控制力，能更有效地控制分组的结果，教师的及时介入可以适时规避组合实力过低的情况，进一步提高课堂效率。)

(二)交叉访谈，共享信息

本环节的任务是：看懂海宝在地图上的位置，并最终在教室中找到海宝。在具体操作中，教师让两个 pair-work 小组自由组合，形成一个 4 人小组，学生既可以进行组内交流，又可以进行组间信息共享。

为了让学生明确组间交流的要求，教师事先将交流的形式用视频播放出来，使学生能直观了解交流的过程。然后，教师请两组学生现场示范，并给予清晰的指导，从而让全班学生加深对活动步骤的理解。在活动过程中，pair-work 小组的每位成员与另一小组的一位成员相互访谈，并将各自获取的信息填在"访谈记录表"中。之后，同组成员对获取的信息进行综合，在地图中找到海宝的位置，并据此在教室中找到海宝。

为了激发学生的兴趣，此处设计一个组间竞赛的内容——最快找到海宝的那个小组可以获得一个真正的"海宝"。

Where is Haibao? 访谈记录表

Where is Haibao in the picture?	
What has he got?	
What is he doing?	
Other questions	

（实施效果：在这个环节中，组间交流成为活动的主要形式。学生们在两个 pair-work 小组间进行信息交换。在交流过程中，学生们处于组内与组外的二元交流环境，对于语言的操练从深度和广度上超越了单一分组交流模式的效果。从操练的深度看，这个过程包括了听、说、写三个方面的能力培养。学生们被要求通过提问获取信息，通过书写记录信息，这个步骤无疑充分调动了学生们的不同感官，使他们能全身心地投入语言中去。从操练的广度看，每个学生能和两个同伴进行对话，并进行问与答的角色替换，得到了更多的语言操练机会，培养了他们正反两方面的思维方式。因

此，组间交流提高了学生们获取信息的能力。同时，在活动中小组成员自发地产生了分工合作的概念，一个问一个写，然后交换，体现了他们的合作精神。)

（教学反思：教师在使用组间交流时应注意以下两点：第一，组间交流在刚刚开始实施的时候，每个组的学生越少越好，一般是两个比较好，以免使交流过程过度复杂，而且每个小组的人数应该相同。随着学生们的熟练程度渐渐增加，人数也可以慢慢递增。第二，组间交流的任务设计应该有交际性、实用性，这样课堂就能将学生被动的学习转化成主动的创造性学习，也便于学生从多角度进行语言操练。)

（三）分工合作，创意探究

这个环节旨在培养各小组的分工与合作能力。课堂上，教师要求原先进行交叉访谈的 4 人小组分工合作，具体任务见"分工表"，共同设计出一张 Dream Classroom（心目中的教室）的海报。

Dream Classroom 组内分工表

角色	任务
会议记录	负责记录大家讨论的细节
文字编辑	构思海报的文字内容
美术编辑	负责将大家讨论好的 Dream Classroom 描绘成图
现场解说	整理大家的设计思路，并向全体学生解说所在小组海报的设计意图

（实施效果：课堂上各小组开展热烈的讨论，有的小组设计出具备书房气息的教室，其中设置了图书角、阅读心得板报、好书介绍专栏等环境元素。还有的小组以迎世博会为主题设计教室，设置了世博园区介绍、世博畅想、我与世博等栏目。这些图文并茂的教室设计，通过解说员生动的讲解，深深地吸引了全班同学，使大家在英语学习的同时拓展了思维。)

第十六章 指导自学的教学样式

指导自学的教学样式，力求教学活动以学生的自学为主，教师的指导贯穿始终。这一样式的精要可以概括为：先学后教、先练后讲、教师指导、学生自学。

一、概述

一般来说，指导自学教学样式的主要步骤是"明确目标""学生自学"和"反馈总结"，根据不同的教学情况，可以有不同的变化运用。总体而言，在课前、课中和课后，教师需要做好以下几方面的工作。①

在课前，教师要精心准备，主要包括：第一，熟悉教材，把握重点、难点及教学目标，特别是要熟悉自学范围内知识面、知识点的内在联系，相应技能和突破点。第二，充分掌握学生的自学能力，根据学生的共性与个性，确定指导的内容、环节及其深度，研制出自学提纲，使自学的指导有针对性，切中要害，抓住关键。第三，设计一份较大的课堂座位表，以便观察记录学生的自学情况，如遇到的难点和疑问等，并按勤奋与否、敏

---

① 杨惠丽."四个过渡""五个环节"培养学生自学能力[J].新课程（中学版），2010
(1)：30.略有改动.

捷与否和踏实与否来分类，深刻了解学生的自学情况及学习心态。第四，相信学生，克服"不讲不放心"的心态，保障学生自学，尊重学生的自学权。教师要从培养学生自信心和消除依赖性两方面来掌握指导、解疑的分寸。

在课中，教师复习旧课，引入新课，视新课的难易给予较详细或简略的启发，并出示自学提纲，布置学习任务，引导学生阅读教材，为学生顺利地进行自学创造条件。在学生自学时，教师巡回辅导，个别答疑，着重帮助待优生。学生自学后，教师根据自学情况，进行有针对性的、画龙点睛的重点讲解，最后布置课外学习任务。

在课后，教师引导学生不断总结。学会总结就是要学会做单元总结、全章总结、学期总结等，把已学的知识、思想、方法条理化、系统化，并达到熟练掌握、灵活运用的程度。

下文将介绍洋思中学"先学后教，当堂训练"的基本程序，并提供钱梦龙老师的"谈骨气"教学设计实例，以期更深入、更充分地解读指导自学的教学样式。

二、"先学后教，当堂训练"基本程序

位于江苏省泰兴市天星镇的洋思中学，是一所偏僻的农村初级中学，原来只有 5 个教学班，两排简易平房，现已发展为有几千名学生、较完善的教学设施，闻名遐迩的名校。洋思中学校内，几乎每天都有来自全国各地的参观学习者。在许多学校还被待优生多，学生负担重等现象困扰，苦于发展无路时，洋思中学却以在较差的办学条件下，获得突出的办学成绩而引人注目，来自全国十多个省、市的学生家长冲着"要教好每一名学生"这个承诺，不远千里将孩子送到洋思中学。[①] 洋思中学经多年探索，形成了

---

① 华国栋，高宝立.实施优质教育，促进全体学生全面发展——江苏省泰兴市洋思中学的经验及启示[J].教育研究，2005(6)：68～73.

行之有效的"先学后教，当堂训练"课堂教学结构。其理念是："尊重主体，面向全体"以及"教师的责任不仅仅在教，而更在于教会学生学"；其实质是："全过程都让学生学"。基本程序如下。①

（一）揭示课堂教学目标（约1分钟）

操作：课前写好投影胶片，课上通过投影让学生看。

目的：让学生从总体上知道本节课的学习任务和要求。

好处：第一，使学生在课始就明确学习目标，使学习有方向。同时，教师激发了学生学习的动机，调动了学生学习的积极性，促进学生在以后的各个环节里主动地围绕目标去探索、追求。第二，由于学习目标往往是一节课的主干知识及其要求的体现，因此，长期坚持揭示目标，可以培养学生的概括能力。

学生的主体地位：学生看投影，明确了学习目标。

教师的主导作用：准确揭示目标，引导学生追求目标。

注意点：第一，要认真钻研教材和课程标准，准确地制定学习目标，既不降低也不拔高要求。该"会运用"的，就要能当堂运用，不能人为地降低到"知道"的要求上。第二，要层次清楚，简明扼要，不要烦琐。

（二）指导学生自学（约2分钟）

操作：课前写好投影胶片，课上通过投影让学生看。

目的：让学生知道自学什么，怎么自学，用多长时间，应达到什么要求，届时如何检测等。

好处：第一，让学生带着明确的任务，掌握恰当的自学方法，从而使自学更有效。第二，坚持每次自学前都给予方法指导，使学生积累起不少

---

① 周桂海. 全过程都让学生学——浅析江苏省泰兴市洋思中学"先学后教，当堂训练"的课堂教学结构[J]. 江苏教育，2002(8B)：16～17. 略有改动.

的自学方法，学生的自学能力一定能提高。

学生的主体地位：学生看投影，学到了自学的方法。

教师的主导作用：引导学生抓住重点自学，提供有效的自学方法，防止学生走弯路，上岔道。

注意点：自学指导要层次分明，让学生看了之后，做到三个明确：第一，明确自学内容。即让学生知道学什么，有的教学内容单一，一般采用一次性自学；有的教学内容多，可视情况分几次自学，但每次自学前都必须写清楚自学的内容（或范围）。第二，明确自学的方法。例如，看书，是围绕思考题看书，独立找答案；还是边看书边与同桌讨论，解决疑难。自学理科内容时，教师往往引导学生抓住新旧知识相衔接的地方重点看，例如，自学含有分母的一元一次方程的解法，应引导学生重点看好去分母的那一步，其他的步骤可粗略地看。第三，明确自学后的要求，即用多长时间，应达到什么要求，届时如何检测等。

（三）学生自学，教师巡视（5～8分钟）

操作：学生自学，教师通过察言观色，了解学生自学的情况，端正学生自学的态度。

目的：使每个学生都积极动脑，认真自学，挖掘每个学生的潜能。

好处：学生按照教师的指导自学，积极思考，千方百计地去理解概念、公式、法则、定理等，就会自觉而且认真地学习例题的解题思路和方法，内化课本上的知识。学生处于主体地位，培养了他们自主学习的能力。

学生的主体地位：学生积极主动去探究知识。

教师的主导作用：端正自学态度，确保人人自学高效。

注意点：第一，学生自学时，教师要加强督查。及时表扬自学速度快、效果好的学生，激励他们更加认真地自学。第二，重点巡视中等生和待优生，甚至可以给待优生说几句悄悄话，帮助其端正自学态度，使他们也变得认真起来。第三，要面向全体学生，不能只顾辅导一个学生，而放弃了督促大多数学生。第四，教师不得在黑板上抄检测练习，或做其他与教学无关的事，因为这样会分散学生的注意力。

(四)检查学生自学的效果(5～8分钟)

操作：让待优生回答问题或板演。

目的：最大限度地暴露学生自学后存在的疑难问题。

好处：第一，通过尝试做与例题类似的习题，培养学生分析问题和解决问题以及学以致用的能力。第二，若待优生做对了，说明全班学生都会了，就不要教师再教了；若待优生做错了，教师引导中等偏上的学生分析，讲清错的原因，并更正、归纳。这不仅对待优生有帮助，而且使优生的理解更加深刻。

学生的主体地位：学生回答问题或板演练习。

教师的主导作用：通过巡视，确保每个学生都认真演练，及时了解学生存在哪些倾向性疑难问题。

注意点：第一，要解放思想，真正让待优生回答问题或板演，千万不要搞形式主义，叫优生演练，表面上正确率高，实质上掩盖矛盾，不能最大限度地暴露自学后存在的疑难问题。第二，要面向全体学生，待优生回答问题或板演时，要照顾全体同学，让他们聆听别人回答问题，随时准备纠正错误，或布置他们做哪些练习等。第三，教师在巡视时要注意搜集同学有哪些错误，并在头脑里分分类。哪些属于新知方面的，这是要解决的主要矛盾；哪些属于旧知遗忘或粗心大意的，这是次要矛盾。教师要把倾向性的错误用黄色粉笔写在大黑板对应练习处，供评讲时用。

(五)引导学生更正，指导学生运用(8～10分钟)

操作：第一，学生观察板演，找错误或比较自己做的方法、结果是否与板演的相同。第二，学生自由更正，各抒己见。第三，引导学生讨论，说出错因、更正的道理。第四，引导学生归纳，上升为理论，指导以后运用。

目的：第一，凡是学生能解决的，就让他们自己解决，真正找出那些需要教师引导、点拨的问题。第二，通过学生讨论、教师点拨，使学生进一步加深对所学知识的理解，最终形成运用所学知识去分析问题、解决问题的能力。

好处：这一环节使不同层次的学生都有提高，既帮助待优生解决疑难问题，又通过纠正错误，训练一题多解，使优生的理解更加透彻了，训练了他们的求异思维和创新思维，培养了他们的创新精神和一题多解的能力。

学生的主体地位：学生找错误，分析错因，通过讨论，寻求正确答案。

教师的主导作用：引导学生更正，寻求规律，帮助学生归纳，上升为理论，指导学生运用。

注意点：学生更正后，教师要做到三个明确：第一，明确教的内容。教的内容应该是自学中暴露出来的主要的倾向性疑难问题。对学生通过自学已经掌握的，坚决不教。例如，数学课上，学生板演解分式方程，只在去分母及检验这两步骤有错误，就只讲这两步，其余几步就不讲。第二，明确教的方式。教的方式是让会的学生教不会的学生，即"兵教兵"，也就是先让会的学生讲。如学生讲对了，教师点点头，表示肯定，不必重复；讲得不完整的、达不到深度的，教师要补充；讲错了的，教师则要引导更正。这样，教师讲的时间虽只有4～5分钟，但能通过补充、更正的方式达到解决疑难问题的目的。第三，明确教的要求。教师不能就题讲题，只找出答案，而是要引导学生寻找出规律，真正让学生知其所以然，帮助学生归纳上升为理论，引导学生注意运用时可能出现的错误，这就从理论到实践架起一座桥梁，以免学生走弯路。

（六）当堂训练（不少于15分钟）

操作：第一，布置课堂作业。第二，督促学生独立完成课堂作业。第三，批改部分学生已完成的作业。

目的：通过完成课堂作业，检测每位学生是否都当堂达到学习目标。

好处：第一，下课时要交作业本，促使学生在各个环节中都积极主动地学和练，提高了学习效率。第二，及时反馈信息，能按时做对课堂作业就达到了学习目标，做到了"堂堂清"。第三，将所学知识通过训练，内化为解题能力。第四，课堂作业下课时都交了，真正减轻了学生课外负担。第五，课后学生轻松了，有时间发展自己的个性特长，提高了他们的综合素质。

学生的主体地位：学生像考试那样，独立完成作业，形成分析问题、解决问题的能力。

教师的主导作用：督促学生独立完成作业，鼓励必做题做完了的学生，做选做题。通过巡视，了解哪些同学真正做到了"堂堂清"，哪些同学课后需要"开小灶"，使课外辅导更有针对性。

注意点：第一，课堂作业的时间不得少于 15 分钟。第二，课堂作业要典型、适度和适量。第三，课堂作业要低起点，多层次，有必做题，有选做题。第四，要勤于巡视，尤其关注待优生，若他们有困难，则课后要主动找来"开小灶"，做到"日日清"。第五，要批改部分已完成了的学生作业，尤其是待优生的作业，要让他们尝到成功的喜悦。

以上只是"先学后教，当堂训练"课堂教学结构的基本应用程序。事实上，由于科目的不同，教学内容的不同，教师可以采用一些变化的形式。例如，分两次自学，两次检测、点拨，最后当堂训练，称为"两学两教，当堂训练"；又如，一次性自学，但分两次检测、点拨，最后当堂训练，称为"一学两教，当堂训练"；还有学一点，检测一点，再学一点，再检测一点……最后当堂训练，称为"多学多教，当堂训练"；等等。不管怎么变，课堂教学的全过程都体现了两条线：一条线是充分放手让学生学和练，这是一条明线，突出了学生的主体地位；另一条线是每一步都离不开教师的引导，这是一条暗线，体现了教师的主导作用。

三、"谈骨气"教学设计

钱梦龙老师多年来致力于"导读"艺术的研究。"导"，指语文教学过程中教师的指导、引导、辅导、因势利导；"读"，指学生在教师指导下的阅读实践。"导"和"读"的结合，勾画出语文教学过程中一幅师生互动的"图景"，突破了"教师滔滔讲授，学生默默聆受"的单向"授—受"格局。① 他的课堂教学设计和实施对选用指导自学的教学样式具有重要的参考价值。"谈骨气"一课的具体教学设计如下。②

（一）教学目标

能说出"我们中国人是有骨气的"这一论断的根据和意义。

在回忆议论文一般知识的基础上，通过对观点相反的材料的分析，培养思辨的兴趣和能力。

积累一定的词语、句子。

（二）教学思路

"导读法"确认学生的主体地位，强调教师的"导"必须着眼于学生自读能力和独立思考能力的培养。本文的教学拟从引入不同观点的文章入手，激发学生深入钻研课文的兴趣。教学时间为两课时，第一课时的前15分钟为学生自读，其余时间组织学生质疑、讨论，教师相机点拨指导。探究性作业另外安排时间（或结合作文课）进行。

（三）教学重点

第一课时：引入与课文观点相反的文章，学生自读课文，正字音、释

---

① 钱梦龙.钱梦龙与导读艺术［M］.北京：北京师范大学出版社，2006：17.

② 钱梦龙.钱梦龙与导读艺术［M］.北京：北京师范大学出版社，2006：201～209.
略有改动.

词义，讨论、把握本文的论点、论据。

第二课时：讨论、理解本文的论证过程，要求在关键处都能问个"为什么"；在充分了解本文的论点、论据和论证过程的基础上，联系网上的批评文章，独立思考，可以提出问题，也可以发表自己的意见。发表意见要求观点鲜明，理由充足。

(四)教学过程

1. 第一课时

(1)导入新课

有人在网上发表文章，对吴晗的《谈骨气》提出不同的看法，不妨先来看看那篇文章说了些什么。

近日查检以前的书时，不经意地翻到了初中语文课本中选入的吴晗的《谈骨气》。……又读了一遍这篇文章，我没有再次感受到什么"爱国主义"的豪情壮志……吴老先生一开始就像一个天真的小学生似的写道："中国人是有骨气的。"请问："难道那么多中国人都是有骨气的吗?"答案不说也知道。为了支持论点，吴老先生搬出了那个"不食嗟来之食"的乞丐、宁死不屈的文天祥和横眉怒对国民党反动派的闻一多，我真为这 3 个不屈的灵魂感到不值。人家不屈，说明人家的人格高尚，凭什么拿人家高尚的精神往那些麻木的人、那些坐享其成的伪君子的脸上贴金？还说这是"中华民族的传统"……说吃饺子是一个民族的传统有人信，可硬把"有骨气"当成所谓"传统"塞到本国、本民族的腰包里，稍明智一些的人都会嗤之以鼻的。这与中国封建统治者宣扬的"四海之内，莫非王土，率土之滨，莫非王臣"的妄自尊大有何区别呢？

这位作者对《谈骨气》的批评究竟有没有道理？我没有"标准答案"。现在请同学们暂时把这些批评的意见放在心里，慢些下结论，先按常规读懂、读好课文，然后再对两篇文章的是非作出自己的判断。相信这个问题会引起同学们的思考兴趣。

(2)提示自读要求

读课文两遍。第一遍默读，要求：圈出生字、新词，查字(词)典读准字音，了解词义；按自然段次序标明序号。第二遍朗读，要求读得比较流利，有一定的感情。

按"什么?"(作者提出了什么观点)"怎样?"(作者怎样证明他的观点)和"为什么?"(作者为什么要这样进行论证)3个问题的顺序大体梳理课文内容。

(学生按要求自读课文)

(3)检查自读

了解学生掌握字、词的情况。

学生朗读课文。教师提示：这篇文章是议论文，主要是讲道理的，但作者写得很有感情，有些句子读起来很有劲。读的时候要尽可能把文章的感情表达出来，并把那些你认为读起来特别带劲的句子找出来，体味体味。

(实施效果：学生朗读课文后，找出了"我们中国人是有骨气的""富贵不能淫、贫贱不能移、威武不能屈，此之谓大丈夫""人生自古谁无死，留取丹心照汗青""那位穷人是有骨气的：看你那副脸孔，那个神气，宁可饿死，也不吃你的饭"以及"闻一多拍案而起，横眉怒对国民党的手枪，宁可倒下去，不愿屈服"等句子。然后结合给"宁"(nìng)正音，要求学生用"宁"字组成表现骨气的成语，学生说出了"宁死不屈""宁为玉碎，不为瓦全"等成语。)

(4)梳理文章内容

揣摩思路。教师提示：为了梳理和讨论的方便，我们先来揣摩一下作者的思路，并根据思路把文章划分为几个部分，然后再按"什么""怎样"和"为什么"的顺序进行讨论，力求完整、准确地把握作者的论点、论据和论证过程。

（实施效果：学生在讨论作者思路时，意见有分歧，绝大多数学生认为1～4段为第一部分，主要提出论点并说明骨气的含义以及今天我们对待骨气的原则。5～9段为第二部分，作者分别用文天祥、饿人、闻一多3个事例论证"我们中国人是有骨气的"这一中心论点。第10段为第三部分，总结全文，并指出无产阶级应该有怎样的骨气。个别同学则认为第1段应为文章的第一部分，独句成段，揭示中心论点，显得肯定而有力。2～9段为第二部分，先用孟子的话阐明什么是骨气，然后用文天祥等3个具体的事例分别印证孟子的3句话，这样划分才能显出第二部分思路严密、结构紧凑的特点。学生对第三部分意见没有分歧。教师指出：文章怎样分段，本来没有绝对的标准。一般教学参考书上都采用第一种分法，但第二种分法确实也言之有理，反映了同学们对作者思路的正确把握。教师欣赏这种独立思考的态度。）

按"什么""怎样"和"为什么"整体解读课文。学生发表意见，教师进行点拨。

（实施效果：

生："谈骨气"这个标题揭示了文章的中心论点。

生：我不同意，"谈骨气"只是表明论述的范围，第一段"我们中国人是有骨气的"才是揭示中心论点的。（大家表示同意）

师：体会一下，这个句子在表达上有什么特点，给人怎样的感觉？

生：这是一个语气肯定的判断句，用"是……的"这样的句式，给人斩钉截铁、不容怀疑的感觉。

师：你的语感很准确。下面大家讨论一下，作者是怎样论证这个观点的？

生：作者在提出论点后，第2段就用孟子的3句话"富贵不能淫、贫贱不能移、威武不能屈"具体说明什么是骨气。第3、4段从历史、传统的角度进一步肯定了中国人的骨气以及我们今天对待骨气的原则：对历史上有骨气的人，主要看他是不是"坚定不移地为当时的进步事业服务"。

生：从第5段开始，作者用了3个具体的例子证明了"我国经过了奴隶社会、封建社会的漫长时期，每个时代都有很多这样有骨气的人"，这就支持了中心论点"我们中国人是有骨气的"。

生：课文最后一段在肯定孟子3句话的积极意义的基础上，进一步指出无产阶级骨气的内容，既总结全文，又发出号召。

生：我有一个问题：作者列举的3个人物，如果按年代先后排列，应该是：饿人、文天祥、闻一多。但作者却没有这样排列，为什么？

师：问题提得很好。谁能回答？

生：这个问题其实很简单，3个人物完全是与孟子的3句话一一照应的：文天祥多次拒绝元朝高官厚禄的诱惑，这是"富贵不能淫"；饿人直至饿死也不吃嗟来之食，这是"贫贱不能移"；闻一多横眉怒对国民党的手枪，宁死不屈，这是"威武不能屈"。如果3个人物按年代前后排列，就跟3句话的次序不一致，思路就有些乱了。

生：我认为，这篇文章的思路，从优点说，比较严谨；但同时也显得有些呆板，读起来不大有味道。（不少同学表示赞同）

师：同学们很会读文章，我也同意这位同学对本文优缺点的看法。这是一篇写得"规规矩矩"的议论文，比较适合初次接触议论文的人学习，放在九年级学习，确实嫌"浅"了，显得不耐咀嚼。但是我们如果把它作为一个思考的对象，仍然是可以学出趣味来的。下一节课我们就来做这件事。）

（5）布置作业

作者列举的3个事实论据，涉及3个人物，请同学们到图书馆或网络上查找以下资料：文天祥的《过零丁洋》；"嗟来之食"的故事出处；毛泽东

的《别了，司徒雷登》中有关闻一多的文字；你感到有兴趣的其他资料。（找到资料后，有条件的同学可用电脑制作幻灯片）

2. 第二课时

(1)学生交流作业

文天祥的《过零丁洋》。（学生背诵）

《礼记·檀弓下》：齐大饥，黔敖为食于路，以待饥者而食之。有饥者，蒙袂、辑屦，贸然而来。黔敖左奉食，右执饮，曰："嗟，来食！"扬其目而视之，曰："予唯不食嗟来之食，以至于斯也。"从而谢焉，终不食而死。（由学生口头解释）

毛泽东的《别了，司徒雷登》："我们中国人是有骨气的。许多曾经是自由主义者或民主个人主义者的人们，在美帝国主义者及其走狗国民党反动派面前站起来了。闻一多拍案而起，横眉怒对国民党的手枪，宁可倒下去，不愿屈服。朱自清一身重病，宁可饿死，不领美国'救济粮'……我们应当写闻一多颂，写朱自清颂，他们表现了我们民族的英雄气概。"

(2)学生就"为什么"（作者为什么要这样论证）的问题展开讨论

师：经过上面的讨论，同学们已从整体上理解、把握全文内容，还找到了课文涉及的一些资料。这是阅读的第一步工作，大家完成得很好。

下面请大家再细读文章，要求在关键处都问个"为什么"，这样也许可以把本来较"浅"的文章读出一点"深"意来。

（实施效果：

生：我提个问题，作者为什么要把饿人作为"贫贱不能移"的例证？我认为与其举饿人为例，还不如用朱自清的事例好。理由是：第一，文中的另两个例证（文天祥和闻一多），都是有名有姓的真实人物，饿人却无名无姓，也许只是寓言中虚构的人物，夹在中间似乎有些不大相称；第二，朱自清的生活年代离我们很近，事迹真实可信，对读者更有教育意义。

师：这个问题很有讨论的价值，请大家发表高见。（不少同学赞成把饿人的例子换成朱自清的例子）

生：我不同意大家的意见。我认为文章选用什么例子，应该由写作的目的来定。作者写这篇文章，目的是要证明"我国经历了奴隶社会、封建社会的漫长时期，每个时代都有很多这样有骨气的人"。文章选取的 3 个人物正好代表了 3 个不同的时代：那个饿人大概是奴隶社会的，文天祥是封建社会的，闻一多是国民党统治下的现代，这就证明了"每个时代都有很多这样有骨气的人"。作者的举例自有他的道理，如果把饿人换成朱自清，就跟作者的写作目的不符合了。

生：我同意，再想补充一点理由：毛泽东在《别了，司徒雷登》一文中谈中国人的骨气，举的就是闻一多和朱自清的例子，如果吴晗也举同样的两个人为例，那不是有抄袭的嫌疑了吗？

生：说吴晗抄袭，说得太严重了，但我认为这篇《谈骨气》至少是一篇没有什么创见的文章。如果把它和毛泽东的《别了，司徒雷登》中的那段文字比较一下，就会发现《谈骨气》从论题的确定、论点的提出到论证的整个思路，都是"借用"别人的。

师：我真为同学们眼光的敏锐性高兴！中国过去的文人写文章，有个很坏的"传统"，叫作"代圣人立言"，自己没有思想，写文章只是为了阐发圣人的言论。这篇《谈骨气》也不能不带有这样的烙印。不过我相信，吴晗如象下有知，一定会以学者的宽大胸怀，为同学们这种独立思考的精神和敢于向名家挑战的勇气而暗暗喝彩的。）

师：这里顺便向同学们介绍一点有关吴晗的情况。

吴晗（1909—1969），著名历史学家。在民主革命时期，他和闻一多都是站在斗争最前沿反对国民党统治的民主战士，闻一多被人称为"狮子"，吴晗被人称为"老虎"，可见两人斗争的勇猛。

1959 年 4 月，毛泽东针对干部中不敢讲真话的问题，提倡学习海瑞"刚正不阿，直言敢谏"的精神。当时任北京市副市长的吴晗积极"响应号召"，于 6 月间发表了《海瑞骂皇帝》一文，之后，又相继写出《论海瑞》和《海瑞罢官》等文章和剧本。但他万万想不到的是，他的剧本《海瑞罢官》，竟会被诬陷为"大毒草"，并成为发动"文化大革命"的导火线。"文化大革命"期间，他先被揪斗批判，后投入监狱，在残酷折磨之下，于 1969 年 10 月 11 日自杀(一说吐血而死)，最后以付出生命的代价维护了人格的尊严。吴晗和闻一多一样，也可以说是一个很有骨气的人。这也许正是这篇文章写得较有感情的原因所在。

(3)就网上的批评文章进行讨论

师：下面是不是请同学们就那篇网上的批评文章谈谈看法？

(实施效果：学生发表看法。多数同学赞同批评文章的观点，认为"我们中国人有骨气的"这句话有不严密的毛病，因为中国人有好有坏，不能一概而论；少数同学认为这句话中的"中国人"显然并不指所有的中国人，这是不言而喻的，吴晗是位著名学者，不可能犯这样的"低级错误"。两种观点，都能言之成理。他们都希望教师"给个说法"。

师：看来，同学们的分歧主要集中在对"中国人"这个概念的理解上。我不想当裁判，只想提供一点资料，究竟谁是谁非，请同学们自己拿主意。

鲁迅有两篇选进高中语文课本的文章，也都说到了"中国人"，对我们判断是非也许有帮助。

一篇是《记念刘和珍君》。

北京女子师范大学学生刘和珍等到段祺瑞执政府前请愿，卫兵开枪，死伤数百人，刘和珍不幸罹难，接着又有人放出流言，诬蔑她们是受人利用的。鲁迅就此事发表议论说："我向来是不惮以最坏的恶意，来推测中国人(a)的，然而我还不料，也不信竟会下劣凶残到这地步。"

另一篇是《中国人（b）失掉自信力了吗》。

文中有这样的说法："我们从古以来，就有埋头苦干的人，有拼命硬干的人，有为民请命的人，有舍身求法的人……这就是中国的脊梁。……要论中国人（c），必须不被搽在表面的脂粉所诓骗，却要看看他的筋骨和脊梁。"

师：鲁迅的文章中用到了3个"中国人"，请同学们比较一下，三者所指的对象是一样的吗？然后再回到我们刚才讨论的问题上，看能不能取得一点共识。

生：鲁迅的文章中，中国人（a）指的是杀害刘和珍和制造流言的那一类坏人，而中国人（b）指的是没有失掉自信力的中国人，中国人（c）则指中国人中的"脊梁"。3个"中国人"都不是指中国人的全体。

师：这对我们解决刚才的问题有什么帮助吗？

生：我们在用"中国人"这个概念的时候，如果前面不加任何表示限制的词语，既可以指全体中国人，也可以指某一部分中国人。主要看它出现在什么语言环境中。可见网上那篇文章对吴晗的批评是没有道理的。

生：中国人中当然有优秀的人，也有坏人，吴晗会不懂这个道理吗？还用得着这位网上的作者来教训吗？再说，我们写文章总得给人一点启发或鼓舞，吴晗写这篇《谈骨气》就是要鼓舞人们以"中国人的骨气"去克服国家面临的困难。"我们中国人是有骨气的"，这样的句子铿锵有力，很有鼓舞人心的作用，如果改为"有一些中国人是有骨气的"，还有这种表达效果吗？

生：我同意他们的意见，想再做点补充。我们在谈到民族传统的时候，应该看主流的方面。世界上任何一个民族，都有优秀分子，也有败类，但优秀分子总是处在主流的地位，否则，这个民族就不可能生存和发展。他们也许人数不多，但却是一个民族的代表人物，也就是鲁迅说的民族的"脊梁"。

师：这几位同学说得真好！我同意你们的分析。"我们中国人是有骨气的"这句话中的"中国人"，指的正是堪称"中国的脊梁"的那一部分优秀的中国人，正是在他们的身上体现着中国人的骨气。再从语文知识的角度说，这里其实有一种修辞现象：整体和部分可以互代。吴晗的文章中是用表示整体概念的"中国人"代替一部分中国人。这在修辞学中叫作"借代"。

前面说过，这篇文章让九年级的学生读虽然嫌浅，但如果在读的时候不是把眼光局限于课文，而让视野稍稍拓宽一些，也是可以读出深意和趣味的。刚才同学们就是这样读的，我发现大家都表现出很大的兴趣。这对我们今后读文章是有启发的。）

（4）布置作业

①阅读下面两段观点截然相反的文章，然后就"中国人的骨气"问题谈谈你的看法。字数不限，形式不拘。完成作业前，可以从网上或到图书馆查找有关的资料（如媒体对第二十七届奥运会的报道、报纸社论等），使你的议论像这篇《谈骨气》一样，有具体的事实做支撑，尽可能做到有理有据。

材料1：第二十七届奥运会已经圆满地落下帷幕了，在这届奥运会上中国健儿非常出色地完成了所有的项目。而更让人感到欣喜的是在这届奥运会上，许多年轻队员和老运动员一起发挥出了世界先进水平，让中国竞技体育又攀登上了一个新的巅峰。同时，他们也向世界展示了一个真正的中国。

在写这篇文章之前，我一直在思考到底选用什么标题最为合适，有几个词语一直在脑中转动不已，他们就是：中国、中国人、奥运和骄傲。中国运动员在此次奥运会上的表现，可以让每一个中国人都为自己的国籍感到骄傲。曾经听某人讲起在澳大利亚的一件事，有一位澳大利亚人问一位中国人是从哪里来的，他猜过了日本、新加坡、韩国等，就是没有猜到中国。先不说在外国生活的华人的感受怎么样，在经过了这次悉尼奥运会之后，我首先想到的就是中国人终于扬眉吐气了，我们终于把我们拼搏向上、永不服输的中国精神带到了悉尼，带到了澳大利亚，展现给了每一个澳大利亚人，展现给了全世界，让所有的外国人都知道中国人的骨气、中国人的精神，让所有对中国人有偏见的外国人重新认识了中国人。

材料2：穷人搞别的搞不过富人，能在奥运会上拿几块金牌就成了可以炫耀的事儿。得了金牌后举国欢腾，游行上街的一定是亚非拉第三世界国家，单位专门放假让你回家看奥运会开幕式的也一定是第三世界国家。人家发达国家得块金牌是锦上添花，到咱们这儿就变成雪中送炭了。问题是咱们关心奥运会和别人不一样，人家是喜欢运动的人才看，不喜欢的人跟没事似的，在亚特兰大开奥运会那阵子还有人专门在那几天出去旅游，躲开奥运会。中国就非要闹得举国上下除此无大事，平时连奥运会是什么都不知道的老太太，也要对着电视说几句"得了金牌，可为咱争气了"的话。1988年奥运会没搞好，就说成兵败汉城（今首尔），全国上下如丧考妣，后来搞好了，又说体育健儿真是最可爱的人。中国足球老也冲不出去，恨得全国人民牙痒痒的，恨不得食其肉寝其皮，真像中国足球弄好了就可以超英赶美了。

说到底，把奥运会看成关乎国运的大事，是一种典型的弱国心态。

②与邻座的同学一起讨论课文后的练习题，不必做成书面作业。

第十七章　教学样式的创新探索

前几章分别介绍了系统讲授、引导探究、合作讨论和指导自学的教学样式。其实，在教学领域，还存在林林总总的教学样式，等待人们去学习、去选用，并在此基础上，去探索、去创新。

一、概述

从根本上说，任何一种教学样式都有自身特定的目标、功能、适用范围和条件，都不能适用于任何教学情境，都不能"包打天下"。在教学样式多样化的背景下，教师尤其需要留意以下 3 点。第一，拓展知识面，多了解各种不同教学样式的概况；加深领悟度，多思考各种不同教学样式的特点。第二，根据教学目标、教学内容、学生现状、教师风格和教学条件等，结合各种教学样式的自身特点，从丰富多彩的样式中加以合理选择和运用。第三，也是非常关键的一点，即要优化组合、变通运用各种教学样式，在模仿中求创造，在运用中谋创新。

值得一提的是，教学样式的构建并不是终极追求，只是优化教学设计与实施的一种手段。在一定意义上，教学设计与实施的理想境界，是去样式化，是众法皆备于我的无式之式。

下文将提供"礼仪展风采""平方差公式""改革开放"和"走进巴西"这 4 则教学设计实例,展示人们对教学样式的创新探索。

二、"礼仪展风采"教学设计

"礼仪展风采"是人教版《思想品德》八年级第七课第二框的内容。本节课的教学设计以吴理益(谐音"无礼仪")开学第一天为主线,依据教学内容设置了 4 个生活片段,灵活运用情境创设、活动探究、案例分析、合作讨论和角色扮演等,创造了一种自然、流畅与和谐的学习氛围,引导学生思考、辨析、感悟和发展。具体教学设计如下。①

(一)教学理念

重视情境的创设,促使学生主动参与,让学生在活动中得到体验,在参与中实现发展。

(二)课标依据

本课依据的课程标准是"我与他人的关系"中的"交往与沟通":"知道礼貌是文明交往的前提,掌握基本的交往礼仪与技能,养成文明礼貌的行为习惯。"

(三)教学目标

情感、态度与价值观目标:乐于以礼待人,形成以习礼仪、懂礼仪、讲礼仪为荣的交往态度,体验举止优雅、文明礼貌带给自己的乐趣以及对人生发展的价值,发自内心地愿意做讲礼仪的人。

能力目标:掌握基本的社交礼仪,并能够在交往中加以运用。

知识目标:懂得什么是礼仪,礼仪有什么作用。了解生活中基本的社交礼仪,知道礼仪是一个人的基本素养。

---

① 岳晓霞."礼仪展风采"教学设计[J].思想政治课教学,2009(8):47~50.略有改动.

（四）教学重点

懂得待人接物的一般礼仪和与中学生有关的礼仪规范，并能熟练掌握社交的一般礼节。

（五）教学难点

学生将礼仪要求转化为自觉行动。

（六）教学方法

体验式教学法、活动探究法、典型事例分析法、小组讨论教学法、情境模拟法与角色扮演法。

（七）教学用具

多媒体。

（八）课前准备

查阅有关礼仪方面的书籍、网页等。

准备与礼仪有关的音像资料，收集有关礼仪方面的格言警句，制作flash。

学生预习课文，思考展示中学生风采的礼仪及做好表演的准备。

（九）教学过程

1. 新课导入：奥运礼仪我欣赏

播放《北京欢迎你》视频片段。

导入语：一曲《北京欢迎你》，使我们回想起不久前闭幕的第二十九届北京奥运会。在这届奥运会上，中国人以良好的精神风貌和优雅的礼仪赢得了世界的喝彩与赞许，国际奥委会主席罗格先生评价说："这是一届真正无与伦比的奥运会。"下面，我们来欣赏一组有关北京奥运会礼仪的图片。

展示图片：礼仪小姐的训练、国家主席胡锦涛接见外宾、北京奥运会开幕式、升旗仪式以及颁奖仪式等图片。

教师小结：奥运会的成功举办，展现了中华民族作为礼仪之邦的风采。我们中国人也因礼仪而显优雅。本节课，教师将与同学们一起来学习探讨有关礼仪的问题。

（板书：礼仪展风采　礼仪显优雅）

（多媒体显示：礼——尊重，仪——礼节、仪式，礼仪——用美好的形式表达尊重。）

（设计意图：创设情境，从礼仪为奥运添彩导入，激起学生学习本课的兴趣与动机。）

2. 情境课堂：中学生吴理益的开学第一天

(1)第一幕情境分析——了解个人礼仪的基本要求

导入语：礼仪无处不在，无时不有。在人际交往中如果遵循礼仪的要求，生活会变得和顺、和美；反之，就可能伤害别人，也会使自己难堪。下面，我们一起进入情境课堂，分析主人公吴理益是不是懂礼仪、讲礼仪。请看第一幕——

第一幕

早上，吴理益来到学校……

情境再现：

吴理益要上初中了，很兴奋。他自言自语地说："我要让我很'酷'，让大家都来关注我。"

吴理益头发很乱，裤管特意长短不一，走路学模特的"猫步"，与人告别用"飞吻"……

在新的班级里，同学们用怪异的目光打量他。

问题分析：

吴理益的行为与礼仪有关吗？他的行为有哪些地方不合礼仪？

对我们来说，有哪些基本的礼仪要求？

师生分析后小结：在待人处事中遵循礼仪会使我们变得优雅可亲。

（多媒体显示：个人礼仪的基本要求——举止文明、动作优雅、姿态潇洒、手势得当、表情自然、行为检点、仪表端庄、着装得体、讲究卫生等）

（板书：个人礼仪——基本要求）

拓展训练：

俗话说："坐有坐相，站有站相。"怎样使自己的姿态优雅、符合礼仪的要求？让我们来比一比、评一评、做一做。请3个同学上台表演坐、立、行的姿势，其他同学评判谁做得较好。

（多媒体显示：坐、立、行的规范姿势）

3名学生表演后师生点评。

教师小结：站如松、坐如钟、行如风是最常用的3种合乎礼仪的姿态。对于这些常规礼仪姿态，我们要通过日常的有意锻炼，逐步养成习惯。

（设计意图：通过对视频情境的分析，让学生认识到吴理益不合礼仪的地方，以明确个人礼仪的基本要求。）

（2）第二幕情境分析——领会讲礼仪的重要性

导入语：课间，吴理益坐在草坪里吃花生被外教撞见了，他怎样对待外教的劝阻呢？接下来，我们一起来看第二幕——

第二幕

课间，吴理益来到了操场……

情境再现：

吴理益坐在草坪上悠闲自得地吃花生。外教看见了，走到旁边提醒他："小草在睡觉，请不要打扰它。"吴理益不耐烦地说："老外，说什么呢？直说不要坐在草坪上不就完了，真是狗拿耗子多管闲事！"说完，他把花生包装袋扔在地上扬长而去。外教叹了口气说："这个学生，不文明。"

问题分析：

吴理益的言行有哪些地方不合礼仪？他的言行会产生怎样的不良影响？

拓展训练：

荀子说："人无礼则不立，事无礼则不成，国无礼则不宁。"请结合第一、第二幕的情境，小组讨论对这句话的理解。

师生小结礼仪的重要性：

①礼仪不仅关系到自身的形象，而且直接关系到周围的人，在国际交往中，它甚至关系到我们民族和国家的形象。

②礼仪不仅仅是一种形式，而且是一个人、一个集体，乃至是一个国家精神文明的象征。

（设计意图：引导学生通过对第一、第二幕的情境分析，认识到礼仪的重要性，增强学生习礼仪、懂礼仪、讲礼仪的自觉性。）

（3）第三幕情境分析——理解健康、文明社交礼仪的具体要求及其必要性

导入语：中午，吴理益放学回到了家中，家中来了客人，他又是怎样招待客人的呢？请看第三幕——

第三幕

中午，吴理益放学回到了家中……

情境再现：

放学回到家中，吴理益重重敲门，他妈妈打开门说："我的好儿子回来了。"吴理益对妈妈大喊："饭做好了吗？我快饿死了！"他妈妈对他说："看，阿姨来了，叫阿姨好。"阿姨站起来，亲热地说："小益回来了。"吴理益看也不看地答了句"哎"，便头也不回地走向自己的房间。

吴理益的妈妈摆好了饭菜，喊："小益，吃饭了。"吴理益走了出来，一个人径自走到桌边，自管自地吃起饭来。他妈妈对他说："阿姨还没有上桌呢。"

吴理益不耐烦地噘噘嘴，继续吃饭。

吃饭中，妈妈请阿姨用菜，阿姨正要对着菜碗夹菜，吴理益便把菜碗端到了自己面前，埋头吃菜。妈妈埋怨他："这孩子，怎么不讲理。"吴理益"啪"的一声把筷子摔在桌上，气嘟嘟地说："我不吃了，不就行了嘛!"说完，他便转身气冲冲地离去。

问题分析：

你认为吴理益的待客行为有哪些地方不合礼仪要求呢?

学生回答后师生小结：遵守健康、文明的社交礼仪，是展示我们优雅风采和高尚品德的具体要求，也是我们与他人顺利交往的前提。

拓展训练：

表演小品《家中来了客人》。

情境：小刚的阿姨来到小刚家。她是来找小刚妈妈的，要把一样礼物给她。而小刚的父母因加班都不在家，小刚应如何接待阿姨?

对不同的客人，有不同的礼仪，师生共同归纳待客礼仪。

（多媒体显示）

来了一个好朋友：让他随便一些，像在自己家里一样，太多的客套反而让好朋友不自在。

来了一位长者：用敬语问好，请坐、请喝茶，陪聊天，体现出尊重。

……

师生分析小结：待客只是社交礼仪的一个方面，掌握文明、健康的社交礼仪是适应现代社会不可缺少的条件。我们要掌握这些基本要求，并在交往中加以运用。社交礼仪的掌握不是自然形成的，需要在社会生活中不断地学习、观察和思考。

（板书：社交礼仪——健康、文明）

（设计意图：创设待客情境，引导学生进行实践体验、总结分析，掌握文明、健康的社交礼仪。）

（4）第四幕情境分析——学会正确对待传统礼仪和民族礼仪

导入语：下午放学后，吴理益去哪儿了呢？接下来，我们一起来看第四幕——

第四幕

下午放学后，吴理益先来到了超市……

情境再现：

一个推销员在推销月饼，见吴理益走过来，便拉住他，向他推销："中秋节到了，买份月饼吧。"吴理益不屑地说："过什么中秋节，赏月、吃月饼，多没意思。过圣诞节多有意思，多浪漫啊!"

情境分析：

你知道中秋节有哪些礼仪习俗？你赞同吴理益对传统中秋节的观点吗？

讨论后，师生小结：对待传统礼仪，我们不能拘泥于传统的烦琐礼仪，而应以科学的态度对待传统礼仪习俗，继承其精华，剔除其糟粕，把传统与现代社会的要求结合起来，做到与时俱进。

吴理益又来到一家回民面馆……

情境再现：

吴理益来到一家回民面馆，大声地叫喊："老板，有猪肉面吗？来一份。"回民老板听后非常恼怒。

情境分析：

吴理益在与回民交往时讲礼仪了吗？为什么？

讨论后，师生小结：在与少数民族交往时，我们要尊重少数民族的礼仪习俗，要"入乡随俗"。尤其不能违反民族禁忌，因为这会伤害民族感情，妨碍交往，影响团结。

拓展训练：

传统礼仪和民族礼仪知识抢答。

（设计意图：创设情境，组织学生分析交流，引导学生用科学的态度对待传统的和民族的礼仪习俗。）

3. 总结拓展：知规明礼我践行

①小组评比活动。以 6 人小组为单位，评出班级的"礼仪之星"，并拟写、宣读礼仪之星颁奖词。（提示：结合日常生活的礼仪要求，从语言、态度、行为、交往等方面进行评选）

②诵读礼仪三字经。

站坐走，精气神。颈要直，腰须挺。肩放松，膝并拢。手插兜，显懒散……

访名胜，观古迹，守秩序，是关键。刻画攀，不应该。花草木，要爱护……

国强盛，礼要兴。个人事，国家脸。我中华，五千年，文明风，相沿袭。

③礼仪格言警句欣赏。

④学习感悟。学生用一到两句话来表达自己对学习礼仪的感悟。

⑤结束语：（多媒体显示）

人们常说，礼仪是一封通向四方的推荐书，愿同学们都能拿好、用好这封推荐书。我们要学习礼仪，感悟礼仪，践行礼仪，因为礼仪是我们和谐生活的根基，也是我们展翅飞翔的双翼。礼仪是人类文明的一支美丽芬芳的花朵，她的芳香陶冶了世代中华儿女，愿礼仪使你的青春更加亮丽，使你的人生更加精彩！

（设计意图：引导学生加深对礼仪的理解，将其升华为对美好生活的追求。）

三、"平方差公式"教学设计

"平方差公式"是人教版八年级《数学》上册第 151 页至 153 页的内容，以下教学设计灵活融入了讲练结合、引导发现和讨论交流等，充分体现了对教学样式的创新探索。本节课的授课教师是华南师范大学的林佳佳同学，本案在 2008 年由中国教育部国际交流司与师范司以及东芝公司共同举办的首届"东芝杯·中国师范大学师范专业理科大学生教学技能创新实践大赛"中获得第一名。具体设计如下。①

（一）教学目标

知识与技能目标：理解平方差公式的本质，即结构的不变性，字母的可变性；达到正用公式的水平，形成正向产生式——$(\Box+\triangle)(\Box-\triangle)\rightarrow\Box^2-\triangle^2$。

过程与方法目标：经历公式的独立建构过程，构建以数的眼光看式子的数学素养；发展抽象概括的能力；提高问题解决能力，进行运用平方差公式来研究等周问题的探究。

情感、态度与价值观目标：纠正片面观点——数学只是一些枯燥的公式、规定，没有什么实际意义！学了数学没有用！体会数学源于实际、高于实际、运用于实际的科学价值与文化价值。

（二）教学重点

平方差公式的本质的理解与运用；

数学是什么。

（三）教学难点

平方差公式的本质，即结构的不变性、字母的可变性。

（四）教学手段

计算机、PPT、Flash。

---

① 林佳佳. 平方差公式的教学设计[J]. 中学数学研究，2009(1)：3～7. 略有改动.

(五)教学时间

一课时。

(六)教学流程图

教学流程   设计意图

速算王的绝招   ▷   根据著名心理学家桑代克的试误学习理论中的"准备律"，运用该情境，能够让学生在动机上做好准备，对所学内容产生兴趣，使学生在学习前处于对知识的"饥饿状态"，产生一个心理"缺口"，从而激发学生产生弥合心理缺口的学习动力

动手操作   ▷   新课程改革的理念之一就是学习方式的转变。现代学习方式的一个基本特征是"体验性"，强调学生亲身去经历、去感悟。本环节让学生从听教师讲推导转向自己动手进行推导演算、数学表述，体验"做数学（do mathematics）"的现代数学教育理念

抽象概括   ▷   根据学生是学习的主体，教师是组织者、引导者与合作者的新理念，通过3个不同的刺激模式，从特殊到一般，引导学生抽象概括出平方差公式的本质，培养学生的抽象概括能力

公式运用   ▷   根据变式理论，设计了不同形式类型的典型例题，突出平方差公式的本质，即结构的不变性、字母的可变性

速算王的秘密
（解惑传道）

▷ 呼应"速算王的绝招"这一部分，解答学生心中的疑惑，弥合学生心中的"缺口"，让他们体会到平方差公式的威力

意犹未尽

▷ 根据桑代克的练习律与斯金纳的强化原理设计该练习，以巩固所学。让学生接触不同形式的问题，建立起以数的眼光看式子的整体观念，进一步强化平方差公式的本质，即结构的不变性、字母的可变性

数学是什么

▷ 新课标提出的三维目标中包括情感、态度与价值观目标。设计几何解释与问题解决，目的是使学生看到数学中的公式反映了实际问题中的客观关系，纠正偏见——"数学只是一些枯燥的公式、规定，没有什么实际意义。"进而，使学生感受到学了数学公式，可以解决实际问题，体会到数学的应用价值，并培养学生的问题解决能力，促使学生构建起正确的数学观

画龙点睛

▷ 强调平方差公式的本质，即结构的不变性、字母的可变性；指出学习此公式的用途；通过问题 $(a + b + c)(a + b - c) = ?$ 进一步化解"结构的不变性、字母的可变性"这一难点，并为下一节内容的学习埋下伏笔

牛刀小试

▷ 第1题是为了巩固本节课所学的知识，使学生达到正用公式的水平；第2题是为学生提供更大的思维发展空间，是把课内知识延伸到课外，用所学的平方差公式解决"等周问题"，以培养学生的问题解决能力和数学探究能力

（七）教学过程

教学环节	教学内容	教师活动	学生活动	设计意图
速算王的绝招（约1分钟）	在一次智力抢答赛中，主持人提供了两道题。 第1题：$21\times19=?$ 第2题：$103\times97=?$ 主持人话音刚落，就立刻有一个学生刷地站起来抢答说："第1题等于399，第2题等于9991。"其速度之快，简直就是脱口而出。同学们，你知道他是如何计算的吗？你想不想掌握他的简便、快速的运算招数呢？	教师讲故事，激发学生的学习欲望。	学生听故事，思考。	通过"速算王的绝招"这一故事的情境创设，引发学生学习的兴趣，同时激发学生的好奇心和求知欲，顺利引入新课。
动手操作（约4分钟）	①现有两个数，不知其大小，请你随意用两个字母来表示这两个数； ②请把这两个数的和与差分别表示出来。这两个式子是多项式还是单项式？ ③请将所得的和与差相乘并化简； ④请思考：两个数的和与这两个数的差的乘积等于什么？（让学生用自己的语言描述出来）	教师发出指令引导学生操作。	学生动手操作演算，思考表达。	让学生运用前面已掌握的3个乘法法则，自己动手演算，积极思考，尝试数学表述，为后面的抽象概括做好准备。
抽象概括（约3分钟）	教师同时请3名学生板演不同的操作演算形式： $(x+y)(x-y)=x^2-y^2$ $(m+n)(m-n)=m^2-n^2$ $(c+d)(c-d)=c^2-d^2$ 3位同学所用的字母、所得的结果完全不同。请问：他们的结果真的没有一点共同之处吗？引导学生横向比较3个结果，抽象概括出它们的共同结构：两个数的和与这两个数的差的乘积等于这两个数的平方之差。它就是整式乘法的一个乘法公式——平方差公式（formula for the difference of squares）：$(a+b)(a-b)=a^2-b^2$。	教师引导学生比较分析3种形式的异同。	学生比较分析3种形式的异同，归纳总结其共性。	通过3个不同刺激模式，由特殊到一般，师生共同抽象概括出平方差公式，发挥教师的主导作用、学生的主体作用，培养学生的抽象概括能力。

续表

教学环节	教学内容	教师活动	学生活动	设计意图
公式运用（约 10 分钟）	运用平方差公式计算： $(p+q)(p-q)$ $(3x+2)(3x-2)$ $\left(-x+\dfrac{1}{2}y\right)\left(-x-\dfrac{1}{2}y\right)$ $(b+ac)(ac-b)$ 分析：引导学生识别出它们都是两个数的和与这两个数的差的乘积的形式。 下面各式的计算对不对？如果不对，应当怎样改正？ $(x+2)(x-2)=x^2-2$ $(-3a-2)(-3a-2)=(-3a)^2$ $-2^2=9a^2-4$	教师引导学生以数的眼光去看式子，并进行分析讲解。	学生思考问题。	根据变式理论，设计了不同形式类型的典型例题，强化平方差公式的本质，即结构的不变性、字母的可变性。 这组练习主要是要考查学生有没有掌握平方差公式的结构。
速算王的秘密（解惑传道）（约 1 分钟）	$103\times97=?$ 解：103×97 $=(100+3)(100-3)$ $=100^2-3^2$ $=9991$	教师引导讲解。	学生听讲思考。	呼应"速算王的绝招"这一部分，解答学生心中的疑惑，弥合学生心中的"缺口"，让他们体会到平方差公式的威力。
意犹未尽（约 8 分钟）	课堂练习：$P.153$ 练习第 2 题 运用平方差公式计算： $(a+3b)(a-3b)$ $(3+2a)(-3+2a)$ 51×49 $(3x+4)(3x-4)-(2x+3)(3x-2)$	教师巡视观察，进行个别辅导。	学生自己思考做题。	根据桑代克的练习律与斯金纳的强化原理设计该练习，以巩固所学。可以让学生接触不同形式的问题，建立起以数的眼光看式子的整体观念，进一步强化平方差公式的本质，即结构的不变性、字母的可变性。

教学环节	教学内容	教师活动	学生活动	设计意图
数学是什么(约8分钟)	有人说，数学只是一些枯燥的公式、规定，没有什么实际意义！请问数学真的没有什么实际意义吗？请看下面的问题。 ①几何解释： 请表示图(1)中阴影部分的面积。 将阴影部分拼成了一个长方形，见图(2)，这个长方形的长和宽分别是多少？你能表示出它的面积吗？ 比较前两问的结果，你有什么发现？ （1） （2） $S_{阴}=a^2-b^2$，$S_{阴}=(a+b)(a-b)$ $\therefore(a+b)(a-b)=a^2-b^2$ 还有人说，学了数学没有用？果真如此吗？ ②问题解决： 宏业住宅小区的花园，起初被设计为边长为 a 米的正方形，后因道路的原因，设计修改为：北边往南平移 2.5 米，而东边往东平移 2.5 米。试问修改后的花园面积和原先设计的花园面积相差多少？	教师引导分析，讲解演示。 教师引导分析，讲解演示。	学生观察，思考领悟。 学生听讲，思考观察。	新课标提出的三维目标中包括情感、态度与价值观目标。设计几何解释，目的是使学生看到数学中的公式反映了实际问题中的客观关系，纠正"数学只是一些枯燥的公式、规定，没有什么实际意义"这样的偏见。 设计问题解决的目的，一是培养学生的问题解决能力；二是使学生知道，学了数学公式，可以用来解决实际问题，从而体会到数学的应用价值，并构建起正确的数学观。

续表

教学环节	教学内容	教师活动	学生活动	设计意图
数学是什么(约8分钟)	解：如图(1)，原花园的面积 $S=a^2$ （1） （2） 修改后的花园面积如图(2)所示，其面积 $S_后=(a+2.5)(a-2.5)=a^2-2.5^2$，所以，$S-S_后=a^2-(a^2-2.5^2)=2.5^2=6.25$ (m^2) 答：修改后的花园面积比修改前少了6.25平方米。			
画龙点睛(约4分钟)	①平方差公式的本质：$(a+b)(a-b)=a^2-b^2$。 结构是稳定不变的，即只要是两个数的和与这两个数的差的乘积，就一定等于这两个数的平方之差。 公式中的字母 a 和 b 却可以变脸！可以是其他字母；可以是正数，也可以是负数；可以是单项式，也可以是多项式。	教师引导总结。	学生思考体会。	让学生看到公式的本质所在，能突破公式字面意义的局限性，建立起较高层次的有意义条件反射，而不是机械地记忆公式。

续表

教学环节	教学内容	教师活动	学生活动	设计意图
画龙点睛 (约4分钟)	②我们为什么要学习平方差公式，学了它我们能做什么呢？ 在进行某些乘法运算时，利用平方差公式，可以进行简便、快速运算。 计算：$(a+b+c)(a+b-c)=?$ 解：$(a+b+c)(a+b-c)$ $=[(a+b)+c][(a+b)-c]$ $=(a+b)^2-c^2$ 那么如何计算 $(a+b)^2=?$ 也就是说，如何计算两数和的完全平方呢？让我们共同期待下一次数学课的到来！	教师启发学生以数的眼光看字母式子。	学生识别出这是两数和与这两数差的乘积的结构。	点明学习平方差公式的必要性。 进一步化解"结构的不变性、字母的可变性"这一难点，并为下一节内容的学习埋下伏笔。
牛刀小试 (布置家庭作业) (约1分钟)	家庭作业：$P.156$ ①运用平方差公式计算： $\left(\dfrac{2}{3}x-y\right)\left(\dfrac{2}{3}x+y\right)$ $(xy+1)(xy-1)$ $(2a-3b)(3b+2a)$ $(-2b-5)(2b-5)$ 2001×1999 998×1002 ②数学探究——等周问题。 宏业住宅小区的花园，起初被设计为边长为 a 米的正方形，后因道路的原因，设计修改为：北边往南平移 $x(x\leqslant a)$ 米，而西边往西平移 x 米。试问： 修改后的花园面积和原先设计的花园面积相差多少？ 上述两种设计的面积之差与 x 的大小有什么关系？ 在周长为定值 $4a$ 的矩形中，什么时候其面积最大？ 计算周长均为 $4a$ 的圆的面积、正六边形的面积。由此你有什么新的发现？	教师布置作业。 教师解释问题。	学生认真记录。 学生思考问题。	由浅入深的练习和灵活的变式练习能够强化本节课所学的知识。 该环节为学生提供更大的思维发展空间，是把课内知识延伸到课外，用所学的平方差公式解决"等周问题"，以培养学生的问题解决能力和数学探究能力。

本教学设计实现了三个方面的创新。一是目标创新。①理解平方差公式的本质，即结构的不变性、字母的可变性。这也是数学公式的本质，初步化解了今后大量数学公式学习的难点。②培养"以数的眼光看式子的整体观念"的数学素养，培养学生的问题解决能力和数学探究能力。③纠正片面观点："数学只是一些枯燥的公式、规定，没有什么实际意义！学了数学没有用！"二是教法创新。从低认知水平的模仿套公式转向高认知水平的学生动手操作，教师引导发现，师生共同抽象概括，形成正向产生式："（□＋△）（□－△）"→"□^{2}－△^{2}"。三是数学创新。设计了运用平方差公式来解决实际问题的例子，为学生提供运用平方差公式来研究等周问题的探究机会，以培养学生的问题解决能力和数学探究能力，体现了现代数学教育的价值取向。

四、"改革开放"教学设计

"改革开放"是人教版八年级《历史》下册的内容。提起这一课，许多历史教师感到"头疼"，专业术语多，理论性强，很难把握。以下教学设计以故事为推手，以探究为引领，以身边熟悉的事例为素材，通过创设情境、交流讨论等方式，拉近历史与学生之间的距离，激发学生参与学习的积极性，让学生近距离地、身临其境般地去重温那一段历史，去感受改革开放给中国带来的巨大变化。由此，教师打造了"不沉闷"的历史课堂。具体设计如下。①

（一）教学理念

"改革开放"一课，教材内容较少，如何调动学生的学习兴趣，让学生在学习中凭借自己的情感、直觉、灵性，去直观地感受、体味和领悟历史呢？本节课注意突出两点：①创设情境，用故事推动课堂教学。教师把学

---

① 教学设计的作者为广州市第三中学吴逸新老师．

生成长的故土和身边熟悉的素材改编成故事，通过创设活生生的"情境"，有效激发学生学习的兴趣，营造了有生命力的历史课堂，使枯燥的内容变得"鲜活"。本节课学生必须掌握3个内容：家庭联产承包责任制、国有企业的改革、深圳等经济特区的建设及对外开放。教师通过3个人物的故事，把这些内容串联在一起。故事与问题相结合，层层推进，环环紧扣。学生时而置身于当时的历史之中，与故事中的人物同呼吸、共命运，时而又置身于故事之外审视历史，在自主、和谐、平等的氛围里完成了学习。②充分运用强调学生主体体验的历史教学策略。教师围绕问题创设情境，引导学生参与课堂活动、自主探究、合作交流，发现问题，解决问题。例如：假如你是吕田村的村民，你会向梁守发提什么建议？猜想一下聊天软件GG和梁胜利的命运会如何？等等。

(二)教材分析

本课属于人教版八年级下册"建设有中国特色的社会主义"这一单元的内容。教材通过"伟大的历史转折""改革开放"和"建设有中国特色的社会主义"，介绍了改革开放以来我国社会主义建设的探索。教材重在引导学生体会我国在全面地、创造性地建设中国特色社会主义伟大事业的进程中经历的艰辛，感受改革开放给祖国带来的翻天覆地的变化，坚定走中国特色社会主义道路的信念。

"改革开放"属于第二课时，是中国现代史内容标准的重点。教材从"家庭联产承包责任制""深圳等经济特区的建立"和"国有企业的改革"3个子目，按照事件发生的先后顺序，向学生介绍了改革开放的基本历程，叙述清晰，但较为缺乏感性素材，学生较难产生认同感。因此，教师在教学过程中，有必要补充相关史料，引导学生回到历史的现场，去感受历史，从而深刻体会历史和理解历史。

(三)学情分析

学习本课的学生，正值八年级。十四五岁的学生，好奇心强，对历史学习的兴趣浓厚，有表现欲。但本课内容对八年级学生来说，比较枯燥，难以理解。"兴趣是最好的老师"，课堂教学将根据学生的年龄特点，创设贴近学生生活的历史情境，让学生置身于历史情境当中，进而激发学生的学习欲望，使学生能较好地完成本课的学习。

(四)教学目标

知识与技能目标：学生能说出家庭联产承包责任制的内容；学生能列出国有企业改革的主要内容；学生能在地图中标出早期开放的 4 个经济特区的地理位置，并说出我国对外开放格局形成的步骤。

过程与方法目标：学生通过教师创设的历史情境，体会我国在全面地、创造性地推进建设中国特色社会主义伟大事业的进程中经历的艰辛探索；学生通过对相关问题的探究，知道家庭联产承包责任制和国有企业改革的主要内容，并从中理解改革的必要性；学生通过参与历史故事的续写，进一步理解对外开放的重要性及其成就。

情感、态度与价值观目标：感悟改革开放的艰辛及其给家乡带来的变化，理解改革开放政策的正确性；加深对建设中国特色社会主义道路的认识。

(五)重点、难点

教学重点：农村和城市的经济体制改革，深圳等经济特区的建立。

教学难点：生产关系一定要适应生产力发展需要的基本原则，经济特区在社会主义现代化建设中的作用和影响。

（六）教学过程

教学环节	教学活动	设计意图
故事人物出场	向学生介绍故事的人物。 王小贵：王小贵是王富贵同父异母的弟弟，被哥哥逼走后隐姓埋名到省城陈某工厂打工。 梁守发：梁守财的弟弟，时任吕田村的村支书。 梁胜利：梁守发的儿子。	本课选择的故事，发生在广州从化。王富贵、梁守财、梁守发的故事人物，学生在上个单元"土地改革"和"三大改造"的学习中，已经有所接触。因为历史场景贴近学生的生活，学生感觉有亲切感，再加上出示的 3 个可爱卡通人物造型，马上就吸引了学生的注意力，他们都很希望知道这 3 个既熟悉又可爱的人物，命运到底会怎么样。
梁守发的故事——代表对内的农村改革	故事一：村主任梁守发的故事——"农村的起死回生"。 阅读村主任梁守发的故事，分析从化吕田村经济起死回生的原因。 1978 年，从化吕田村受旱，时间持续到 1979 年。梁守发试图组织村民抗旱，但搞大锅饭平均主义的分配方式，农民的积极性并不高，甚至有村民选择离开吕田，其中就有梁守发的儿子梁胜利和村民王小贵，他们不愿意一辈子做农民了。为了调动村民的积极性，度过旱灾，1979 年，村主任梁守发带领村民把土地都承包到户，实行多劳多得。就这一招，居然使全村战胜了旱灾，而且还获得了丰收。 教师提问，学生思考后回答： ①为什么村民们当时的劳动积极性不高？ ②梁守发的"这一招"具体指什么？是梁守发首创的吗？ ③为什么"家庭联产承包责任制"就能让吕田的经济起死回生？	学生阅读吕田村经济起死回生的故事后，能够更好地理解农村进行改革的原因。 学生通过参与问题的探究，能够更好地理解家庭联产承包责任制的内容及其作用。

续表

教学环节	教学活动	设计意图
梁守发的故事——代表对内的农村改革	展示与之相关的后续故事，学生讨论如何处理多余的农产品。 实行家庭联产承包责任制后，吕田的农作物年年丰收，龙眼、荔枝多得卖不完，有的甚至烂在树上。这时的梁守发又在考虑如何处理多余出来的农作物。 教师提问，学生思考后发表自己的建议： 假如你是吕田村的村民，请你向梁守发提点建议。	发挥学生的主体性，让学生为故事中的人物献计献策，培养发散思维、创意思维。
王小贵的故事——代表对内的城市改革	故事二：王小贵的故事——"城市的起死回生"。 再说王小贵，他到了省城，在陈某工厂打工，由于工作勤奋认真，后来被提升为工厂主任。20世纪70年代以来，公司经营很不景气，基本是年年亏损。1985年，市政府给厂里下达了一个"年利润17万元的任务"，当时的厂长不敢接。但是，王小贵却提出了要承包整个厂，并且说他能在3个月时间，使年利润达140万元，还上交了计划书给市政府。经过认真研究后，市政府同意了王小贵的计划书。 教师：依你估计，为什么企业经营不景气且年年亏损？ 教师：市政府为什么同意王小贵的承包计划？ 学生参与问题解决。	进一步调动学生参与学习的积极性，通过故事情境的创设，引导学生理解"城市实行国有企业改革的原因"，为学习后面的城市改革的主要措施埋下伏笔。
	展示王小贵的承包计划书，让学生阅读计划书，并分析计划书中包含的改革措施。 第一，在保持陈某工厂主要资产不变的前提下，把原来陈某工厂下属的原料采购部转卖给个人；生产车间则由车间员工集体经营；而厂房和机器、销售部等仍属于国家所有。 第二，市政府减少对陈某工厂的生产干预，陈某工厂获得更大的经营自主性。陈某工厂实行部门经理责任制，经理职位和企业利润挂钩。 第三，打破原来大锅饭的"分配方式"，工资的高低按级别的大小来计算。推出奖励计划，为陈某工厂找到一个大客户奖励100元，找到一个小客户奖励30元。职工奖金部分与陈某工厂利润挂钩。	国有企业的改革是本节课的重点、难点。课文只用简单的几句话就概括了这个部分：把单一公有制经济发展为以公有制经济为主体，多种所有制经济共同发展；对国有企业实行政企分开，逐步扩大企业的生产经营自主权，实行经营责任制；实行按劳分配为主，多种分配方式并存的制度。 如果平铺直叙，学生学习起来枯燥无味，而通过承包计划书这一巧妙的方式，可以吸引学生的关注。学生阅读计划书中的每一项措施，都可以找到课文中相应的国有企业改革措施，在关注王小贵命运发展的同时，了解"国有企业改革的主要内容"。

续表

教学环节	教学活动	设计意图
王小贵的故事——代表对内的城市改革	展示后续故事——王小贵承包企业的故事。 1992年，党的十四大提出建立社会主义市场经济体制以后，王小贵又乘着这股改革东风，实行新一轮的改革。陈某工厂建立了股东会、董事会，模仿港澳地区建立现代化的企业制度。同时王小贵也准备联合王某吉建立大集团式企业。 教师：1992年后，王小贵又实行了什么改革措施？ 学生讨论回答。	学生通过王小贵改组企业的故事，能够说出党的十四大后国有企业改革的主要内容。
梁胜利的故事——代表对外开放的格局	故事三：梁胜利的故事——"特区的作用"。 展示梁胜利到深圳初期办GG遇到的困难，让学生分析梁胜利到深圳发展的原因。 话说离家出走的梁胜利来到了深圳，边工作边赚钱读书，20世纪80年代末，他跟朋友模仿国外的聊天软件创办了国内的聊天软件"GG"。虽然这一行业很有前景，但由于资金缺口比较大，网络服务器落后，公司举步维艰。 教师：为什么梁胜利选择来深圳？假如梁胜利不选择深圳，你觉得他当时还应该去哪些城市发展？对于目前遭遇到的困境，假如你作为他的合伙人，你有什么好的建议呢？ 学生讨论，商讨对策，发表意见、建议。 教师：请你结合课文，猜想一下聊天软件GG和梁胜利的命运会如何？ 学生充分想象并发表个人想法。 教师：请问梁胜利是如何扩大企业规模的？你认为在全国建立销售网点，应该从哪些地区或城市开始呢？ 学生阅读教材及相关地图，寻找办法。	学生阅读故事后，分析经济特区的优势所在，能够准确说出改革开放早期的4个经济特区的名字，同时引出本课的另外一个内容——探讨经济特区在社会主义现代化建设中的作用和影响。 通过设计故事人物的结局命运，提高了学生的故事组织能力，锻炼了学生的发散思维能力，加深了学生对历史的理解与认同。 学生通过教材及地图，掌握对外开放的格局形成的基本步骤，并理解对外开放的重要性。
	引出本故事的最终结局： 通过招商引资，聊天软件公司"GG"获得了法国电信运营商Orange注资的220万美元，解决了资金的缺口。同时，公司积极与电讯盈科密切洽谈，并准备到香港联交所科技板块上市。梁胜利与Orange的合作经营，不但吸收了对方的资本，还吸取了对方先进的科学技术和管理经验。 后来，"GG"拓展到了广州、上海等十几个城市；1998年，聊天软件GG覆盖了整个珠江三角洲、长江三角洲、环渤海地区；21世纪初，就连新疆、西藏地区都能使用GG聊天软件。	帮助学生进一步理解改革开放的成功之处。

续表

教学环节	教学活动	设计意图
布置课后作业	布置作业：上网搜索梁守发、王小贵、梁胜利3个人物在现实生活中的真实原型。	拓展延伸，留有余味。学生在课后找到原型人物，能加深课堂理解，进一步提升教学的有效性。

（七）板书设计

五、"走进巴西"教学设计

随着现代信息技术的飞速发展和日益普及，网络技术运用到课堂教学中已不鲜见。网络技术的运用为学生学习提供了大量信息，极大地拓展了学生的知识面，使学生能更深、更广泛地学习相应科目，并提高信息素养和创新能力。"走进巴西"一课的教学设计，即基于网络并综合利用讲授、自学、讨论和探究等开展地理教学活动。本节课的教学内容是湘教版（湖南教育出版社，以下简称湘教版）《地理》七年级下册"巴西"的知识点，教学场所是接入 Internet 的网络教室。所教学生具备了一定的信息素养，掌握了初步的计算机操作技能，有一定的上网经验和技巧。针对上述情况，制定的教学目标是：通过学习巴西的位置、地形、气候特点，找出影响巴西气候的因素；通过亚马孙热带雨林保护的教学，正确理解人地关系、树立正确的资源观，培养可持续发展意识，懂得国际合作的价值，初步形成全球意识。教学过程分为"巴西地理位置和地形教学""巴西气候教学""亚马孙河教学""保护地球之肺教学"和"总结评价"5个环节，具体设计如下。①

（一）巴西地理位置教学

1. 导入新课

教师课前针对本课内容制作了多媒体课件，并辅以其他相关的音频、视频资料，为学生创设了一个较好的教学情境，引导学生进入探究巴西地理状况的角色。

（教师出示2000年日韩"世界杯"的一张球员身披国旗的图片的一部分）

教师：同学们，你们能看出这是哪国国旗？

学生：巴西。

教师：你们怎么知道的？

学生：因为颜色。

2. 提出问题

巴西的国旗为什么偏偏由黄色、绿色、蓝色、白色组成？怎么理解巴西国旗的寓意？

3. 确定探究主题：巴西国旗的象征

学生通过网络自主探究，获得结果并提交到作业区。（推荐网站：http://www.baidu.com）

师生共同浏览作业提交区的帖子后，得出最终结果：黄色代表丰富的矿藏，绿色代表广袤的植被，圆形图案组合代表巴西国土大部分处于南半球，并标注南半球的星空，文字代表巴西讲葡萄牙语，白色横条代表亚马孙河。

———————————

① 王鑫，莫新平.《走进巴西》网络教学设计分析[J]. 中国电化教育，2004（12）：74～76. 略有改动.

（设计意图：教师没有将干巴巴的知识点直接呈现给学生，而是通过学生熟知的球星图片，把知识活化在具体情境中，激发学生的兴趣。）

(二)巴西气候和地形教学

1. 深化问题

巴西为什么有这样的地理特点？

2. 设置游戏和学习程序

有 4 位球星和我们开了个小小的玩笑，你能辨别出他们中谁在开玩笑吗？

罗纳尔多：我在大草原上练就惊人速度；

卡洛斯：我在冰天雪地中练就铲球绝技；

里瓦尔多：我在大森林中练就百步穿杨的射门水平；

罗纳尔迪尼奥：我在无边的大沙漠中练就铲人的盘带水平。

首先，学生完成《巴西在哪里》练习。(一幅世界地图，旁边有阿根廷、大西洋、赤道、南回归线、北回归线等文字。将文字拖放在地图的正确位置，文字停留在地图上，否则，文字退回原地。)完成该练习有困难的同学，可以在自学教师准备好的世界地图图片后，完成该题。

请同学到教师机完成练习，教师公布正确答案。

接下来，练习填充下表，进一步通过网络探究总结出巴西的气候特征。

比较项目	亚马孙平原	巴西高原
主要气候类型		
气候特征		

教师展示巴西 4 天的天气状况图(推荐网站：http：//www. t7online. com/)，结合表格得出巴西气候湿润，不可能有沙漠。师生根据上述练习共同总结出巴西地理位置的特点——地处热带，卡洛斯显然是不对的，罗

纳尔迪尼奥在开玩笑，罗纳尔多和里瓦尔多是正确的。

3．学生练习

根据前面所学的知识，参考教师提供的图片资料，完成绘制巴西地形剖面图的练习，提交到作业区。该过程中教师给部分学生以指导。探究结束后，全班同学一起评价和修改，得出结果。

（设计意图：任务驱动贯穿整个环节，问题设计由简入难，学生探究步步深入，通过教师的指导解决看似纷杂的问题，增强了学生学习的信心。趣味游戏的设置，激发了学生学习的兴趣和积极性。学生通过浏览网上资源，进入一个可根据本人需要自由探索的学习环境，并在该环境中进行有效的学习、探讨及训练。教师担负起学生学习指导者和帮助者的角色，在该环节中的作用主要是监控学生的学习状态，并对学生进行有针对性的启发与点拨。）

（三）亚马孙河教学

1．提出新任务：亚马孙河的形成

教师播放亚马孙河视频片段，将亚马孙河与尼罗河进行比较，详细呈现亚马孙河的情况。

2．小组合作学习

学生看完视频，完成有关亚马孙河基本情况的填空题，然后结合埃及和巴西地图完成下表。

比较项目	亚马孙河	尼罗河
流向		
流入的海洋		
流经的主要地形区		
流经的主要气候区		
水量大小		

学生分成两组，一组完成亚马孙河探究，另一组完成尼罗河探究。（教师提示：地理学习应当多用列表比较法）

学生分组讨论，进行网络探究，完成题目。

教师总结出水量巨大的原因之一——气候。

（四）保护地球之肺教学

将热带雨林比喻为人类的肺，帮助学生认识到保护热带雨林的重要性。

播放巴西热带雨林遭受破坏的视频片段，并出示4幅配有文字的图片，代表4种观点，分别是：

联合国官员：破坏热带雨林的行为将会危害人类的生存，必须停止。

当地政府：停止砍伐，当地居民没有收入，无法生活。

开发商：热带雨林大得很，砍点又何妨？

当地居民：热带雨林总有伐完的一天，子孙后代怎么办？

请同学展开讨论，辩驳每种观点，并给每种观点提一个建议。

（设计意图：教师在第3、4环节的教学中大量使用了视频片段和图片等多媒体手段，为学生创设逼真的情境，促进学生的地理学习。另外，小组协作学习是这一环节教学的特色。学生利用网络的交互功能，与指导教师或其他学习者在网络协作区进行咨询、交流及讨论，也可以利用网络实验室的优势，与指导教师或身边同学进行面对面的交流。通过这种合作和沟通，学生可以看到问题的不同侧面和解决途径，并通过不同观点的交锋，补充、修正、加深自己对当前问题的理解，从而对知识产生新的洞察，进一步完善和深化对主题的意义建构。）

（五）总结评价

学生对该专题的学习与训练进行自我评价，总结收获及体会，最后把意见反馈给教师。教师结合学生的反馈意见对整个教学活动进行点评和总结。

参考文献

1. Ausubel，D. P. , et al. . Educational Psychology：A Cognitive View（2nd Ed.)[M]. New York：Holt, Rinehart & Winston，1978.

2. Bloom，B. S. . Taxonomy of Educational Objectives，Handbook I：Cognitive Domain[M]. New York：David McKay，1956.

3. Earl，L. M. . Assessment as Learning：Using Classroom Assessment to Maximize Student Learning[M]. Thousand Oaks：Corwin Press，2003.

4. IBO. Making the PYP Happen：A Curriculum Framework for International Primary Education[M]. Geneva：International Baccalaureate Organization，2009.

5. Krathwohl，D. R. , et al. . Taxonomy of Educational Objectives，Handbook Ⅱ：Affective Domain[M]. New York：David McKay，1964.

6. Simpson，E. J. . The Classification of Educational Objectives in the Psychomotor Domain[M]. Washington，DC：Gryphon House，1972.

7. OECD. Formative Assessment：Improving Learning in Secondary Classroom[C]. Paris：OECD Publishing，2005.

8. Tyler，R. W. ，et al. . Perspectives in Evaluation[C]. Chicago：Rand Mc-Nally，1967.

9. MECY. Rethinking Classroom Assessment with Purpose in Mind[R]. Winnipeg：Manitoba Education，Citizenship and Youth，2006.

10. Black，P. ，Wiliam，D. . Inside the Black Box：Raising Standards through Classroom Assessment[J]. Phi Delta Kappan，1998(2).

11. Clement，M. ，Vandenberghe，R. . Teachers' Professional Development：A Solitary or Collegial (Ad)venture [J]. Teaching and Teacher Education，2000(1).

12. Costa，A. L. . Reassessing Assessment[J]. Educational Leadership，1989 (7).

13. Harlen，W. . Teachers' Summative Practices and Assessment for Learning-tensions and Synergies[J]. The Curriculum，2005(2).

14. Stiggins，R. . From Formative Assessment to Assessmentfor Learning：A Path to Success in Standards-Based Schools[J]. Phi Delta Kappan，2005(4).

15. Wiliam，D. ，Black，P. . Meanings and Consequences：A Basis for Distinguishing Formative and Summative Functions of Assessment[J]. British Educational Research，1996(5).

16. ARG. Testing，Motivation and Learning[Z]. Cambridge：University of Cambridge Faculty of Education，2002.

17. ［德]恩斯特·卡西尔. 人论[M]. 甘阳，译. 上海：上海译文出版社，1985.

18. ［德]M. 兰德曼. 哲学人类学(第2版)[M]. 阎嘉，译. 贵阳：贵州人民出版社，2006.

19. [法]卢梭. 爱弥儿[M]. 李平沤，译. 北京：商务印书馆，1978.

20. [法]昂热拉·梅迪契. 新教育[M]. 侯健，译. 北京：商务印书馆，1998.

21. [捷]夸美纽斯. 大教学论[M]. 傅任敢，译. 北京：人民教育出版社，1984.

22. [美]约翰·D·布兰思福特，等. 人是如何学习的——大脑、心理、经验及学校[M]. 程可拉，等，译. 上海：华东师范大学出版社，2002.

23. [美]约翰·杜威. 民主主义与教育[M]. 王承绪，译. 北京：人民教育出版社，2001.

24. [美]马斯洛，等. 人的潜能和价值[C]. 林方，等，译. 北京：华夏出版社，1987.

25. [美]帕克·帕尔默. 教学勇气：漫步教师心灵[M]. 吴国珍，等，译. 上海：华东师范大学出版社，2005.

26. [美]Ellen Weber. 有效的学生评价[M]. 国家基础教育课程改革"教师发展与学生成长的评价研究"项目组，译. 北京：中国轻工业出版社，2003.

27. [美]伊斯雷尔·谢弗勒. 人类的潜能——一项教育哲学的研究[M]. 石中英，涂元玲，译. 上海：华东师范大学出版社，2005.

28. [苏]苏霍姆林斯基. 给教师的建议（修订版）[M]. 杜殿坤，译. 北京：教育科学出版社，1984.

29. [苏]B. A. 苏霍姆林斯基. 帕夫雷什中学[M]. 赵玮，等，译. 北京：教育科学出版社，1983.

30. [英]查尔斯·汉迪. 饥饿的灵魂[M]. 刘海明，张建新，译. 上海：上海三联书店，1999.

31. [英]约翰·洛克. 教育漫话[M]. 杨汉麟，译. 北京：人民教育出版社，1985.

32. 陈之华．芬兰教育全球第一的秘密［M］．北京：中国青年出版社，2009.

33. 杜殿坤，朱佩荣．苏联关于教育思想的论争［M］．北京：教育科学出版社，1988.

34. 河南省新乡市红旗区教育委员会．说课论［M］．北京：北京科学技术出版社，1996.

35. 黄甫全．现代课程与教学论学程［M］．北京：人民教育出版社，2006.

36. 孔宪铎，王登峰．基因与人性［M］．北京：北京大学出版社，2009.

37. 李冲锋．教学技能应用指导［M］．上海：华东师范大学出版社，2007.

38. 李定仁，徐继存．教学论研究二十年(1979～1999)［M］．北京：人民教育出版社，2001.

39. 李定仁．教学思想发展史略［M］．兰州：甘肃教育出版社，2004.

40. 李鹏程．当代文化哲学沉思［M］．北京：人民出版社，1997.

41. 李琴．教师如何让课堂更加生动有趣［M］．长春：吉林大学出版社，2008.

42. 刘墉．跨越自己生命的高度［M］．贵阳：贵州人民出版社，2001.

43. 苗力田，李毓章．西方哲学史新编［M］．北京：人民出版社，1990.

44. 彭富春．哲学美学导论［M］．北京：人民出版社，2005.

45. 钱梦龙．钱梦龙与导读艺术［M］．北京：北京师范大学出版社，2006.

46. 邱学华．邱学华与尝试教育人生［M］．北京：北京师范大学出版社，2006.

47. 施勤，柴林喜．小学数学课堂教学的55个细节［M］．成都：四川教育出版社，2006.

48. 孙双金．孙双金与情智教育［M］．北京：北京师范大学出版社，2006.

49. 王本陆．课程与教学论［M］．北京：高等教育出版社，2004.

50. 王传斌．说课的训练与评价［M］．长春：吉林大学出版社，2010.

51. 王金战，隋永双．英才是怎样造就的［M］．重庆：重庆出版社，2006.

52. 王力波．列子译注［M］．哈尔滨：黑龙江人民出版社，2003.

53. 王升．教学策略与教学艺术［M］．北京：高等教育出版社，2007.

54. 王晓春．教育智慧从哪里来：点评100个教育案例（小学）［M］．上海：华东师范大学出版社，2005.

55. 王跃．高效课堂的101个细节［M］．广州：广东高等教育出版社，2009.

56. 魏书生．教学工作漫谈［M］．桂林：漓江出版社，2008.

57. 吴式颖．外国教育史教程［M］．北京：人民教育出版社，1999.

58. 吴正宪．吴正宪与小学数学［M］．北京：北京师范大学出版社，2006.

59. 谢明初，等．数学学困生的转化［M］．上海：华东师范大学出版社，2009.

60. 张春莉．走向多样化的评价——小学生学习能力评价的理念、方法与实践［M］．上海：上海教育出版社，2005.

61. 郑金洲．说课的变革［M］．北京：教育科学出版社，2007.

62. 雷玲．小学数学名师教学艺术［C］．上海：华东师范大学出版社，2008.

63. 夏井川．新课程理念下的教材使用思考［A］．小学数学（第3辑）［C］．北京：人民教育出版社，2009.

64. 肖川．名师作业设计经验（数学卷）［C］．北京：教育科学出版社，2007.

65. 张焕庭．西方资产阶级教育论著选［C］．北京：人民教育出版社，1979.

66. 顾明远．教育大辞典（增订合编本）［Z］．上海：上海教育出版社，1998.

67. 曾文婕．文化学习引论——学习文化的哲学考察与建构［D］．广州：华南师范大学博士学位论文，2007.

68. 李天金．靠制度给教师提供课改动力[N]. 中国教师报，2003-05-14.

69. 蔡晓燕．善用学生已有知识[J]. 科学课，2006(3).

70. 陈娟．浅论物理课堂教学设计[J]. 物理通报，2008(12).

71. 陈琳．初中思想品德学科发展性评价方法初探[J]. 思想政治课教学，2006(6).

72. 陈思静．"化学是人类打开物质世界的钥匙"的教学设计[J]. 化学教学，2009(8).

73. 陈向明．教师的作用是什么——对教师隐喻的分析[J]. 教育研究与实验，2001(1).

74. 程同森，等．初中化学教学落实观念教学的探索——"物质是由微粒构成的"教学设计与实施[J]. 化学教育，2009(10).

75. 仇国发．从"女儿村"谈铍[J]. 科学大众，2003(6).

76. 丛立新．讲授法的合理与合法[J]. 教育研究，2008(7).

77. 崔允漷．课程实施的新取向：基于课程标准的教学[J]. 教育研究，2009(1).

78. 董林伟．从"研标读本"来引领教师的专业发展[J]. 中国数学教育(初中版)，2009(7/8).

79. 董旭午．归去来兮，教师讲授之精魂[J]. 语文教学通讯，2010(3A).

80. 窦桂梅．回到说课[J]. 江苏教育(小学教学版)，2009(4).

81. 顾文亚．数学教学中"推敲"故事两则[J]. 江苏教育(小学教学版)，2009(11).

82. 郭晓明．从"圣经"到"材料"——论教师教材观的转变[J]. 高等师范教育研究，2001(6).

83. 何博纳．"重力势能"的探究式教学设计[J]. 物理通报，2009(3).

84. 何江．数学课堂教学设计的有效性探究[J]. 数学通报，2008(9).

85. 华国栋，高宝立．实施优质教育，促进全体学生全面发展——江苏省泰兴市洋思中学的经验及启示[J]．教育研究，2005(6)．

86. 黄桂平，徐建平．回归讲授法真谛 焕发政治课活力[J]．教学与管理，2008(16)．

87. 黄惠珍．"探究做功与物体速度变化的关系"教学设计[J]．中学物理教学参考，2009(8)．

88. 黄伟．教学三维目标的落实[J]．教育研究，2007(10)．

89. 霍晓宏，高杰．为学生的课堂行为进行教学设计[J]．物理通报，2009(1)．

90. 霍振化．说课活动与教师素质[J]．教育科研通讯，1997(2)．

91. 江家发，杨浩文．新课程理念下的化学教学设计[J]．中国教育学刊，2005(8)．

92. 解世雄．物理课堂教学设计的几点理论思考[J]．课程·教材·教法，2008(10)．

93. 靖国平．从"仓库"理论到"蜜蜂"理论——知识教学观的变革[J]．中国教育学刊，2000(2)．

94. 李本华．分数也有人情味[J]．天津教育，2002(12)．

95. 李冲锋．四种教学隐喻的分析[J]．上海教育科研，2006(5)．

96. 李建华，覃青必．论道德自由的三个基本向度[J]．哲学研究，2006(1)．

97. 李娜．答疑的基本方法及应注意的问题[J]．黑龙江教育，1994(7/8)．

98. 李雪峰．警惕教材开发过度现象[J]．教学与管理，2009(10)．

99. 林佳佳．平方差公式的教学设计[J]．中学数学研究，2009(1)．

100. 林宪生．教学设计的概念、对象和理论基础[J]．电化教育研究，2000(4)．

101. 林运来．初中课文重难点确定与突破[J]．语文教学通讯，1998(2)．

102. 刘华．不侵犯学生的创造空间——探究式学习指导的基本原则[J]．教育科学研究，2010(4)．

103. 刘原，于书江．从"小学科"里走出的"大教师"——记地理特级教师王能智[J]．北京教育，2003(4)．

104. 鲁献蓉．从传统教案走向现代教学设计——对新课程理念下的课堂教学设计的思考[J]．课程·教材·教法，2004(7)．

105. 马水娟．基于理解与尊重，勇于超越与重构——谈小学科学教材的二度开发[J]．中小学教学研究，2009(5)．

106. 倪静君．合作学习组织形式探索：以一堂小学英语方位教学课为例[J]．全球教育展望，2010(2)．

107. 潘永庆．关于新课程教学设计的几点反思[J]．当代教育科学，2004(20)．

108. 裴光亚．试谈以人为本的三维课堂教学[J]．中学数学，2006(1)．

109. 秦豪．论问题逻辑在教学中的作用[J]．课程·教材·教法，1986(8)．

110. 邵利娜．《安恩和奶牛》教学设计[J]．中学语文教学，2009(8)．

111. 申仁洪，黄甫全．学习化课程资源：课程资源的价值重构[J]．课程·教材·教法，2004(7)．

112. 盛群力．什么样的教学任务适宜合作学习[J]．人民教育，2004(5)．

113. 宋崔．说课与教师知识建构[J]．课程·教材·教法，2012(4)．

114. 王德民．历史课堂教学目标的认识误区与原因分析[J]．教育实践与研究，2006(8B)．

115. 王金红．更合理有效地使用教材的探索与实践[J]．思想政治课教学，2008(10)．

116. 王凌，余慧娟．关于数学教育若干重要问题的探讨——对话特级教师王凌的读书笔记[J]．人民教育，2008(7)．

117. 王崧舟．诗意语文挥洒诗意人生(上)[J]．小学教学参考(语文)，2004(11)．

118. 王为峰．初中数学教学难点的确定及处理[J]．中学数学杂志（初中），2002(6).

119. 王小雪．巧用实验打造魅力课堂——实验演示法在政治教学中的运用[J]．考试周刊，2009(7).

120. 王晓春．让学习更加人性化[J]．河南教育，2000(6).

121. 王鑫，莫新平．《走进巴西》网络教学设计分析[J]．中国电化教育，2004(12).

122. 王自文，王崧舟．《古诗两首》教学设计及点评[J]．小学教学参考（语文），2004(12).

123. 吴刚平．课程资源的理论构想[J]．教育研究，2001(9).

124. 吴建明．绿太阳[J]．湖北教育，2000(1/2).

125. 辛晓明．异域阅读课《灰姑娘》教学评析[J]．小学语文教学，2004(4).

126. 徐秋云，李远蓉．农村中学化学课程资源开发与利用的调查研究[J]．课程·教材·教法，2006(4).

127. 徐淑萍．在生成性数学课堂中展现学生自我评价魅力[J]．小学数学教育，2008(10).

128. 徐玉斌．略论农村小学艺术课程资源的若干问题[J]．教育研究，2002(7).

129. 杨惠丽．"四个过渡""五个环节"培养学生自学能力[J]．新课程（中学版），2010(1).

130. 叶澜．更新教育观念，创建面向 21 世纪的新基础教育[J]．中国教育学刊，1998(2).

131. 叶小兵．讲授的必要[J]．历史教学，2006(4).

132. 易良斌．例谈数学教材处理的"六个注意"[J]．教育研究与实验（新课程研究），2006(6).

133. 余慧娟，赖配根．开展合作学习的有效策略[J]．人民教育，2002 (10)．

134. 俞正强．只有心灵才会把一切安排得最好——浙江省数学特级教师夏美丝访谈录[J]．数学月刊(小学版)，2007(12)．

135. 袁仕理．对数学教学中若干"顾此失彼"现象的思考[J]．中国教师，2009(10)．

136. 袁腾飞．历史课的体验和探究——《繁盛一时的隋朝》教学设计[J]．中小学教材教学，2003(23)．

137. 岳晓霞．"礼仪展风采"教学设计[J]．思想政治课教学，2009(8)．

138. 曾文婕，黄甫全．学本评估：缘起、观点与应用[J]．课程·教材·教法，2015(6)．

139. 曾文婕．如何看待教育中的"限制"[J]．教育科学研究，2008(5)．

140. 曾文婕．试析教学领域的文化错位[J]．教育发展研究，2010(4)．

141. 曾文婕．西方教师教育课程改革新进展：课目教育学知识的视角[J]．教育发展研究，2014(15/16)．

142. 曾文婕．学习通达自由——对学习领域自由问题的新阐释[J]．教育研究，2008(6)．

143. 张安勤．"面对经济全球化"教学设计[J]．思想政治课教学，2009(7)．

144. 张奠宙．构建学生容易理解的数学教育形态——数学和人文意境相融合的 10 个案例[J]．教育科学研究，2008(7)．

145. 张汉林．高中历史新课程：命制试题的思考与尝试[J]．中学历史教学参考，2008(11)．

146. 张庆．何必如此看重"收口"[J]．小学语文教师，2003(7/8)．

147. 张世成．学生意识：体验教学的起点[J]．中学物理教学参考，2009 (5)．

148. 赵爽 . 和"蜗牛"一道散步[J]. 小学语文，2009(9).

149. 郑百苗 . 人文关怀是一种召唤——《江雪》教学片断[J]. 教学月刊(小学版)，2002(4).

150. 周桂海 . 全过程都让学生学——浅析江苏省泰兴市洋思中学"先学后教，当堂训练"的课堂教学结构[J]. 江苏教育，2002(8B).

151. 朱红燕 ."碳酸钠的性质及应用"教学设计[J]. 新课程研究(基础教育)，2009(5).

152. 朱铁成，张晶 . 中学物理"生活化"教学的策略[J]. 教育科学研究，2010(1).

153. 朱艳娥 .《赠汪伦》教学设计[J]. 东坡赤壁诗词，2007(1).

后 记

当前，社会对优秀教师的需求日益迫切，国家推出了"卓越教师教育"政策，而"教学设计"是推动教师专业发展的重要途径，是教师的一项立足之本。本书正是旨在为教师提高教学设计质量提供一些助力。本书的第一版自 2011 年 2 月由北京师范大学出版社出版以来，以反映前沿、结构创新、内容鲜活与贴近实践等特点，受到了中小学教师的广泛欢迎，一些地市教育局统一为全体教师购买作为全员培训教材或必备参考书。出版至今，本书已印 5 次，发行 2 万多册。

此次在保持原书优点的基础上，笔者对部分内容进行了修订，并补充了"开展说课活动"一章。全书共十七章，分为三篇。第一篇为"理念篇"，主要阐明教学设计必备的学生观、教师观、教材观、学习观、教学观和评价观；第二篇为"要素篇"，集中阐述教学设计涉及的"分析教学背景""确定教学目标""开发教学资源""选用教学方法"和"组织教学过程"的基本要素以及"开展说课活动"这一优化教学设计的可选要素；第三篇为"样式篇"，专门论述系统讲授、引导探究、合作讨论和指导自学四种教学样式，并强调任何教学样式都不是僵死的教条，而是既有相对稳定的一面，又有发展变化的一面，因此需要人们不断加以创新。

在内容上，本书力求体现以下几个特点：第一，基础性。尽量对教学设计的有关问题进行较为全面的梳理，注意体现基本概念、范畴、逻辑、观点和策略。第二，前沿性。注重探讨当代教学设计的发展趋势，尽力反映国内外该领域的新动向和新成果。第三，实用性。紧密结合中小学教学设计的实际，力求通过案例分析来解读原理，期望"活化"教师的教学理论知识，提高教师的教学设计能力，推动教师进行创新型教学设计。

本书由笔者任主编，拟制全书框架结构和编写体例。具体分工如下：李宇韬（广东省中山市教育局教学研究室）撰写第十二章"开展说课活动"，宁欢（华南师范大学）修订第六章"评价观"，许素美（广东技术师范学院）修订第八章"确定教学目标"，其余章节由笔者撰写及修订。全书由笔者修改、统稿和定稿。

本书得到了广东省培养高层次人才特殊支持计划、广东省高等学校优秀青年教师培养计划、广东省学位与研究生教育改革研究项目（2015JGXM-ZD12）和华南师范大学"质量工程"建设项目的资助，也是华南师范大学价值教育研究与开发中心的成果之一。在此，谨向有关单位的领导和工作人员表示感谢！

在编写过程中，本书参考和引用了大量的中外文论著，注释可能挂一漏万，特此说明并向作者致以衷心的感谢！北京师范大学出版社路娜、董洪伟女士为本书的编写付出了大量的心血，提出了宝贵的建议，特此致以深深的谢意！由于水平和时间有限，本书仍有不少遗憾，恳请广大读者提出宝贵意见。

曾文婕

2016 年 4 月 26 日